Tapices literarios

Tapices literarios

Stories for Building Language Skills and Cultural Awareness

◆ ◆ ◆ ◆ ◆ ◆ ◆ ◆ ◆ ◆ ◆ ◆

Glynis S. Cowell

University of North Carolina
Chapel Hill

Joan F. Turner

University of Arkansas
Fayetteville

The McGraw-Hill Companies, Inc.

New York   St. Louis   San Francisco   Auckland   Bogotá   Caracas
Lisbon   London   Madrid   Mexico City   Milan   Montreal   New Delhi
San Juan   Singapore   Sydney   Tokyo   Toronto

McGraw-Hill

*A Division of The **McGraw·Hill** Companies*

This is an EBI book.

Tapices literarios
Stories for Building Language Skills and Cultural Awareness

4 5 6 7 8 9 0 DOC DOC 9 0 3 2 1 0 9

ISBN 0-07-013328-X

This book was set in Palatino by The Clarinda Company.
The editors were Thalia Dorwick, Becka Bellin, and Sharla Volkersz.
The production supervisor was Michelle Lyon.
Illustrations were by Hugh Harrison and Lori Heckelman.
The text and cover designer was Francis Owens.
The photo researcher was Jane Brundage.
R. R. Donnelley was printer and binder.

Grateful acknowledgment is made for use of the following:

Cover art: "Dalíy Miró junto al ojo de Picasso," by M. Diogene.

Photographs *Page 6* © Ulrike Welsch; *27* © Jeremy Bigwood, Gamma Liaison; *52* © Ulrike Welsch; *66* © World Image/FPG International Corp.; *83* © Suzanne L. Murphy, D. Donne Bryant Stock; *102* © Peter Menzel/Stock, Boston; *118* © Marcey Jacobson/FPG International Corp.; *134* © Suzanne Murphy-Larronde, D. Donne Bryant Stock.

Library of Congress Cataloging-in Publication Data

Tapices literarios: stories for building language skills and cultural
   awareness / Glynis S. Cowell, Joan F. Turner [compilers].
      p.   cm.
   ISBN 0-07-013328-X
   1.   Spanish language—Readers—Short stories, Spanish American.
2. Short stories, Spanish American.   3. Spanish American
fiction—20th century.   4. Short stories, Spanish American—History
and criticism.   5. Spanish American fiction—20th century—History
and criticism.   I. Cowell, Glynis S.   II. Turner, Joan F.
PC4117.T29   1996
468.6'421—dc20   96-35865
                                                                      CIP

http://www.mhcollege.com

Créditos

◆ ◆ ◆ ◆ ◆ ◆ ◆ ◆ ◆ ◆ ◆ ◆ ◆ ◆ ◆ ◆ ◆ ◆

Chapter 1 "Papi y el Otro" by Luz Selenia Vásquez, from *Cuentos: Stories by Latinas,* © 1983, ed. Alma Gómez, Cherríe Moraga, and Mariana Romo-Carmona. Reprinted by permission of Kitchen Table: Women of Color Press, P.O. Box 40-4920, Brooklyn, NY 11240-4920.

Chapter 2 "La colección," © Mario Benedetti.

Chapter 3 "Los celosos" from *Cornelia frente al espejo,* by Silvina Ocampo (Barcelona: Tusquets Editores, 1988).

Chapter 4 "La vieja casona," from *Si se oyera el silencio,* by Julieta Pinto (San José: Editorial Costa Rica, 1967).

Chapter 5 "El arrepentido," © Ana María Matute.

Chapter 6 "La piel de un indio no cuesta caro," from *La palabra del mudo,* by Julio Ramón Ribeyro (Lima: Milla Batres Editorial, 1973).

Chapter 7 "Mi hermano cruza la plaza," reprinted with permission of Luis Alberto Tamayo.

Chapter 8 "El don rechazado," by Rosario Castellanos. Reprinted with permission of Gabriel Guerra Castellanos.

Chapter 9 "La Blanquera," © Arturo Uslar Pietri.

Lecturas adicionales

"Después de la soledad," reproduced by the authorization of Humberto J. Peña.

"El desayuno," from *Tiempo destrozado y música concreta,* by Amparo Dávila (México, DF: Fondo de Cultura Económica, 1959).

"A través de las ondas," by Soledad Puértolas, from *Doce relatos de mujeres,* ed. Ymelda Navajo (Madrid: Alianza Editorial).

"Pantera ocular," © Luisa Valenzuela.

In memory of my mother, and dedicated to my dear family,
especially John, Jack, and Kate.

GSC

In memory of my father, and dedicated to my mother, my close friends,
and my "family": Angel, Cakie, and Pani.

JFT

Contents

CAPITULO

1

CAPITULO

17

CAPITULO

33

Preface

To the Instructor

◆ ◆ ◆ ◆ ◆ ◆ ◆ ◆ ◆ ◆ ◆ ◆ ◆ ◆ ◆ ◆ ◆ ◆ ◆ ◆

We chose the name *Tapices literarios* for this reader because it is truly a "tapestry" of short stories, each with its own fabric and design, but together constituting an overall picture of the twentieth-century Hispanic short story. Intended for the fourth or fifth semester of college or an advanced high school class, *Tapices literarios* helps bridge the gap between typical beginning/intermediate programs and more advanced levels. It is structured not only to enable students to continue developing their skills in reading, writing, speaking, and listening (with the Student Text Tape to accompany *Tapices literarios*) but also to introduce them to literary analysis and heighten their awareness of Hispanic cultures. With its high-interest readings and variety of communicative activities, *Tapices literarios* also lends itself to conversation and grammar review courses alike.

Many instructors and students find that, as courses advance in difficulty, less attention is paid to personalization of activities, group and pair work, and listening/speaking practice. Furthermore, introductory literature courses are frequently conducted in English either because students do not command the vocabulary to discuss the works in Spanish or because they lack knowledge of literary terms and analysis. In *Tapices literarios* we have tried to overcome these difficulties by presenting explanations of various literary elements and by providing communicative activities that help students think beyond the literal meaning of the text. The photographs and drawings that accompany each story assist students in visualizing the action and also serve as advance organizers to reading in that they are frequently the basis for speculative activities. Additionally, since students sometimes require special help with essay questions and other writing assignments, these questions generally contain a series of secondary questions to guide students, giving them some possibilities to consider as well as the leeway to develop their own ideas.

Organization of *Tapices literarios*

Tapices literarios consists of nine authentic, unedited short stories of progressive difficulty and four **Lecturas adicionales** (for classes that progress at a quicker rate), by both well- and lesser-known authors from throughout the Spanish-speaking world.

Each chapter opens with a pre-reading section that prepares students for the story to follow and motivates them to read it. The activities in this section include vocabulary practice, pair and group work, personalized activities, and reading strategies. After Chapter 1, each chapter closes with a section called **En resumen,** which gives students an opportunity to review the basic elements of the story just read and compare it with other stories in the book. (In Chapter 1, this section is done as a model for students.) With the exception of the chapter-opening section, which is in English so that students can focus on the information presented without worrying about understanding the Spanish, the text is entirely in Spanish, with glosses in the readings and within activities as necessary.

Each chapter is organized as follows:

Datos importantes / Sobre el autor (la autora)

Presents geographical data on the author's country of origin and information about the author, the placement of the story among his or her other works, and frequent themes; closes with questions (**Para pensar**) that allow students to make connections between the author's background and some aspect of the story.

Aproximaciones a la lectura

Observaciones preliminares provides further literary, cultural, or sociopolitical information important for understanding the story; the follow-up questions in **¿Qué opina Ud.?** encourage students to apply what they have just learned to the themes of the story. **Exploraciones del tema** provides students with a list of useful vocabulary and activities to introduce them to the characters and other aspects of the story. Finally, **Estrategias de lectura** presents a different reading strategy in each chapter, followed by practice activities.

Lectura

In all readings, glosses (mostly in English, but in Spanish when possible) facilitate reading. The two longer stories in Chapters 6 and 9 are divided into two parts, the first of which is followed by comprehension questions and then questions for speculating about what will occur in the second half of the story.

Reflexiones sobre la lectura

Comprensión contains general comprehension questions to verify students' understanding of the main events of the story and short-answer questions that require students to return to the text to support their answers. **Consideraciones** presents a series of questions calling for higher-order reasoning, such as analyzing a character's motives or putting oneself into a character's place in certain situations. **Técnicas literarias** discusses a relevant literary element of the story and provides activities applying that element to the story.

Un paso más

Representaciones contains role-play activities based on or inferred from situations found in the story. **Conversación** consists of small-group discussion questions and class debates. **Composición** activities provide a full range of creative-writing opportunities.

En resumen

Students write brief descriptions of each literary element in the story, which provides them with a summary of the basic elements for later reference and enables them to make comparisons with other stories in *Tapices literarios*.

Supplementary Materials

- The Student Text Tape to accompany *Tapices literarios* (packaged with the text) consists of two 90-minute audiocassettes on which each of the nine main stories is read by a native speaker of Spanish. These tapes provide students with further opportunities to hear spoken Spanish. They can follow the text in the reader, if they choose, or simply listen to the stories. The Student Text Tape can be utilized in a variety of ways both in and out of the classroom; for example, as pre-reading preparation or as review.

- The 32-page Instructor's Manual provides an overview of the philosophical and pedagogical underpinnings of this reader; additional literary, cultural, and sociopolitical information about each story; and suggestions for teaching each of the nine main stories. It also contains information about each of the authors presented in **Lecturas adicionales** and suggestions for pre- and post-reading activities to accompany those stories. Please contact your local McGraw-Hill sales representative for information on the availability and cost of this supplement.

Acknowledgments

We would like to thank the following individuals who reviewed this reader in various stages and whose contributions and comments were indispensable to the completion of this project. We hope that they are pleased with the final product, though the appearance of their names does not necessarily constitute an endorsement of the text or its methodology.

Diane Andrew
University of Nebraska at Omaha

Ganeshdath D. Basdeo
University of Washington

Sharon Foerster
University of Texas at Austin

Constance Kihyet
Saddleback College

Susan Knight
Central Michigan University

Guada Martí-Peña
The Pennsylvania State University

Daniel Rangel-Guerrero
Western Washington University

Donna M. Rogers
The Pennsylvania State University

Hildebrando Ruiz
The University of Georgia

We are greatly indebted to Professor Robert DiDonato, of Miami University (Oxford), for his comments and suggestions on the initial draft of our manuscript. Gracious acknowledgments are also due to Sophia McClennan, Juan Poblete, Luis González, Miguel Casas, Yvonne Camacho, and Grace Aaron. Finally, we would like to give special thanks to Thalia Dorwick, for believing in us and in our project when we had not yet put words on paper; to Sharla Volkersz, for her flawless direction of the production process; and especially to Becka Bellin, for her excellent editorial contributions, sound advice, and sense of humor.

To the Student

◆ ◆ ◆ ◆ ◆ ◆ ◆ ◆ ◆ ◆ ◆ ◆ ◆ ◆ ◆ ◆ ◆ ◆

Welcome to *Tapices literarios*! An exciting literary world awaits you. As you work your way through this reader, we hope that you will find that we have listened to the comments of many students of Hispanic literature such as you. During our years of teaching we have frequently heard students comment that Hispanic short stories deal solely with the bizarre, grim, violent, and depressing. In this reader we have tried to present you with a true "tapestry" of works, a varied selection of themes from authors throughout the Spanish-speaking world: Puerto Rico, Uruguay, Argentina, Costa Rica, Spain, Peru, Chile, Mexico, Venezuela, and Cuba.

Although these authors and their works provide a cross-section of the twentieth-century Hispanic short story, the unifying element is you, the student reader. We have written *Tapices literarios* with you in mind: your interests and linguistic aptitude, as well as your ability to suspend disbelief and enter a foreign world. Many of the stories we selected are those that our own students have found exceptionally interesting. We have not edited, altered, or deleted a single word, because we have confidence in your ability to read authentic texts exactly as they were created by their authors. Since some of the vocabulary may be unfamiliar to you, however, we have glossed the stories so that reading them will be a pleasurable experience, not a tedious chore. The activities that precede and follow each story have developed from those that our students have enjoyed, and we have included a wide variety so that you and your instructor can select those that best meet your needs and interests. In short, we have tried to captivate you and share with you the enjoyment that we find in reading these short stories.

Tapices literarios consists of nine short stories of increasing complexity, as well as four **Lecturas adicionales** that your instructor might assign or that you might wish to read on your own. The primary goal of this reader is to strengthen your skills in speaking, reading, and writing, while enhancing your cultural knowledge through meaningful, high-interest texts. You will also have the opportunity to practice your listening skills by using the Student Text Tape to accompany *Tapices literarios:* two 90-minute audiocassettes on which each of the nine main stories in the reader is read aloud by a native speaker of Spanish.

In *Tapices literarios* you will read about a family's struggle with a modern-day Jekyll and Hyde; intruders and their "victims" who question their preconceived notions about each other; a woman who goes to extremes to attract and keep her partner; a young woman who confronts the challenges of motherhood alone; a greedy physician's plan that backfires; the ramifications of an indigenous boy's death on the country club scene; the turmoil created by the politically active son of a traditional family; an idealistic anthropologist who becomes too personally involved in the lives of others and learns a valuable lesson; and a ghost story focusing on an abandoned old mansion that comes to life for a small Latin American town. Which topics interest you the most?

Well, it's time to get started! We hope you enjoy reading *Tapices literarios* as much as we have enjoyed creating it. *¡Que disfrute!*

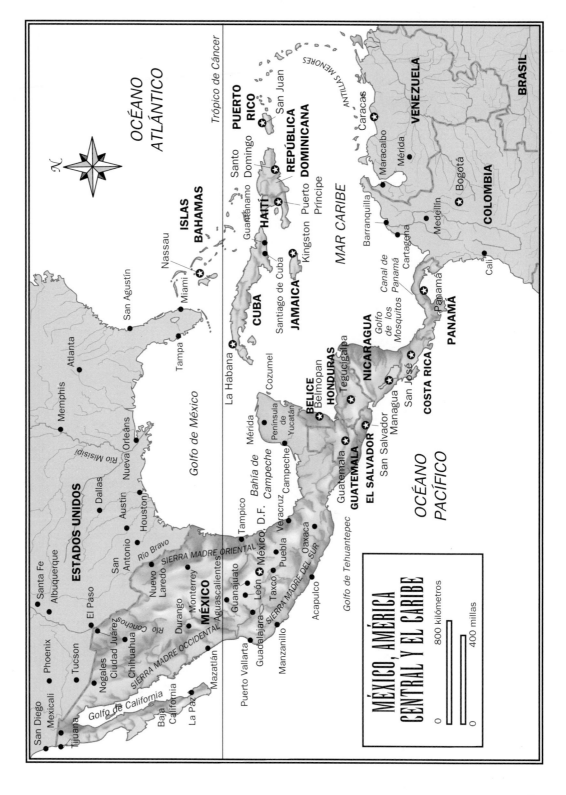

MÉXICO, AMÉRICA CENTRAL Y EL CARIBE

OCÉANO ATLÁNTICO

OCÉANO PACÍFICO

Trópico de Cáncer

MAR CARIBE

Golfo de México

Golfo de California

Bahía de Campeche

Golfo de Tehuantepec

Golfo de los Mosquitos

Canal de Panamá

ESTADOS UNIDOS

MÉXICO

BELICE

GUATEMALA

EL SALVADOR

HONDURAS

NICARAGUA

COSTA RICA

PANAMÁ

CUBA

ISLAS BAHAMAS

HAITÍ

JAMAICA

REPÚBLICA DOMINICANA

PUERTO RICO

ANTILLAS MENORES

VENEZUELA

COLOMBIA

BRASIL

SIERRA MADRE ORIENTAL

SIERRA MADRE OCCIDENTAL

SIERRA MADRE DEL SUR

Península de Yucatán

Baja California

San Diego
Mexicali
Tijuana
La Paz
Mazatlán
Nogales
Tucson
Phoenix
Santa Fe
Albuquerque
El Paso
Ciudad Juárez
Chihuahua
Durango
Nuevo Laredo
Monterrey
Dallas
San Antonio
Austin
Houston
Nueva Orleáns
Memphis
Atlanta
San Agustín
Tampa
Miami
Nassau

Río Conchos
Río Bravo
Río Misisipí

Aguascalientes
Guadalajara
León
Guanajuato
Taxco
México, D.F.
Puebla
Oaxaca
Acapulco
Manzanillo
Puerto Vallarta
Tampico
Veracruz
Campeche
Mérida
Cozumel

La Habana
Santiago de Cuba
Guantánamo
Puerto Príncipe
Santo Domingo
Kingston
San Juan

Belmopan
Tegucigalpa
San Salvador
Managua
San José
Panamá

Caracas
Maracaibo
Mérida
Barranquilla
Cartagena
Medellín
Bogotá
Cali

0   800 kilómetros
0   400 millas

N

MAR CARIBE

OCÉANO ATLÁNTICO

Maracaibo
Barranquilla
PANAMÁ
Caracas
VENEZUELA
GUYANA
Medellín
Panamá
Georgetown
Paramaribo
Bogotá
Cayena
Cali
SURINAME
GUYANA FRANCESA
COLOMBIA
Río Orinoco
Quito
Ecuador
ECUADOR
Río Amazonas
Belém
Guayaquil
Manaus
PERÚ
BRASIL
Recife
CORDILLERA DE LOS ANDES
Cuzco
Lima
La Paz
Brasília
Arequipa
BOLIVIA
Sucre
Antofagasta
PARAGUAY
Rio de Janeiro
Trópico de Capricornio
CHILE
Asunción
San Miguel
de Tucumán
São Paulo
La Serena
OCÉANO PACÍFICO
Córdoba
Rosario
OCÉANO ATLÁNTICO
Valparaíso
URUGUAY
Santiago
ARGENTINA
Concepción
Buenos Aires
Montevideo
Río de la Plata
Bahía Blanca
Puerto Montt
Bariloche
Chiloé

N

Islas Malvinas
Estrecho de Magallanes
Punta Arenas
Tierra del Fuego
Cabo de Hornos

AMÉRICA DEL SUR

0   1500 kilómetros

0   1000 millas

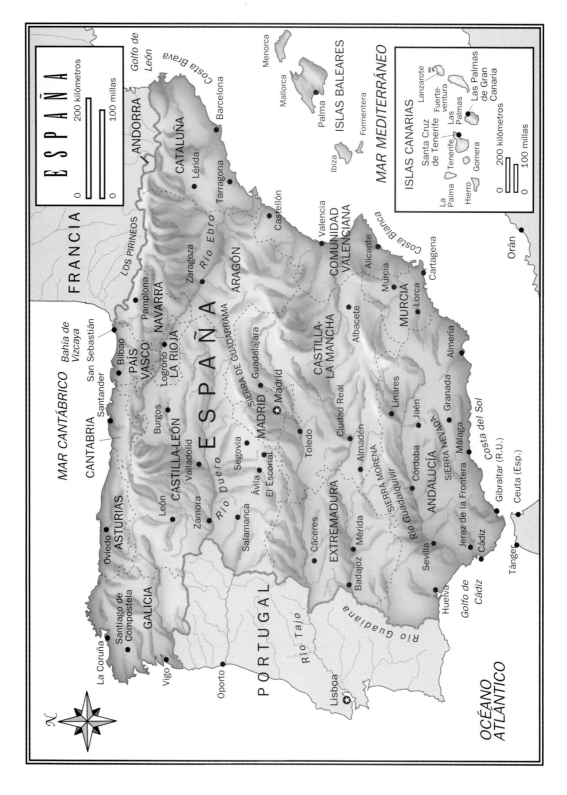

ESPAÑA

0   200 kilómetros
0   100 millas

Golfo de León

Costa Brava

FRANCIA

ANDORRA

CATALUÑA

Barcelona

Lérida

Tarragona

Castellón

Menorca

Mallorca

Palma

ISLAS BALEARES

Ibiza

Formentera

MAR MEDITERRÁNEO

ISLAS CANARIAS

Lanzarote

Santa Cruz
de Tenerife   Fuerte-
ventura

La   Tenerife   Las   Las Palmas
Palma   Palmas   de Gran
                            Canaria

Hierro   Gomera

0   200 kilómetros
0   100 millas

LOS PIRINEOS

Río Ebro

Zaragoza

ARAGÓN

COMUNIDAD
VALENCIANA

Valencia

Alicante

Costa Blanca

Orán

MAR CANTÁBRICO

Bahía de
Vizcaya

San Sebastián

Santander

PAÍS
VASCO

Bilbao

Pamplona

NAVARRA

Logroño   LA RIOJA

CANTABRIA

Burgos

ASTURIAS

Oviedo

CASTILLA-LEÓN

León

Valladolid

Zamora

Salamanca

ESPAÑA

SIERRA DE GUADARRAMA

Segovia

Ávila

MADRID

Madrid

El Escorial

Guadalajara

CASTILLA-
LA MANCHA

Albacete

MURCIA

Murcia

Lorca

Cartagena

Almería

Río Duero

Toledo

Ciudad Real

Almadén

Linares

Jaén

Granada

SIERRA NEVADA

Málaga

Costa del Sol

Gibraltar (R.U.)

Ceuta (Esp.)

EXTREMADURA

Cáceres

Mérida

Badajoz

SIERRA MORENA

Río Guadalquivir

Córdoba

ANDALUCÍA

Jerez de la Frontera

Sevilla

Cádiz

Huelva

Golfo de
Cádiz

Tánger

PORTUGAL

Río Tajo

Río Guadiana

Oporto

Lisboa

OCÉANO
ATLÁNTICO

GALICIA

La Coruña

Santiago de
Compostela

Vigo

N

1

Luz Selenia Vásquez

◆ ◆ ◆ ◆ ◆

Papi y el Otro

L uz Selenia Vásquez, a self-declared Puerto Rican feminist, was born and raised in New York City. Although she lives, works, and writes in the mainland United States, she identifies strongly with Puerto Rican culture and society. She feels that the main purpose of her work as a doctor and author is to incorporate herself into the Puerto Rican communities in this country in order to help the people living in them.

Vásquez writes stories as a hobby, not as a profession. "Papi y el Otro," written when she was in her fourth year of medical school, first appeared in an anthology of short stories written by Latina women. Like the other stories in the anthology, "Papi y el Otro" contains a mixture of Spanish and English in its dialogues, which the editors note is not the result of illiteracy or acculturation, but rather a reflection of the bicultural and bilingual nature of Latinos in the United States.

• Why do you think the story was written in this way?

Puerto Rico

Datos importantes

Nombre oficial: el Estado Libre Asociado de Puerto Rico

Ciudades principales: San Juan (capital), Bayamón, Ponce, Carolina, Mayagüez

Idiomas: el español, el inglés

Población: 3.802.000 habitantes, más unos 2,7 millones que residen en los Estados Unidos[*]

Area: 8.897 km^2

Moneda: el dólar estadounidense

• Do you have positive or negative feelings toward this mixture of two languages? Explain.

Para pensar

Vásquez describes herself as a "survivor" who, "like many, . . . did not have a 'Dick and Jane' childhood."[†]

• What do you think it means to have a "Dick and Jane" childhood? What positive or negative connotations are associated with this kind of childhood?

• How might Vásquez's childhood have been? What are some problems or obstacles she may have encountered? What influences might these experiences have had on her literary style?

• Based on the preceding description of the author, what do you think her strengths are? How might these strengths have influenced her career decisions? Her outlook on life?

---

[*] All population figures given are 1995 estimates.
[†] Luz Selenia Vásquez, *Cuentos: Stories by Latinas,* ed. Alma Gómez, Cherríe Moraga, and Mariana Romo-Carmona (Latham, N.Y.: Kitchen Table: Women of Color Press, 1983), p. 232.

Aproximaciones a la lectura

Observaciones preliminares

Puerto Rico es un estado libre asociado (ELA) a los Estados Unidos. Esto significa que

- los puertorriqueños pueden elegir su propio gobernador de la Isla
- son ciudadanos de los Estados Unidos
- se benefician de muchos de los programas federales de educación, medicina y salud y
- si viven en la Isla, no tienen que pagar impuestos federales.

Por otro lado, aunque pueden votar en las elecciones presidenciales primarias de los Estados Unidos, los puertorriqueños no pueden votar en las elecciones generales. Además, a pesar de que mandan representantes al Congreso, éstos no tienen voto.

La mayoría de los puertorriqueños que viven en los Estados Unidos se concentra en las ciudades de Nueva York, Boston, Filadelfia y Chicago. De hecho, más puertorriqueños viven en Nueva York que en San Juan, la capital de Puerto Rico. El número de inmigrantes sigue aumentando. Según el censo de 1980, el número de puertorriqueños en los Estados Unidos pasaba un poco de los 2 millones; en 1990, el número había subido a más de 2,7 millones.

En las últimas elecciones, convocadas en noviembre de 1993, el 48,4 por ciento del pueblo puertorriqueño votó a favor de la proposición de continuar siendo un estado libre asociado a los Estados Unidos, aunque el gobernador de la Isla quería convertirla en el estado número 51 de los Estados Unidos. El 46,2 por ciento votó por la estatalidad y el 4,4 por ciento, por la independencia total de los Estados Unidos.

¿Qué opina Ud.?

- ¿Qué sería mejor para los puertorriqueños: seguir siendo un estado libre asociado a los Estados Unidos, convertirse en estado o independizarse por completo de este país?
- ¿Cuáles son las ventajas y las desventajas que implica cada opción? Explique.

Exploraciones del tema

Vocabulario útil

voltear	*to turn*
volverse (ue) loco/a	*to go crazy*
los caballitos	*merry-go-round*
la doble personalidad	*split personality*
Papi	*Daddy (coll.)*
la relación	*relationship*

A Mire la foto de la página 6 para contestar las siguientes preguntas.

- Generalmente, ¿dónde se encuentran los caballitos?
- De niño/a, ¿iba Ud. a los caballitos? ¿Cuándo y con quién(es) iba?
- ¿Qué representa la presencia del padre en los caballitos? En general, ¿qué representa un padre a los ojos de su hijo/a? ¿Representa algo diferente la madre? Explique.

B Uno de los símbolos de este cuento es el de los caballitos. Trabajando en parejas, comenten qué imágenes, sonidos y emociones les traen a la mente sus propios recuerdos de los caballitos. ¿Qué palabras pueden añadir al siguiente esquema?

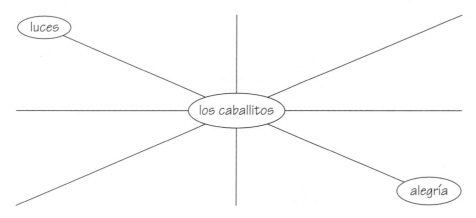

¿Cómo se puede interpretar la acción de «voltear en círculos eternos»? ¿Significa la resolución de un problema o la falta de tal resolución? Justifiquen su respuesta.

C Conteste las siguientes preguntas.

1. ¿Qué significa el título de este cuento? ¿Quién será el «Otro»? ¿Qué revela la palabra «Otro» sobre la actitud de la narradora hacia ese personaje?

2. En este cuento, el padre tiene una doble personalidad. ¿Qué quiere decir esto? ¿Cómo puede manifestarse esta condición psicológica? ¿Es posible que cada uno de nosotros tenga otra personalidad? (Por ejemplo, ¿cambia su propia personalidad cuando conduce un coche? ¿cuando hay mucho tráfico? ¿cuando Ud. tiene prisa?) ¿En qué circunstancias puede revelarse el «Otro» en nosotros?

3. El padre estuvo en la Guerra de Corea, donde «pasó tres meses en un hoyo grande con una Biblia y otro puertorriqueño que murió». ¿Cómo es la vida de un soldado en el frente de batalla? ¿Cuáles son algunos de los problemas (físicos, psicológicos, emocionales) que puede tener un soldado al regresar de la guerra?

4. Una familia «disfuncional» es una familia que no funciona según las normas de la sociedad. De la lista siguiente, indique las características que podría presentar una familia así. También agregue cualquier otra característica que se le ocurra.

_____ La situación económica es difícil.
_____ Los padres no tienen educación universitaria.
_____ Alguien usa drogas.
_____ Los padres trabajan todo el día fuera de casa.
_____ Los padres y los hijos hacen muchas actividades juntos.
_____ Uno de los padres es alcohólico.
_____ Sólo hay un hijo / una hija.
_____ Todos los miembros de la familia cenan juntos.
_____ Sólo el padre o la madre vive con los hijos.
_____ Es común el abuso verbal.
_____ Los padres se comunican a través de los hijos.
_____ Alguien tiene mal genio (*temper*).
_____ Los padres ayudan a los hijos con los estudios.
_____ Se recurre (*resorts*) a la violencia física.
_____ ¿ ?

Estrategias de lectura • Los cognados

Cuando Ud. encuentre una palabra desconocida en una lectura, lo primero que debe hacer es examinarla para averiguar si se parece a una palabra que Ud. ya conoce (en inglés o en cualquier otro idioma que sepa). Estas palabras se llaman **cognados** (*cognates*).

A ¿Qué significan las siguientes palabras, que aparecen en las dos primeras oraciones del cuento «Papi y el Otro»?

fascinar   elegante   eterno
contemplar   círculos

B Lea los dos primeros párrafos del cuento y apunte todos los otros cognados que encuentre. Escoja tres de esas palabras y escriba una breve definición, en español, de cada una.

Papi y el Otro

◆ ◆ ◆ ◆ ◆ ◆ ◆ ◆ ◆ ◆ ◆ ◆ ◆ ◆ ◆ ◆ ◆ ◆

Siempre me han fascinado los caballitos. Puedo estar horas contemplando los caballos elegantes pintados de colores subiendo y bajando y volteando en círculos eternos. La música me llena de una emoción desconocida por muchos, por aquéllos que no tienen
5 tiempo para «cosas tan triviales». A mí siempre me han encantado. Me gusta contemplar a los padres que aguantan° a sus niñitas con sus caritas asustadas.° Me hacen recordar a mi propio Papi, a mi cara asustada y a mi fe en los brazos que me aguantaban para que nunca me cayera.° Recuerdo el retrato° que tenemos en casa, el retrato de mi
10 Papi y yo. Yo trepada en° el caballo llorando y Papi aguantándome,

hold on to

de miedo

para... so that I would never fall / fotografía
trepada... encima de

tratando de hacerme reír. Qué lástima que me haya caído del caballito, que Papi se haya ido, que Mami no tenga tiempo ni inclinación para llevarnos a mí y a mis hermanos a los caballitos y qué lástima que para mí los caballitos se han acabado.

15   Mi Papi era un poquito loco dice la gente. Durante cierta época no hablamos más que de la locura° de mi padre. Les digo ahora que Papi no era loco, es que había dos personas: Papi y el Otro. No era fácil distinguir a uno del otro. Creo que ni Mami podía hacerlo. Tampoco entendía realmente que ella vivía con dos hombres. Había que conocerlos bien
20 para poder distinguirlos y más fácil era para Mami maltratar° a Papi que al Otro, o torturar a Papi hasta que surgía° el Otro. Yo sí podía distinguir entre ambos° y confieso que quería muchísimo a Papi pero el Otro me daba miedo.

    Papi era el hombre bajo y calvo, el que estuvo yendo a la misma factoría en Brooklyn por más de veinte años. Papi hablaba lo que otros
25 llamaban «Broken English» y nosotros hacíamos burla° de sus intentos frustrados de gritarnos en inglés. Sonreía a veces y cantaba por la mañana mi Papi. Antes de irnos para la escuela, nos limpiaba los zapatos y cantaba canciones que él mismo componía.

    El Otro se parecía un tanto° a Papi. Casi la misma estatura y la misma
30 cantidad de pelo pero sus facciones° eran algo torcidas° y su voz era ronca° y llena de dolor. El Otro no llegaba por más que de noche.°

insanity

tratar mal
appeared
los dos

hacíamos… made fun

se… era algo similar
distintas partes de la cara /
*   twisted*
hoarse / por… except at night

Gustaba del escondite que le proporcionaba la oscuridad,° no cantaba,
sino que conversaba mucho de Hitler y de bombas y de matanzas.° El
35 Otro había estado en Corea.* Pasó allí tres meses en un hoyo° grande con
una Biblia y otro puertorriqueño que murió. No creo que haya leído la
Biblia en aquellos tiempos porque luego blasfemó bastante y se jactó° de
ser muy buen amigo del diablo. Le fascinaban los cuchillos y gustaba de
andar por la casa con uno en la mano. Le divertía ponernos el cuchillo al
40 cuello y moverlo un poquito, no para cortar, sino para mostrarnos que
sería capaz de herirnos° cualquier día. Por esa razón llegó la noche en
que mi hermanito tuvo que esconder los cuchillos con que jugaba el
Otro y nunca sacarlos hasta la mañana cuando se levantaba Papi. Papi
los empleaba en cortar pan.

45 Creo, sin embargo, que Mami odiaba° más a Papi que al Otro. Bueno,
en realidad odiaba a ambos, pero su odio hacia el Otro sabiendo que el
resto de la familia también lo odiaba, era un odio de lo más franco.° En
cambio, el odio hacia Papi era más discreto, y a la vez más venenoso.°
Mami odiaba a Papi porque él todavía la amaba, porque él la encontró y
50 la quiso cuando ella acababa de cumplir trece años, y a los veinte y ocho
todavía la quería. Lo odiaba también porque era jíbaro,† porque había
ido a la escuela solamente hasta sexto grado, porque hablaba «Broken
English». Ella se había criado° aquí y hablaba inglés perfectamente.
Odiaba la diferencia de diez años que había entre ellos, odiaba su deseo
55 de embarazarla° año tras año y más que nada odiaba cada intento suyo
de tocarla, de acariciarla.° Creo que de paso,° Mami se odiaba a sí misma
porque durante varios años Papi era el mundo entero y luego se convirtió en otra repugnancia más en su vida.

Recuerdo la última vez en que tuve que tratar con° el Otro. Era miér-
60 coles y Papi estaba con nosotros. Mami siempre llegaba tarde del trabajo
y a Papi le tocaba cocinar. Cantaba con el radio aquel bolero° de cuando
conoció a Mami.

«Era que estabas preciosa
Con el color sencillo y sin igual...
65 Era que eras novia mía
Y que yo te sentía nerviosa entre mis
brazos suspirar... »

---

*La Guerra de Corea (1950–1953) fue un conflicto armado entre los coreanos del Norte, apoyados
por los chinos comunistas, y los coreanos del Sur, para quienes les pedía ayuda el Consejo de Seguridad de las Naciones Unidas a las naciones socias. Las tropas que respondieron eran estadounidenses en su mayoría. Como ciudadanos de los Estados Unidos, los puertorriqueños
pueden servir en las fuerzas armadas estadounidenses y están sujetos a la conscripción (draft).
†El término jíbaro (campesino, rústico) muchas veces tiene una connotación despectiva, como aquí
significa sin cultura.

Gustaba... He took pleasure in the
  anonymity that darkness afforded
  him
killings
trench
se... he bragged
hurting us

detestaba

un... the most open kind of hatred
poisonous

se... had been raised

make her pregnant

tocarla... to touch her, to caress her /
  de... at the same time

tratar... deal with

popular Spanish dance music

65th infantry road
in P.R.
"fighting 65th"

slow song — love song
la ausencia de la amante
del amado

la fuerza del hombre (las muñecas más tarde)

Capítulo uno

Nos hallábamos muy felices. Mami entró maldiciendo,° y Papi empezó a cambiar. Ella dijo que no tenía hambre y se acostó como a las siete de la noche dejándonos en la mesa con Papi.

Después él anduvo bien agitado por el apartamento. Decidió finalmente irse a dormir y yo entré al baño para ducharme. Mis hermanos se acostaron temprano también, y fue esa alteración de nuestro horario normal lo que hizo que mi hermano se olvidara de esconder los cuchillos.

La cosa empezó cuando salí del baño. Me sentía relajada° y lista para dormir cuando oí un grito y unas palabras de Mami:

«Anita° call the . . .»

Su voz sonó como si su boca estuviera tapada° por una mano. Pensé que en realidad nadie había hablado, que tan sólo había imaginado aquello. Pero al entrar a mi cuarto llegó Mami corriendo:

«Get dressed fast; we're leaving.»

Mientras ella se dirigía al cuarto de mis hermanos, vi a Papi caminar hacia la cocina. Me paralicé al oír que allá, una gaveta° se abría y brotaba° el ruido de los cuchillos.

Teníamos que pasar por la cocina para abandonar la casa y allí obstruyéndonos el paso, nos tocamos con° el Otro. Sus ojos brillaban cuando empezó a reír.

«Nadie va a salir vivo de esta casa esta noche. Váyanse otra vez para sus camas y nada les va a pasar.»

Quedó parado° frente a nosotros con un cuchillo que brillaba. Empecé a llorar y a rogar, porque en otros momentos eso bastaba para que el Otro volviera a ser Papi.°

«Papi, please, por favor, no hagas esto. Papi, please, for me, por mí, déjanos», le dije.

Pero mis lágrimas no cambiaron nada, el Otro seguía allí. Entonces Mami dijo: «Alright if nobody is going to leave this house, then I'll get someone to come in.»

Cuando Mami trató de coger el teléfono para llamar a la policía, el Otro arrancó° el teléfono de la pared. Le dijo el Otro a Mami: «Voy a matarlos a todos, pero voy a matar a los niños primero, desde el más pequeño hasta la mayor. Después te voy a matar a ti, pero quiero que tú veas cuando mueran tus hijos. Quiero que seas testigo.°»

El Otro estaba tan preocupado con Mami que no prestaba atención ni a mí ni a mis hermanos. Empecé a moverme hacia la puerta, a la vez que

cursing

relaxed

nombre de la narradora

como... *as if her mouth were covered*

drawer

rang out

nos... *we ran into*

Quedó... *He remained standing*

eso... *that was sufficient to turn the Other back into Daddy*

yanked

witness

les indicaba que me siguieran. Ellos estaban tan asustados que no podían moverse. El Otro decía:

«Y después que estén muertos, voy a hacer lo mismo que hicimos en Corea con esos condenados chinos. Voy a cortarles las cabezas y guin-
110 darlos° de un árbol.»

Me hallaba cerca de la puerta cuando él viró° la cabeza y me vio. Extendió su mano para agarrarme° y yo solté un grito que espantó° al Otro. Corrí hasta la vecina en busca de socorro.°

Después que yo salí el Otro se confundió° y aprovechándose° de su con-
115 fusión pudieron salir mi mamá y mis hermanos. Luego de° telefonear a la policía, regresamos a nuestro apartamento. Se podía oír el radio. Estaba todo oscuro con la excepción de la cocina de donde venía la música del radio. Papi, sentado a la mesa, lloraba. Tenía los brazos llenos de sangre porque el Otro se había cortado las muñecas.° Me detuve para ver a mi Papi llorar mientras la
120 sangre corría. La policía llamó a la ambulancia y se lo llevaron.

No sé quién ganó la batalla, Papi o el Otro. Esa misma noche recogimos lo nuestro° y nos fuimos. No fue una despedida triste. Ya el Otro nos había sacado el rencor. Pero cada vez que alcanzo a° ver los caballitos recuerdo a Papi. ¿Qué será de él?

hang you

turned

grab me / solté... I let out a shout that startled
help
se... became confused / taking advantage
Luego... Después de

wrists

lo... our possessions

alcanzo... I manage to

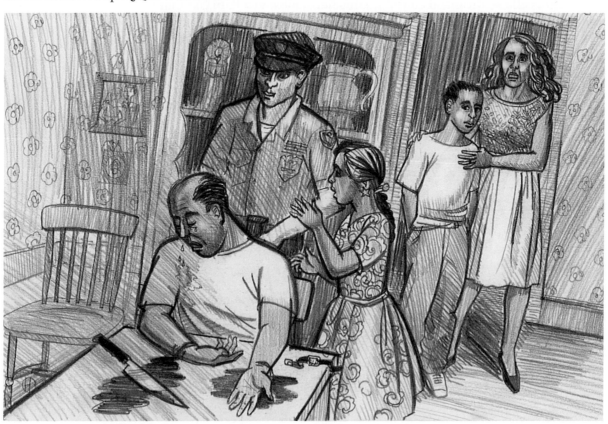

Reflexiones sobre la lectura

Comprensión

A Ponga en orden cronológico los siguientes sucesos que se mencionan y/o que ocurren en el cuento.

1. _____ Anita monta a los caballitos con Papi.

2. _____ El Otro se corta las muñecas.

3. _____ Papi canta un bolero mientras prepara la comida.

4. _____ La policía llama la ambulancia y se lleva a Papi.

5. _____ El Otro está en Corea.

6. _____ El Otro busca un cuchillo.

7. _____ Mami y los hijos recogen sus cosas y se van.

8. _____ Anita corre a la casa de la vecina para llamar a la policía.

9. _____ Mami llega del trabajo de mal humor.

B Anita, la narradora, mira a Papi como si él fuera dos hombres distintos. En su propia mente ella puede distinguir al uno del otro. En una hoja de papel aparte, escriba las características que ella asigna a cada uno con relación a su personalidad, apariencia física y disposición.

C ¿Qué sentían los otros personajes del cuento hacia los dos hombres, Papi y el Otro? Complete la tabla según lo que dice el cuento y según lo que Ud. especula. Busque ejemplos en el cuento para apoyar sus respuestas cuando sea posible.

PERSONAJE	SENTIMIENTOS HACIA PAPI	SENTIMIENTOS HACIA EL OTRO
Mami	Le tenía un odio más venenoso que el odio que le tenía al Otro.	
Anita		
el hermano de Anita		
la vecina		

Consideraciones

A ¿Por qué odia Mami a Papi? Busque referencias en el texto que apoyen su respuesta.

B Compare las relaciones entre Mami y los hijos con las que existen entre Papi y los hijos. ¿Cuáles son algunas de las diferencias que hay entre esas relaciones?

C Vuelva a hojear el cuento y busque las referencias a los cuchillos. ¿Cuáles se refieren a tareas domésticas y cuáles a la violencia? ¿Por qué es tan importante lo que hace el hermano cada noche con los cuchillos?

D En sus propias palabras, describa el último encuentro que la familia tiene con el Otro. ¿Por qué cree Ud. que Anita no parece estar triste al despedirse de su padre por última vez?

E Al final del cuento, Anita dice que no sabe quién ganó la batalla, si Papi o el Otro. ¿Qué piensa Ud.? Explique su respuesta.

Técnicas literarias • Los elementos básicos

Cada cuentista usa ciertas convenciones literarias para comunicar su mensaje. Para comprender y hablar de un cuento, es esencial conocer estas convenciones y saber extraer esta información de él. A continuación se definen los elementos literarios más comunes.

El tema La idea central del cuento; el significado de lo que pasa.

El tono La actitud del / de la cuentista, generalmente presentada a través del narrador / de la narradora, hacia lo que se narra en el cuento.

Los personajes Las personas. (**¡Ojo! Carácter** es un cognado falso; no quiere decir *character* sino **disposición**.) El personaje principal = el/la protagonista.

El narrador / La narradora La persona que relata lo que está ocurriendo. Puede ser uno de los personajes del cuento o bien puede ser un narrador omnisciente, es decir, un narrador que lo sabe todo puesto que puede entrar en la mente de cualquier personaje y decirnos lo que está pensando ese personaje. Un narrador omnisciente puede pasar del presente al pasado y de un sitio a otro, y generalmente habla en la tercera persona.

El punto de vista La posición o actitud que asume el narrador / la narradora. Si no hay un narrador omnisciente, es posible que el/la protagonista u otro personaje nos hable en la primera persona. También es posible que el narrador / la narradora nos hable en la tercera persona. En este caso, no es un personaje del cuento sino más bien un observador que relata lo que está ocurriendo pero que no toma parte en la acción. Tampoco es omnisciente; este punto de vista se llama «tercera persona limitada».

El marco escénico El tiempo y el lugar en que ocurre la acción del cuento.

La trama La serie de sucesos y conflictos que se relatan en el cuento.

El clímax El momento culminante del cuento, en el cual se resuelve el conflicto central.

Ahora, repase esta información con referencia a «Papi y el Otro». Si Ud. no está de acuerdo con cualquiera de las descripciones, escriba su propia descripción en una hoja de papel aparte. En los siguientes capítulos, Ud. va a completar esta información con relación a cada cuento en la sección En resumen.

El tema: la familia disfuncional

El tono: triste, resignado

Los personajes: Papi/el Otro, Mami, Anita, los hermanos

El narrador / La narradora: Anita

El punto de vista: primera persona

El marco escénico: la ciudad de Nueva York cuando Anita era joven, probablemente a principios de los años setenta

La trama: Anita recuerda los caballitos y le vienen los recuerdos de su padre. Describe a Papi/el Otro, y luego describe las relaciones entre Papi y Mami.

> Entonces, Anita recuerda la última vez que tuvo que tratar con el Otro. Papi canta y él y los niños están felices. Mami llega del trabajo maldiciendo y se acuesta sin cenar. Papi se pone bien agitado. Papi y los niños se acuestan y Anita se ducha. Pero de repente Mami grita, y les dice a los hijos que se vistan porque van a salir de la casa. El Otro va a la cocina y toma un cuchillo. No los deja salir y les dice que los va a matar. Anita se escapa. El Otro se confunde, los otros se escapan y llaman a la policía. Vuelven al apartamento y encuentran a Papi llorando, sus brazos cubiertos de sangre. La policía llama la ambulancia y se lleva a Papi.

El clímax: Anita se escapa y corre a la casa de la vecina.

Un paso más

◆ ◆ ◆ ◆ ◆ ◆ ◆ ◆ ◆ ◆ ◆ ◆ ◆ ◆ ◆ ◆ ◆

Representaciones

A Trabajando en grupos de cuatro, representen los papeles de Mami, Papi, Anita y un psicólogo / una psicóloga. Hablen de los problemas que tiene la familia y busquen soluciones para ellos.

B Trabaje con un compañero / una compañera para representar los papeles de un reportero / una reportera y un vecino / una vecina de la familia de

Anita. El reportero / La reportera quiere escribir un reportaje sobre lo que pasó en la casa de Anita y por eso le hace muchas preguntas al vecino / a la vecina.

C Trabajando en parejas, imagínense que Uds. son Anita y su hermano, y que no están de acuerdo sobre las causas de los problemas familiares. Presenten un diálogo en que cada uno de Uds. trate de convencer a la otra persona a que acepte su punto de vista.

Conversación

A Divídanse en dos grupos para debatir la pregunta: ¿Es Papi el responsable de sus acciones?

B ¿Es Papi capaz de cambiarse? Si Uds. creen que sí, expliquen cómo puede rehabilitarse. Si creen que no, expliquen por qué.

C La familia de Anita es puertorriqueña y vive en Brooklyn. ¿Cuáles son algunas de las semejanzas y diferencias que pueden existir entre su familia y una familia norteamericana que viva allí? ¿Contribuyeron estas diferencias a la locura de Papi? ¿En qué sentido? ¿Habría ocurrido todo lo que ocurrió si la familia viviera en un pueblo pequeño de los Estados Unidos? ¿si viviera en Puerto Rico? Justifiquen sus respuestas.

D ¿Cuál es la importancia del bolero que canta Papi para su caracterización y para la trama del cuento? ¿Qué significado pueden tener los versos «Era que eras novia mía / Y que yo te sentía nerviosa... » en el contexto de la relación entre Mami y Papi? ¿Cómo ha cambiado Mami desde que ella y Papi se conocieron? ¿Era inevitable el cambio? ¿Por qué sí o por qué no?

E ¿Qué referencias a la guerra pueden Uds. encontrar en el cuento? ¿Qué importancia tienen estas referencias en cuanto al desarrollo del cuento?

F Anita dice: «... para mí los caballitos se han acabado.» ¿Qué significa esta frase?

G ¿Con quién simpatizan Uds. más: con Mami, con Papi o con Anita? ¿Por qué? ¿Cómo va a ser la vida de Papi después de que su familia se vaya? ¿Se arrepentirá de sus acciones? Busquen información en el cuento para apoyar su opinión.

Composición

A Imagínese que Ud. es hermano de Anita. Escríbales una carta a sus abuelos en Puerto Rico, explicándoles por qué Ud. quiere vivir con ellos. Puede mencionar la conducta extraña de su padre, las discusiones entre sus padres, su propio estado de ánimo, etcétera.

B Imagínese que Ud. es reportero/a y escriba un reportaje breve sobre lo que sucedió en la familia de Anita antes de la separación de los padres. (**¡Ojo!**

Hay cinco preguntas clave que cualquier reportaje debe contestar: ¿Quién?, ¿Qué?, ¿Cuándo?, ¿Dónde? y ¿Por qué? Incluya en su reportaje respuestas a cada una de estas preguntas.)

◆ Imagínese que Ud. es miembro de la familia de Anita y que mantiene un diario personal sobre los acontecimientos de cada día. Escriba cuatro o cinco entradas en su diario en las que hace reflexiones sobre los problemas de la familia y expresa sus deseos para el futuro de la familia.

2

Mario Benedetti

◆ ◆ ◆ ◆ ◆

La colección

Sobre el autor

One of the most versatile and widely read Uruguayan authors, Mario Benedetti (1920–) has written newspaper articles, literary criticism, essays, poetry, short stories, plays, and novels. He was born in Paso de los Toros but moved with his family to Montevideo when he was just four years old. He published his first collection of short stories, *Esta mañana*, in 1949. In that collection of his early work, critics had already noted the influence of innovative authors such as Borges, Faulkner, and Joyce. Since that time Benedetti has published numerous other books.

Benedetti is one of the authors of the so-called "boom," or period of great productivity, in contemporary Latin American fiction. Unlike many of his peers who moved to Europe, he chose not to make that his home even though he has traveled and spent a considerable amount of time there. His time abroad has influenced his work, as he revealed in a 1966 interview with Peruvian author Mario Vargas Llosa. In that interview, Benedetti addressed his occasional need to distance himself from everyday life: "Yo diría que cada tanto tiempo (*every so often*) me

Uruguay

◆◆◆◆◆◆◆◆◆◆◆◆◆◆◆

Datos importantes

Nombre oficial: la República Oriental del Uruguay

Ciudades principales: Montevideo (capital), Salto, Paysandú, Las Piedras

Idioma: el español

Población: 3.223.000 habitantes

Area: 176.215 km^2

Moneda: el peso

siento en mi país un poco asfixiado por el trabajo, por los problemas, por distintas crisis que se provocan (*arise*) en el ambiente y en mí mismo, y me hace bien alejarme (*distance myself*) por un tiempo, incluso para ver más claro las cosas de mi país."[*]

Para pensar

Many of Benedetti's stories offer a somewhat critical view of Uruguayan society, especially of the beliefs, attitudes, and values of the upper middle-class. After 1959, the beginning of the Cuban Revolution, his work also began to reflect his growing interest in political issues.

• What are some of the beliefs, attitudes, and values of the upper-middle class in this country? Do you think these hold true for Uruguayan society as well? Why or why not?

• What sociopolitical issues may have arisen in Latin America as a result of the Cuban Revolution? What are some possible themes in Benedetti's work that may reflect his interest in these issues?

---

[*] Mario Vargas Llosa, «Diálogo con Mario Benedetti», *Expreso*, (Lima); 10, 11 abril 1966.

Aproximaciones a la lectura

Observaciones preliminares

Ud. verá que en este cuento se emplea el pronombre **vos** en vez del pronombre **tú**. **Vos** se usa en muchos países de Hispanoamérica: domina en la Argentina, el Paraguay, el Uruguay y en la América Central (excepto Panamá); coloquialmente coexiste con tú en el Ecuador, Colombia y Chile, y se usa en el lenguaje popular de ciertas zonas de México, Panamá, Venezuela, Bolivia y el Perú. Estudie las siguientes oraciones, del cuento «La colección», en que se usan **vos** y sus formas verbales.

1. —Si te quedás quietito no te va a pasar nada. (línea 6)
2. —¿No tenés una hermana vos? (línea 13)
3. —¿Sos muy travieso vos? (línea 33)
4. —¿Vos tampoco sabés nada? (línea 59)
5. —Acompañalo, ¿querés? (línea 116)
6. —Decime ¿vos qué sos? (línea 146)

¿Qué opina Ud.?

Compare las formas verbales anteriores con las que se usan con el pronombre tú.

- ¿Qué significan las oraciones que se dan de ejemplos?
- ¿Cómo se escribirían estas oraciones si se usara tú y sus formas verbales?

Exploraciones del tema

Vocabulario útil

asustar	*to frighten*	el escondite	*hiding place*
destruir	*to destroy; to vandalize*	el intruso / la intrusa	*intruder*
forzar (ue) la entrada	*to break in*	la silla de ruedas	*wheelchair*
herir (ie, i)	*to injure, hurt*		
invadir	*to invade*	minusválido/a	*handicapped*
tener miedo	*to be afraid*	paralítico/a	*paralyzed*
el acto de vandalismo	*act of vandalism*		
el arma	*firearm; weapon*		

A Mire el dibujo de la página 21 para contestar las preguntas a continuación.

- ¿Qué ocurre aquí? ¿Quiénes son las personas que se ven en el dibujo?
- En su opinión, ¿por qué están invadiendo la casa? ¿Qué hora será? ¿Por qué decidieron invadir la casa a esa hora?

B Ahora, mire el dibujo de la página 24.

- En la casa viven dos hermanos con su hermana. Según este dibujo, ¿cómo es la hermana? ¿Cuántos años tendrá? ¿Cómo será su vida?
- Trabajando con un compañero / una compañera, hagan una lista de cinco o seis características que Uds. asocian con una persona minusválida. Retengan la lista para referirse a ella después de que hayan leído el cuento.

C El título de este cuento es «La colección».

- ¿Qué es una colección? En una hoja de papel aparte, haga una lista de las cosas que la gente suele (*usually*) coleccionar. Después, comparta la lista con los demás miembros de la clase.
- Según Uds., ¿cuáles son las tres o cuatro cosas que la gente colecciona con más frecuencia? ¿Son de mucho valor monetario o poco?

D Conteste las siguientes preguntas según su propia experiencia.

1. ¿Cómo se sentiría Ud. si encontrara a un intruso / una intrusa en su casa? ¿Qué haría? ¿Conoce Ud. a alguien a quien le hayan forzado la entrada de su casa? ¿Quién era el intruso / la intrusa? ¿Por qué entró en la casa? ¿Qué hizo?
2. ¿Es Ud. coleccionista de algo? ¿De qué? ¿Por qué razón (o razones) colecciona Ud. eso? ¿Qué otras razones motivan a la gente para coleccionar algo? ¿Hay cosas malas o peligrosas —y hasta legalmente prohibidas— que la gente colecciona? Mencione algunas.

Estrategias de lectura • Anticipando el contenido

Se puede averiguar mucho del contenido de un cuento fijándose en los datos sobre su autor(a), en los comentarios introductorios que acompañan el cuento y en los dibujos o fotos que lo ilustran. Incluso el mismo título puede comunicar ideas muy importantes para la comprensión de la obra. Utilice este tipo de información para contestar estas preguntas sobre el cuento que sigue.

1. ¿Cuál es el tema del cuento?
2. ¿Cuál es el marco escénico?
3. ¿Quiénes son los personajes principales? ¿Cómo son?
4. ¿Cuál es el conflicto?
5. En su opinión, ¿cómo se resolverá ese conflicto?

Ahora, lea el cuento para ver si Ud. tenía razón.

La colección

◆ ◆ ◆ ◆ ◆ ◆ ◆ ◆ ◆ ◆ ◆ ◆

Tranquilo, tranquilo —dijo el Flaco.

    Alberto no podía apartar° los ojos del arma que lo apuntaba.°   quitar / lo... *was pointing at him*
Tampoco podía hablar. Estaba realmente asustado. Los otros tres
(el Rubio, el Pecoso, la Negra)* que habían entrado cuando él
5   abrió la puerta, se distribuyeron rápidamente por el apartamento.

    —Si te quedás quietito no te va a pasar nada.

    El Flaco sonrió, pero Alberto no podía.

    —¿Quiénes están en la casa?

    Alberto dio un brevísimo resoplido.°   *gasp*

------

*El Flaco, el Rubio, el Pecoso y la Negra son los sobrenombres, o *apodos*, de estos personajes. (Un
apodo es un nombre que se suele dar a una persona tomado de sus defectos personales o de alguna otra circunstancia.) El uso de los apodos es bastante común entre los países de habla es-
pañola.

10   —Nosotros nomás,° los chicos —pudo al fin articular.   *only (coll.)*

—Nosotros nomás,° los chicos —pudo al fin articular.   *only (coll.)*
—¿Cuántos son?
—Mi hermano Joaquín y yo.
—¿Cómo? ¿No tenés una hermana vos?
—Sí, Miriam.
—¿Ella también está?
—Sí.
—¿Y por qué no la nombraste?
Alberto se mordió el labio inferior.
—Porque es paralítica.
El Flaco optó por guardar el arma.
—¿Cuántos años tenés?
—Doce.
—¿Y tu hermano?
—¿Joaquín? El viernes cumplió nueve.
—¿Y tu hermana lisiada°?   *crippled*
—Creo que diecisiete.
—¿Cuándo vuelven tus viejos°?   *padres (coll.)*
—Mañana de tarde.
—¿Y siempre los dejan solos?
—No siempre. A veces quedan las sirvientas.
—Y a ustedes ¿por qué no los llevan a Punta del Este*?
—Será que quieren pasarla tranquilos.°   *pasarla... to have a quiet vacation*
—¿Sos muy travieso° vos?   *mischievous*
—Un poco.
—¿Te gusta el fútbol?
—Claro. Soy golero.° Y quiero jugar en Nacional.†   *goalie*
—Mirá vos.°   *Mirá... Well, aren't you something!*
—¿Y usted?
—¿Yo qué?
—¿Es de Nacional?
—Parece que se te pasó el cagazo.°   *miedo (vulg.)*
—Un poco sí.
—Yo también soy de Nacional. Mejor dicho, era.
—¿Ahora es de Peñarol†?
—No. Ahora ya no soy hincha.°   *fan*
—Qué macana° ¿no?   *Qué... What nonsense*
El Flaco se rascó una oreja. El chico metió las manos en los bolsillos.

---

* Punta del Este es un lugar turístico situado al extremo sur del Uruguay. Queda al este de Montevideo, en el océano Atlántico.
† El Nacional y el Peñarol son equipos de fútbol uruguayos.

—En los bolsillos no.

—¿No puedo?

50   El chico puso otra vez cara de asustado.

—Bueno, ponelas si querés. Pero portate bien.°   portate... *behave yourself*

Volvieron los otros, acompañados de Joaquín y Miriam. La Negra
empujaba° la silla de ruedas.   *was pushing*

—Dicen que no saben dónde guarda el padre la colección.

55   —Ah, no saben.

—Dicen que el padre tiene una colección, pero creen que no la
guarda aquí.

El Flaco miró a Miriam.

—¿Vos tampoco sabés nada?

60   —No.

—Sin embargo, a mí me parece que tenés que saber algo.

—No.

Miriam parecía tranquila. A veces movía las manos sobre la frazada°   *blanket*
que le cubría las piernas inertes,° nada más.   inmóviles

65   —Claro, como estás así, pensás que te vamos a tener lástima.

—¿Y no me tienen?

—No sé si es lástima. Es jodido° pasar la vida así. Pero por lo menos   tough (*vulg.*)
vivís en un apartamento bien confortable. Hay quienes pueden caminar
y sin embargo la pasan mucho peor.°   la... *they're much worse off*

70   —Mejor si no me tienen lástima. Estoy podrida° de la lástima,   *fed up*
¿sabés?

—Me imagino. También me imagino que sabés dónde está la colección.

—Te imaginás mal.

75   Al principio, Joaquín lloriqueaba° un poco, pero ahora parecía fasci-   *was whimpering*
nado con los visitantes. Miriam tenía un gesto° decidido.   (*facial*) *expression; gesture*

—¿Los niños pueden irse a dormir?

—Si quieren. Pero no creo que tengan sueño.

Miró a Joaquín.

80   —¿Tenés sueño vos?

—No.

—Entonces quédense. A lo mejor terminan recordando dónde
guarda el papi la colección.

—Yo nunca la vi.

85   —Pero sabés que tiene una.

—Sí.

—¿Sabés cuántas piezas tiene la colección?

—Un montón° —dijo Joaquín.   Un... *Muchísimas*

—¿Cómo sabés que son un montón si nunca las viste?

90 —Porque mami siempre le está diciendo a papi que ahora es peligroso tener ese montón de armas.

—¿Y para vos cuánto es un montón?

—Y yo qué sé. Como mil.

—¿Y a vos te gustan?

95 —Me gustan las de la televisión.

El Flaco empezó a revisar° la enorme biblioteca. Apartaba pilas° de   *search / stacks*
diez o veinte libros para ver si aparecía algún escondite, alguna llave, algún indicio.° Miriam seguía en silencio sus movimientos. El Flaco se sin-   *clue*
tió vigilado.

100 —¿Leyó tu viejo todos estos libros?

—No creo.

—¿Y para qué los tiene? ¿Como decoración?

—Puede ser.

El Flaco hizo señas al Rubio y al Pecoso, como encargándoles que   como... *as if telling them to do*
105 hicieran otra revisación a fondo° por todo el apartamento.   *another thorough search*
                                                                 somos suficientes
—La Negra y yo alcanzamos° para vigilar a este trío.

Miriam se miró las manos. Le sonrió a Alberto. Ahora parecía tranquilo, pero le brillaban los ojos.

—¿Tenés frío?

110 —Un poquito.

Con un gesto casi imperceptible, la muchacha llamó la atención del
Flaco.

—¿Le das permiso a mi hermano para que vaya a buscar un pullover?

115 El Flaco estuvo un rato callado. Después miró a la Negra.

—Acompañalo, ¿querés?

Ella le puso al chico una mano en el hombro, y así salieron.

—¿Puedo sentarme? —preguntó Joaquín.

—Ufa.° Sí, podés.

120 El chico se acomodó en un sillón. El Flaco enfrentó de nuevo a Miriam.

—Y a vos ¿te volvió la memoria?

—No.

—Digamos que si te vuelve, me vas a contar dónde están las armas
125 de tu viejo.

—Tengo la impresión de que no me va a volver.

El Flaco encendió un cigarrillo y le ofreció otro a Miriam.

—Gracias, no puedo fumar. No sólo mis piernas son una porquería.°
Tampoco mis pulmones son de primera.°

130 Ahora el Flaco registraba las paredes. Les daba golpecitos° con los
nudillos,° como buscando algún punto que sonara a hueco.°

—¿Vos estás de acuerdo con tu viejo?

—¿En qué?

—Por ejemplo, en política.

135 —Generalmente no.

—¿Por qué?

—No voy a entrar en detalles acerca de mis diferencias con mi padre.

—¿Sabés que tu viejo genera° odios muy firmes?

—Me lo imagino.

140 —Y vos ¿lo odiás un poco?

—No.

—¿Lo querés entonces?

—Ya te dije que no pienso entrar en detalles.

—Sin embargo, a veces es bueno desahogarse° con alguien. Tenemos
145 toda la noche, si querés.

—Decime ¿vos qué sos? ¿Guerrillero o analista?

—¿No puedo ser las dos cosas?

—Ah, caramba.

—Tate tranqui.° Casi no soy lo primero, pero mucho menos lo se-
150 gundo.°

—¿Por qué casi no sos lo primero?

—Porque no tengo vocación.°

—¿Y por qué lo hacés?

—Digamos que lo considero un deber.

(interjección que denota exasperación o fastidio)

cosa inútil, sin valor

de... first-rate

taps

knuckles / sonara... sounded hollow

engenders, creates

to let off steam

Tate... Estate tranquila.
Casi... I'm not quite [un guerrillero], but I'm much less [un analista].

no... I don't feel a calling

155 —¿Sólo por eso?

—Bueno, hay más cosas. Pero yo tampoco voy a entrar en detalles.

—Touché.

—Por lo menos decime una cosa: ¿para qué quiere las armas tu viejo?

—Igual que con los libros.

160 —¿Decoración?

—Más o menos.

El tono bajo de las dos voces ha terminado por adormecer° a Joaquín.   hacer dormir
Miriam se pasa la mano por la frente.

—¿Estás cansada?

165 —Un poco. Pero tengo aguante,° no te preocupes.   tengo... *I'm tough*

—¿De veras no me vas a decir dónde está la colección?

—Buscala. Siempre creí que cuando ustedes decidían llevar a cabo°   llevar... *to carry out*
una de estas operaciones, ya venían con la información completa.

—Eso es lo ideal. Pero no siempre es así. Tenemos que irnos con la

170 colección, ¿entendés?

—Claro que entiendo. ¿Me vas a pegar°?   *hit*

—¿De veras pensás que podría pegarte?

—¿Por qué no? A ustedes cuando los agarran les dan duro° ¿no?   les... les pegan fuerte

—No es lo mismo.

175 —Ya sé que no es lo mismo.

El Flaco parecía dispuesto° a seguir aquel tableteo° verbal. Pero   preparado / *banter*
volvió la Negra con Alberto.

—Flaco, éste se está cayendo. ¿Puede dormir?

—Si no lo autorizo, igual se va a dormir ¿no?

180 —Quise decir: si puede dormir en su cama.

—Mejor que duerma aquí, en el sofá. Ya el otro claudicó.° En todo   *gave in (fell asleep)*
caso, traeles frazadas.

Volvieron el Rubio y el Pecoso. No estaban satisfechos.

—¿Y?

185 —Nada.

—¿Revisaron bien? ¿Revisaron todo?

—Milímetro por milímetro.

—Sin embargo, es seguro que están aquí.

—Quién sabe. ¿No te parece que mejor nos vamos?

190 —No, no me parece. Tenemos tiempo y seguridad para buscar.

—Mirá que aquí no hay nada. Ni colección ni un corno.° Ni siquiera   ni... nada en absoluto
un revólver de fulminante.° Nada.   revólver... *cap gun*

—Mirá que hay. Estoy seguro.

Miriam se movió en su silla de ruedas. Maniobró° hasta colocarse°   *She maneuvered* / ponerse

195 frente a la Negra.

—Tendría que ir al baño. ¿Me llevás?

—¿La llevo, Flaco?

—Sí, claro.

La Negra empujó la silla por un corredorcito. Abrió la puerta del
200 baño e introdujo allí a Miriam. Iba a cerrar nuevamente la puerta desde
afuera, cuando Miriam la llamó con un gesto, y también con un gesto le
indicó que cerrara la puerta desde adentro.

—¿Qué pasa? ¿Te sentís mal?

—No.

205 —Entonces te dejo sola. ¿O precisás° ayuda?   requieres, necesitas

—No, no preciso ayuda, pero quedate.

—¿Qué querés entonces?

Miriam se agitó un poco en la silla. Se le colorearon las mejillas° antes   cheeks
de responder.

210 —Decile al Flaco que vaya a la cocina. A la derecha de la ventana. El
tercer azulejo floreado.°   azulejo... *flowered ceramic tile*

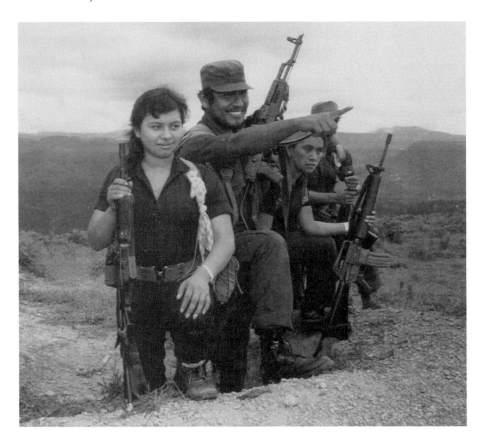

Reflexiones sobre la lectura

Comprensión

A Según lo que Ud. acaba de leer, indique cuáles de las siguientes oraciones son ciertas (C) y cuáles son falsas (F). Para las que son falsas, haga los cambios necesarios para que sean ciertas.

1. _____ Los padres están de vacaciones.

2. _____ Alberto es el mayor de los hijos y cuida a su hermano y a su hermana.

3. _____ El Flaco y sus compañeros rompen varias cosas y dejan la casa en desorden.

4. _____ Miriam no tiene miedo e incluso parece tranquila.

5. _____ El padre tiene la colección de armas porque es contrabandista y de vez en cuando las vende.

6. _____ Miriam le dice al Flaco donde está guardada la colección.

B Para comprender el texto mejor, hay que conocer a los personajes. Primero, busque referencias en el cuento a los personajes principales. Apunte la información que encuentre en la tabla a continuación.

PERSONAJE	CARACTERISTICAS FISICAS	EDAD	PERSONALIDAD (REFLEJADA EN LO QUE DICE Y/O HACE)
el Flaco			
Miriam			
Alberto			
la Negra			

Ahora, escriba una descripción de uno de estos personajes. Luego comparta su descripción con los demás miembros de la clase. ¿A quién describió la mayoría? ¿Son parecidas las descripciones o son diferentes? Explique.

Consideraciones

A ¿Por qué le pregunta Miriam al Flaco si es guerrillero o analista? ¿Cuáles de sus acciones y opiniones indican que él pudiera ser guerrillero? ¿Qué cosas sugieren que pudiera ser analista? ¿Es posible que las dos descripciones sean válidas? Justifique su respuesta.

B ¿Estaba bien planeada «la intrusión» del Flaco y sus compañeros? ¿Cómo se sabe?

C ¿Qué relación hay entre el Flaco y sus compañeros? ¿Cómo se tratan el uno al otro? ¿Y cómo tratan a Miriam y a sus hermanos? ¿Es la conducta de ellos «típica» de las personas que invaden una casa? Busque ejemplos en el cuento para justificar sus ideas.

D ¿Qué tipo de hombre es el padre? ¿Qué se puede deducir por lo que dicen Miriam y el Flaco de él? En su opinión, ¿por qué tiene el padre una colección tan grande de armas?

E Muchas veces tenemos ideas preconcebidas sobre los distintos «tipos» de persona que son diferentes de nosotros por su cultura, ideología, condición física, etcétera. Por ejemplo, ¿cómo definiría Ud. a un «guerrillero»? Nombre a algunos guerrilleros famosos. ¿Qué características tienen (o tenían) ellos que los hacen (o hacían) diferentes de las demás personas? ¿Son estas características «típicas» de los guerrilleros?

- ¿Tienen el Flaco y sus compañeros las características «típicas» de los guerrilleros? Justifique su respuesta.
- ¿Cambió Miriam la impresión que Ud. tenía de las personas minusválidas? (Refiérase a la lista de características que escribió antes de leer el cuento.) ¿Qué hay en ella que es diferente de lo que Ud. hubiera esperado encontrar en una persona de su condición física?

Técnicas literarias • El tono

El tono de un cuento demuestra la actitud del / de la cuentista hacia lo que se está narrando. Esta actitud —generalmente presentada a través del narrador / de la narradora del cuento— se desarrolla por medio de las descripciones de los personajes y los lugares, el ambiente del cuento y las acciones que ocurren. El diálogo entre los personajes y sus propios pensamientos también contribuyen al desarrollo del tono, puesto que los personajes se nos revelan por medio de la forma en que se tratan entre ellos y lo que se dicen.

Al principio de «La colección», reaccionamos con cierto temor ante la invasión de la casa por el Flaco y sus compañeros, anticipando lo peor. Poco a poco, sin embargo, nos damos cuenta de que ellos no piensan hacerles daño a los chicos. Al contrario, vemos que los «guerrilleros» aun son considerados con ellos. Así que el tono de este cuento es irónico porque tanto los personajes como los hechos resultan ser lo opuesto de lo que pensamos al principio.

A Primero, haga una lista de las palabras y acciones que ayudan a desarrollar el tono irónico del cuento. (Piense en cómo Ud. respondió a la tercera pregunta de Consideraciones.) ¿Por qué cree Ud. que el autor de este cuento optara por un tono irónico? En general, ¿para qué sirve la ironía? ¿Qué propósito tendrá en este cuento?

Luego, compare su lista con las de sus compañeros, y juntos elijan las palabras y acciones que la mayoría opina que ayudan al desarrollo del tono.

Finalmente, trabaje con un compañero / una compañera para proponer un tono diferente para este cuento. ¿Cómo sería el cuento con ese tono?

B Vuelva a leer la cita del autor en la página 18.

- ¿Cómo refleja el tono de este cuento los pensamientos del autor?
- En su opinión, ¿qué opina el autor del gobierno de su país? ¿de los guerrilleros? ¿de la clase alta de la sociedad uruguaya?
- ¿Cómo representa estas ideas en el cuento?

Un paso más

Representaciones

A Imagínense que los padres acaban de volver y que sus hijos les están contando lo que ha ocurrido. Trabajando en grupos, representen los papeles de los padres y de Joaquín, Alberto y Miriam. Háganse y contesten preguntas sobre la invasión. ¿Cómo reacciona el padre? ¿Se pone furioso con su hija o no? ¿Por qué?

B Imagínense que Miriam, en vez de ir al cuarto de baño en aquel momento, se ha quedado conversando con el Flaco. Trabajando en parejas, preparen y representen un diálogo entre ellos en el cual hablen de sus vidas, sus sueños y sus planes para el futuro.

C Trabajando con algunos compañeros, hagan una representación del cuento frente a la clase como si fuera una obra de teatro, pero denle un final sorpresivo. Por ejemplo, imagínense que los padres vuelven justamente en el momento en que el Flaco descubre «la colección». ¿Cómo acabaría la obra?

Conversación

A Determinen quién es la gente «mala» y quién es la gente «buena» del cuento. Apoyen sus opiniones con ejemplos del texto.

B Comenten las siguientes citas de lo que dijo Miriam. ¿Qué revelan de su persona? ¿de sus motivaciones? ¿su relación con su padre? ¿sus valores?

1. —Mejor si no me tienen lástima. Estoy podrida de la lástima, ¿sabés? (línea 70–71)
2. —No sólo mis piernas son una porquería. Tampoco mis pulmones son de primera. (línea 128–129)
3. —No voy a entrar en detalles acerca de mis diferencias con mi padre. (línea 137)
4. (—¿Estás cansada?) —Un poco. Pero tengo aguante, no te preocupes. (línea 165)

C Trabajando en parejas, escriban las razones que Miriam pudo haber tenido para decirles a los intrusos dónde estaba la colección. Después, pongan un número de 1 a 5 al lado de cada razón para indicar cuál es la más probable y cuál es la menos probable (1 = la más probable).

- ¿Creen Uds. que el hecho de que Miriam les diera esta información a los intrusos fuera una manera de rebelarse contra su padre? ¿contra el gobierno del país? ¿O creen que quisiera ayudarlos por otra razón? ¿Cuál sería esa razón?
- ¿Por qué le reveló Miriam el sitio del escondite a la Negra en vez de decírselo directamente al Flaco?

D ¿Aprueban Uds. lo que hizo Miriam? ¿Han hecho alguna vez algo en contra de los deseos de sus padres o en contra de las normas de la sociedad? Describan el incidente, explicando detalladamente cuándo, dónde y por qué lo hicieron.

Composición

A Escriba una descripción detallada de su personaje favorito del cuento. (Puede referirse a la Actividad B de Comprensión.) La descripción debe incluir una explicación de por qué este personaje es su favorito. Al escribir, tenga en cuenta el uso correcto de los verbos **ser** y **estar** y empléelos junto con algunos adjetivos descriptivos.

B Imagínese que Ud. es Miriam, y escríbale una carta a su mejor amiga. Cuéntele lo ocurrido y explíquele su papel en el caso.

C Imagínese que Ud. es el Flaco y que alguien le ha preguntado sobre la invasión de la casa y el robo. Explíquele por qué invadió la casa, qué pensó y cómo reaccionó al conocer a los chicos y cuáles son sus opiniones políticas.

En resumen

Escriba una descripción de cada elemento con referencia a este cuento.

El tema	El punto de vista
El tono	El marco escénico
Los personajes	La trama
El narrador / La narradora	El clímax

3

Silvina
Ocampo

◆ ◆ ◆ ◆ ◆

Los
celosos

Silvina Ocampo (1906–) was born in Buenos Aires, the youngest of six daughters. Her education centered on European culture, giving her such a thorough grounding in French and English that she often had to struggle with interference from those languages while composing in Spanish. Although she began her adult life as an artist, she turned to writing when she was 30 years old.

Ocampo's sister Victoria was founder and editor of the Argentine literary and cultural journal *Sur.* Silvina became a highly regarded member of the literary circle associated with the journal, and in 1940 she married a companion of the *Sur* group, the esteemed Argentine author Adolfo Bioy Casares.

Ocampo's principal contribution to Argentine literature are her highly imaginative short stories, although she has also earned critical esteem for her poetry and plays. Her stories frequently offer alternatives to the everyday, realistic portrayal of characters and events, with destiny often providing ironic, sometimes bizarre, twists in the characters' lives.

Argentina

Datos importantes

Nombre oficial: la República Argentina

Ciudades principales: Buenos Aires (capital), Córdoba, Rosario, La Plata

Idiomas: el español (oficial), el inglés, el italiano

Población: 34.293.000 habitantes

Area: 2.776.654 km^2

Moneda: el peso

Para pensar

In the preface to her novel *Leopoldina's Dream*, Ocampo states, "When you write, everything is possible, even the very opposite of what you are. I write so that other people can discover what they should love, and sometimes so they discover what I love. . . . I write in order to forget scorn, in order not to forget, in order not to hate, from hate, from love, from memory, and so as not to die. Writing is a luxury or, with luck, a rainbow of colors."[*]

• If you were to create a protagonist who was the opposite of you, what would he or she look like? What would his or her favorite activities and pastimes be? What attitudes, values, or beliefs would he or she have?

• What do you think Ocampo means when she says that "writing is . . . a rainbow of colors"? What does this say about the act of writing, or about the vocation of being a writer?

_____

[*] Silvina Ocampo, *Leopoldina's Dream*, trans. D. Balderston (New York: Penguin, 1988), p. iii.

Aproximaciones a la lectura

Observaciones preliminares

Silvina Ocampo ha visto, a través de su vida, muchos cambios en el papel de la mujer. Debido a la buena educación que Silvina y su hermana Victoria recibieron, y a la posición social de su familia, quizás fuera más fácil para ellas ganar una posición distinguida en el mundo literario argentino. En general, sin embargo, en aquella época había muy poca esperanza de que una mujer pudiera influir en la vida cultural. Por lo tanto, las protagonistas de las obras de Ocampo muchas veces luchan dentro de un mundo dominado principalmente por los hombres.

El cuento que sigue, «Los celosos», apareció en una colección de cuentos titulada *Cornelia frente al espejo*, publicada en 1988. Según el narrador, la protagonista es «la mujer más coqueta del mundo». También es una mujer dominante, pero que a la vez deja que la dominen. Hay que leer el cuento para saber hasta qué punto su coquetería afecta su vida, y también para averiguar a quién domina la protagonista y qué o quién(es) la domina(n).

¿Qué opina Ud.?

- ¿Qué cambios ha habido en el papel de la mujer durante los últimos 10 ó 20 años? ¿durante el curso del siglo XX? Si Ud. fuera escritor(a) y quisiera presentar algunos de estos cambios en un cuento, ¿cómo lo haría?
- ¿Qué significa el hecho de que la protagonista de este cuento sea una mujer que intenta dominar a los demás pero que a la vez es dominada por ellos? ¿Cuál será la intención de la autora al representar así a su protagonista?

Exploraciones del tema

Vocabulario útil

arreglarse	*to fix oneself up*	la vanidad	*vanity*
tener celos	*to be jealous*		
		coqueto/a	*vain; flirtatious*
los celos	*jealousy*	crédulo/a	*gullible*
la coquetería	*flirtatiousness*	postizo/a	*fake, false*
la envidia	*envy, jealousy*	vanidoso/a	*vain; conceited*

A Mire el dibujo en la página 38. ¿Cómo es esta mujer? En su opinión, ¿por qué está tan maquillada y arreglada? ¿Tendrá una cita importante? ¿O cree Ud. que ésta sea su manera habitual de vestirse? En general, ¿por qué se pintan y se arreglan las mujeres?

B ¿Qué atributos o cualidades desea Ud. que tenga su novio/a? Apunte los tres más importantes y luego, a manera de encuesta, hágales la misma pregunta a cinco de sus compañeros de clase. Después, comparen sus respuestas con las de los demás miembros de la clase.

- En general, ¿es importante la apariencia física para Uds.?
- ¿Qué otros atributos consideran importantes? ¿Son más importantes que la apariencia física o son menos importantes? Expliquen.

C Piense en sus amigos y amigas. ¿Hay alguno/a que sea coqueto/a? En una hoja de papel aparte, haga una lista de las acciones típicas de esa persona que demuestran que es coqueta.

Ahora, comparta su lista con los otros miembros de la clase, para que entre todos hagan una lista general de las acciones que mejor indican que una persona es coqueta.

D Conteste las siguientes preguntas.

1. ¿Qué significa la palabra **celos** para Ud.? ¿Ud. se considera una persona celosa? ¿Por qué sí o por qué no?
2. ¿Es posible que el sentir celos pueda ser una emoción positiva? ¿O es sólo una emoción negativa? Explique.
3. ¿Se sentiría Ud. un poco halagado/a (*flattered*) si su novio/a tuviera celos de Ud.? ¿Cuándo pueden ser los celos una emoción destructiva?

Estrategias de lectura • Sacando la idea principal

Una buena manera de prepararse para comprender un texto es leer una sección rápidamente para sacar la idea principal (o las ideas principales). Por ejemplo, lea rápidamente el primer párrafo del cuento «Los celosos». ¿Cuál es la idea principal de este párrafo?

También una persona puede prepararse para comprender mejor un texto buscando en éste información específica. Este tipo de lectura también se hace con rapidez.

A Vuelva a leer las tres primeras oraciones del cuento, esta vez buscando ejemplos de las «cosas» que Irma no se quitaba para dormir. Apúntelas en una hoja de papel aparte.

B Ahora, termine de leer el párrafo, buscando y apuntando ejemplos de cómo era Irma en realidad. ¿De verdad existen personas como Irma? ¿Conoce Ud. (o le gustaría conocer) a alguien así? Explique.

visión de las mujeres
hipérbole

Los celosos

Irma Peinate era la mujer más coqueta del mundo; lo fue de soltera° y aún más de casada. Nunca se quitaba, para dormir, el colorete° de las mejillas ni el *rouge* de los labios, las pestañas postizas° ni las uñas largas, que eran nacaradas° y del color natural. Los lentes de contacto, salvo algún accidente, jamás se los quitaba de los ojos. El marido no sabía que Irma era miope;° tampoco sabía que antaño° se comía las uñas, que sus pestañas no eran negras y sedosas,° sino más bien rubias y mochas.° Tampoco sabía que Irma tenía los labios finitos.° Tampoco sabía, y esto es lo más grave, que Irma no tenía los ojos celestes. El siempre había declarado:

—Me casaré con una rubia de pestañas oscuras como la noche y de ojos celestes como el cielo de un día de primavera.

¡Cómo defraudar un deseo tan poético! Irma usaba lentes de contacto celestes.

—A ver mis ojitos celestes de Madonna[*]—exclamaba el marido de Irma, con su voz de barítono, que conmovía a cualquier alma sensible.

Irma Peinate no sólo dormía con todos sus afeites:° dormía con todos los jopos y postizos° que le colocaban° en la peluquería. El batido° del pelo le duraba una semana; el ondulado de los mechones de la nuca° y de la frente, cinco días; pero ella, que era habilidosa,° sabía darles la gracia° que le daban en la peluquería, con jugo de limón o con cerveza. Este milagro de duración no se debía a un afán° económico, sino a una sensualidad amorosa que pocas mujeres tienen: quería conservar en su pelo las marcas ideales de los besos de su marido. ¿Y cómo los conservaba, si su marido no usaba lápiz labial°? En el perfume de la barba: el pelo de la barba, mezclado al pelo de su cabellera de mujer, formaban un perfume muy delicado e inconfundible que equivalía° a la marca de un beso. Irma, para no deshacer su peinado, dormía sobre cinco almohadones° de distintos tamaños. La posición que

de... antes de casarse
blush (make-up)
pestañas... *false eyelashes*
pearly

lo que no sabe de Irma

nearsighted / hace mucho tiempo
silky
stubby / thin

el sueño del marido

su problema

es imposible ser esta mujer elevada perfecta

cosméticos
jopos... *accessories and hair pieces* / pusieron
peinado, arreglo
ondulado... *wave of the locks of hair on the nape of her neck* / talentosa
encanto
anxiety

para mantener el sueño de su esposo guapo

lápiz... *lipstick*

vale mucho los besos de su marido

era equivalente
large pillows

---

[*] Aquí, *Madonna* no se refiere a la cantante de música popular sino al nombre que se da a las imágenes de la Virgen María, madre de Jesucristo. El uso de la palabra *celeste* —un azul muy claro— es también significativo ya que puede referirse tanto a algo puro e inocente (del Cielo) como a algo perfecto o ideal (el color del cielo cuando no hay nubes).

37

cindy crawford in South Bend

30 debía adoptar era sumamente forzada e incómoda. Consiguió en poco
tiempo una seria desviación° de la columna vertebral, pero no dejó por
ese motivo de cuidar su peinado. Se mandó hacer el almohadón como
chorizo° relleno de arroz que usan los japoneses. Como era muy bajita
(hasta dijeron que era enana°), se mandó hacer unos zuecos° con
35 plataformas que medían veinte centímetros de alto. Consiguió que su
marido se creyera más bajo que ella. Ella nunca se sacaba los zuecos, ni
para dormir, y su estatura fue siempre motivo de admiración, de comentarios sobre las transformaciones de la raza. Como amazona se lu-
ció° y, como nadadora, en varias oportunidades, también. Nadaba, es
40 natural, con un pequeño salvavidas;° y al caballo que montaba su
cuidador° le daba una buena dosis de neurótico° para que su manse-
dumbre° fuera perfecta. El caballo, que se llamaba Arisco, quedó un
día dormido en medio de una cabalgata.° La caída de Irma no tuvo
mayores consecuencias ni puso en peligro su vida; lo único desagra-
45 dable que le sucedió fue que se le rompió un diente. La coqueta volvió a
su casa fingiendo° tener una afonía° y no abrió la boca durante un
mes. Tampoco quiso comer. Buscó en la guía la dirección de un odontólogo.° Esperó dos horas, contemplando los países pintados en los

curvatura
sausage
midget / clogs

*Como... As a horsewoman, she
 distinguished herself*
life jacket
trainer / tranquilizante
tameness
paseo en caballo

pretending / laringitis

dentista

tiene que sufrir
y de ser innatural
para mantener su
belleza y su esposo.

todo falso a
crear buena imagen
amazona

no puede comunicar — no es una persona
ahora ella es enamorada
piropos — catcalls

Capítulo tres

vidrios° de las ventanas, que le sugerían futuros viajes a los bosques del
sur, a las cataratas del Niágara, a Brasilia o a París; ya en los últimos momentos de la espera, cuando le anunciaron: «Puede pasar, señora», el
dentista le saludó como un gran señor o como un gran payaso,°
agachando° la cabeza. Señaló la silla de las torturas, sobre la que se acomodó Irma. Después de un «vamos a ver qué le pasa», contempló la
boca, no muy abierta por coquetería, de la señora.

    —Es este diente —gritó Irma—. Se me rompió en un accidente de ca-
ballo.

    —De caballo —exclamó el dentista—. Qué términos violentos. No
será para tanto. Vamos a examinar este collar de perlas —dijo—. ¿Y
cómo dice que se produjo? Algún tarascón,° sin duda. —El dentista
gimió° levemente al ver la perla quebrada°—. Qué pena, en una boca tan
perfecta. Abra, abra un poco más.

    «Si mi marido estuviera en el cuarto de al lado», pensó Irma, «qué
imaginaría, él que es tan desconfiado°».

    —Habrá que colocar un pivot° —dijo el dentista—. No se va a notar,
se lo puedo garantizar.

    —¿Saldrá muy caro?

    —Para estas perlas nada resultaría bastante valioso.°

    —Sin broma.°

    —Sin broma. Le haré un precio especial.

    —¿Especialmente caro?

    Tal vez se había excedido° en las bromas, pues el facultativo° le guiñó
el ojo° y le oprimió° la pierna como con tenazas° entre las de él, lo cual
provocó un gemido,° pero todo esto lo hizo muy respetuosamente, sin
ningún alarde° ni vacilación. Después de concretar, en una tarjeta
rosada, la hora en que se empezaría el trabajo, Irma recogió sus guantes,
la tarjeta, su bufanda y la cartera y, corriendo, salió del consultorio,°
donde tres enanas la miraban con envidia.

    Transcurrieron° los días sin que el marido lograra arrancar° una pa-
labra a su mujer. De noche, antes de acostarse y de besarlo, apagaba la
luz.

    —¿Cuándo oiré tu voz melodiosa, deidad° de mis sueños?

    Un arrullo° de palomas le contestaba con el encanto habitual, porque,
hablara o no hablara, la gracia era una de las especialidades de Irma.

    —Te noto extraña —le dijo un día su marido—. Además nunca sé
adónde vas por las tardes.

    —Loquito, adónde voy a ir que no sea para pensar en vos.°

    Por lo menos hablaba.

    —Me parece muy natural, inevitable casi podría decir, pero no creas
que me quedo tranquilo. Sos el tipo de mujer moderna que tiene

glass panes	
clown	
bowing	
Algún... Something you bit	
groaned / rota	
distrustful	
crown, cap	
caro, precioso	
Sin... Seriously.	
se... she had overdone it / doctor	
le... winked at her / squeezed / pliers	
whimper	celosa de
show, display	otras mujeres
oficina del dentista	
Pasaron / sacar	
diosa	
cooing	el marido tiene celos
adónde... where would I go, but to think of you	

tres mujeres de estatura normal celosas
contraste
comodiosa

no quiere que los hombres hace avanza
hipocracia de la sociedad

aceptación en todos los círculos. Alta, de ojos celestes, de boca sensual, de labios gruesos, de cabellos ondulados, brillantes, que forman una cabeza que parece un *soufflé*, de ésos bien dorados, que despiertan mi alma golosa.° ¡La pucha que me da miedo!° Si fueras una enana o si tu-
95 vieras ojos negros, o el pelo pegoteado,° mal peinado y las pestañas des- coloridas... o si fueras ronca, ahí nomás;° si no tuvieras esa vocecita de paloma. A veces me dan ganas de querer a una mujer así ¿sabés? Una mujer que fuera lo contrario de lo que sos. Así estaría más tranquilo.

    —¿Qué sabés? ¿Acaso no hay otras cosas que la altura, el pelo, los
100 ojos celestes, las pestañas?

    —Si lo sabré. Pero, asimismo,° convendría que fueras menos vistosa.°

    —Vamos, vamos. ¿Querés acaso que me vista de monja°?

    —Y ese collar de perlas que se entrevé° cuando sonreís, es lo más peligroso de todo.

105   —¿Querés que me arranque los dientes?

    El marido de Irma cavilaba° sobre la belleza de su mujer. «Tal vez todo hubiera sido distinto si no fuera por la belleza. Me hubiera con- venido que fuera feíta° como Cora Pringosa. Era agradable y no me hu- biera inquietado por ella, pues a quién le hubiera gustado y, si a alguien
110 le hubiera gustado, a quién le hubiera importado.»

    ¿Adónde iría* Irma por la tarde? Salía con prisa y volvía escondién- dose.° Resolvió seguirla. Es bastante difícil seguir a una mujer que se fija en todo lo que la rodea.° Fracasó° varias veces en sus intentos, porque se interceptó entre él y ella un automóvil, un colectivo,° unas personas y
115 hasta una bicicleta. Logró por fin seguirla hasta Córdoba y Esmeralda, donde tomó un taxi hasta la casa del dentista. Ahí bajó y entró sin que él supiera a qué piso iba. No había ninguna chapa indicadora.° Esperó en la planta baja, fingiendo leer un diario.° Subía y bajaba el ascensor. Se sentó en un escalón de mármol° de la escalera.
120   Aquella tarde en que se aproximaba° la primavera, el dentista acom- pañó a Irma hasta la puerta del ascensor. Al pasar junto a los vidrios pin- tados de las ventanas, el odontólogo murmuró:

    —¿No sería lindo pasear por estos paisajes?

    A Irma le pareció que la abrazaba en una cama de hotel. Se ruborizó°
125 y, al entrar en el ascensor, no dijo adiós.

    —¿Está enojada? ¿Le hice doler? Sonría. Muéstreme mi obra de arte —exclamó el odontólogo asustado.

---

  * **¿Adónde iría...?** *Where did she go . . . ?* Just as the future tense in Spanish often indicates possibility or speculation in the present (¿**Qué hora será?** = *I wonder what time it is?*), the conditional tense can indicate possibility or speculation in the past.

greedy / ¡La... You're darn right I'm afraid!

stuck together

ahí... nothing more

sin embargo / guapa

nun

se... one catches a glimpse of

brooded

Me... It would have been better if she were homely

surreptitiously

la... surrounds her / He failed

autobús

chapa... directory

periódico

escalón... marble step

se... se acercaba

Se... She blushed

El ascensor se llevaba a la paciente entre sus rejas° como a una prisionera.

130   Afuera llovía, ya estaba su marido apostado° con un paraguas ce-
rrado en la mano. Había oído las frases pornográficas pronunciadas por
esa voz de barítono sensual. Ciego de rabia° blandió° el paraguas y, al
asestar a Irma un golpe en la cabeza,° le rompió el premolar recién colo-
cado y simultáneamente se le cayeron los cristales de contacto, las pes-
135   tañas, los postizos de su peinado; las sandalias altas fueron a parar debajo de un automóvil. No la reconoció.

    —Discúlpeme, señora. La confundí. Creí que era mi esposa —dijo
perturbado—. Ojalá fuese como usted; no sufriría tanto como estoy
sufriendo.

140   Apresurado° se alejó, sintiéndose culpable° por haber dudado de la
integridad de su mujer.

de estos hombres

barras

stationed

cornudo — celoso y violento

furia / he brandished

al... upon whacking Irma on the head

seeing red
cannot see

The lie continues

Con mucha prisa / guilty

Reflexiones sobre la lectura

Comprensión

A En una hoja de papel aparte, escriba, en orden cronológico, los cinco hechos o sucesos que Ud. considera los más importantes del cuento. ¿Cómo se compara su lista con las de sus compañeros?

B Complete las siguientes oraciones según el cuento.

1. El marido de Irma no sabía que...
2. Para dormir, Irma no se quitaba...
3. Irma aparentaba ser más alta que su marido porque...
4. Lo peor de su caída del caballo fue...
5. Irma no le decía a su marido que iba al dentista porque...
6. El marido empezaba a sufrir cuando...
7. La tarde que el marido decidió seguirla, cuando ella salió del ascensor, él...
8. Lo irónico del cuento es que...

C Indique cuáles de las oraciones siguientes podrían haber dicho Irma (I), su marido (M) o ambos (A). Justifique sus decisiones.

1. _____ La apariencia física es muy importante.
2. _____ Los hombres piensan demasiado en conquistar a una mujer.
3. _____ La mujer tiene la responsabilidad de mantener las buenas relaciones dentro de la pareja.
4. _____ Entre esposos no debe haber secretos.

Consideraciones

A Parece que Irma hacía todo lo posible por mantener su apariencia física (aunque falsa) para que su marido siguiera con su ilusión. En su opinión, ¿tuvo éxito ella, o falló en su propósito? Explique. ¿Habría sido mejor que ella no hubiera intentado engañarlo? ¿Por qué sí o por qué no?

B ¿Cómo eran las relaciones entre Irma y su marido? Busque ejemplos en el texto para llenar la tabla con información sobre los siguientes aspectos de sus relaciones.

el respeto	
el cariño	
la comunicación	
la confianza	

- ¿Cómo cree Ud. que Irma y su marido se conocieron? ¿Dónde? ¿Hace cuánto tiempo?
- ¿Cómo habría sido diferentes sus relaciones si el marido hubiera reconocido a Irma después de golpearla con el paraguas?

C ¿Cómo trataba a Irma el dentista? El narrador menciona dos situaciones en las cuales el dentista hizo ciertas insinuaciones sexuales. Describa las dos situaciones. ¿Cree Ud. que fueran imaginadas o exageradas por Irma o que realmente ocurrieran?

D ¿Por qué piensa Ud. que el título de este cuento es «Los celosos» en vez de «El celoso»? ¿Quiénes son los celosos? ¿De qué (o quién) tienen celos? Explique.

Técnicas literarias • La hipérbole

La hipérbole es un tipo de exageración literaria que se logra aumentando o disminuyendo desproporcionadamente la importancia de las acciones, las cualidades, los defectos, etcétera, de lo que se habla. El uso de esta técnica tiene como propósito producir cierto efecto en los lectores del cuento. En los siguientes ejemplos, tomados de «Los celosos», se presenta con gran exageración lo que hace Irma.

1. «Jamás» se dejó ver tal como era, sin maquillaje y sin las cosas postizas.
2. Llevaba zapatos con plataformas que medían 20 centímetros, porque era casi enana.
3. Dormía con cinco almohadas para no estropear su peinado.
4. Fingía ser buena nadadora, pero en realidad usaba un pequeño salvavidas.
5. La gente pensaba que ella sabía montar bien a caballo, pero en realidad el cuidador de caballos le daba «una buena dosis de neurótico» al caballo para que fuera dócil.
6. Después de romperse el diente, Irma no abrió la boca por un mes, ni siquiera para comer.
7. Al final, su esposo no la reconoció sin sus «arreglos».

A ¿Cuál es el efecto que produce en los lectores el uso de la hipérbole en cada caso? Teniendo en cuenta los ejemplos anteriores, más otro(s) que Ud. encuentre en el cuento, explique por qué cree que la autora utilice tanto esta técnica literaria para relatar el cuento. ¿Qué revela el uso de la hipérbole en cuanto a los pensamientos de la autora?

B En grupos de cuatro o cinco personas, piensen en una persona bien conocida —en el mundo literario, en el cine, en la política o en cualquier otro aspecto de la vida. Escriban una descripción de esa persona exagerando su apariencia y sus acciones. Después, lean la descripción al resto de la clase, a ver si sus compañeros pueden adivinar quién es la persona que Uds. describieron.

Un paso más

Representaciones

A Se dice que las mujeres confían mucho en sus peluqueros. Con un compañero / una compañera, inventen y representen una posible conversación entre Irma y su peluquero/a en la cual Irma habla de sus experiencias con el diente roto. Entre otras cosas, hablen de cómo Irma lo esconde de su marido y de sus visitas al dentista.

B Trabajando en parejas, imagínense que al final del cuento el esposo de Irma se da cuenta de lo que realmente pasó en el consultorio y vuelve allí para confrontar al dentista. ¿Cómo reacciona el dentista? Representen esta situación delante de la clase.

C En grupos de tres, escriban y representen una escena entre Irma, su esposo y un psicólogo / una psicóloga que ocurre varios días después de la última visita desastrosa al dentista.

Conversación

A En general, ¿creen Uds. que los hombres y las mujeres se arreglen para agradarles a sí mismos o para impresionar a otras personas? ¿Y qué hacen los estudiantes de esta universidad?

B En los años sesenta había una canción popular que decía que para ser feliz por el resto de la vida, no se debe casar con una persona extremadamente guapa. También en España hay un refrán relacionado con este tema, que dice: «Ni guapa que encante, ni fea que espante.» ¿Qué significa este refrán? ¿Están Uds. de acuerdo? ¿Por qué sí o por qué no?

◆ ¿Por qué creen que en nuestra sociedad le damos tanta importancia a la apariencia física? ¿Cuál es la imagen de la mujer perfecta? ¿Y la del hombre perfecto? ¿Creen que los padres deban hacer algo para que sus hijos e hijas *no* crezcan dándole tanta importancia a lo físico? Expliquen.

Composición

◆ Trabaje con dos o tres compañeros para escribir tres temas para una composición sobre este cuento que se puedan contestar con dos o tres párrafos. Después, compartan sus temas con los otros grupos para que entre todos elijan los dos mejores. Finalmente, escriba su propio ensayo para uno de los temas.

◆ ¿Cómo caracteriza Ocampo al hombre en este cuento? ¿Qué cualidades o defectos tienen el esposo y el dentista? ¿Cómo tratan a Irma? Escriba una composición de una a dos páginas contestando estas preguntas. Añada su opinión personal en cuanto a esta caracterización del hombre.

◆ El cuento termina sin resolver el conflicto entre Irma y su esposo. Continúe el cuento, explicando lo que ocurre cuando Irma se encuentra de nuevo con su esposo en casa.

En resumen

Escriba una descripción de cada elemento con referencia a este cuento.

El tema	El punto de vista
El tono	El marco escénico
Los personajes	La trama
El narrador / La narradora	El clímax

Ahora, escriba una breve comparación de este cuento con los otros que ha leído en este libro, enfocando en los rasgos que hacen que «Los celosos» sea diferente y único.

4

Julieta
Pinto

◆ ◆ ◆ ◆ ◆

La vieja casona

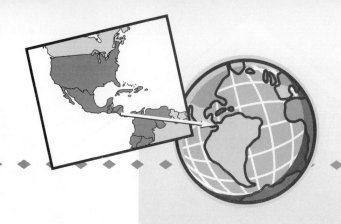

Sobre la autora

Julieta Pinto (1920–) was born in San José, Costa Rica. She has published novels as well as several collections of short stories. Her short stories reflect memories and images from the years that she spent on her parents' hacienda. "La vieja casona" appears in the book *Cuentos de la tierra*, a collection of short stories based on personal anecdotes. The simple yet lyrical style of these stories creates a world of poetry that can be likened to a primitive painting. Every word is important and conveys an emotion that is like a brush stroke used to create a simple, yet powerful, image in the reader's mind.

Para pensar

Keeping in mind the link between Pinto's life on the hacienda and her writing, who would you expect to be the "voice" speaking in "La vieja casona"? Of the possibilities listed below, which do you think is the most likely? Rank-order the following choices (1 = most likely, 4 = least likely). Be prepared to explain the reasons for your decisions.

a. _____ A child talking about the house she lives in.

b. _____ A woman, advanced in years, looking back on her life.

c. _____ A neighbor describing the generations of the family that has lived in the house.

d. _____ A narrator who has no apparent connection to the house.

Costa Rica

Datos importantes

Nombre oficial: la República de Costa Rica

Ciudades principales: San José (capital), Cartago, Limón

Idioma: el español

Población: 3.419.000 habitantes

Area: 51.000 km^2

Moneda: el colón

Aproximaciones a la lectura

Observaciones preliminares

En «La vieja casona», Pinto utiliza la técnica de la personificación para describir la casa. Los poetas suelen emplear esta técnica, la cual consiste en asignarles cualidades humanas a las cosas inanimadas. Como Ud. ya sabe, Pinto usa palabras para crear un mundo casi poético. En este caso, ella describe la casa como si ésta pudiera oler, sentir y aun ver.

- ¿Qué cosas o acontecimientos harían feliz a una casa? ¿Cuáles la harían sentirse triste?
- ¿Cuál es el propósito de utilizar esta técnica?

¿Qué opina Ud.?

Si Ud. fuera un objeto o una casa como la casona que pudiera oler, sentir y ver, ¿qué objeto sería? ¿Por qué?

Exploraciones del tema

Vocabulario útil

apoyar	*to support*	la madre soltera	*single mother*
aterrar	*to terrify*	la maternidad	*motherhood*
criar	*to raise (a child)*	el murciélago	*bat*
desempeñar un papel	*to carry out a role*	el polvo	*dust*
		el ratón	*mouse*
el cariño	*affection*	el recién nacido / la recién nacida	*newborn*
el don	*gift*		

A Mire la foto de la página 52. ¿Cómo es esta casa? ¿A Ud. le gustaría vivir en una casa así? ¿Por qué sí o por qué no?

¿Qué tendría la casa ideal para Ud.? Ponga en orden de importancia las cosas de la lista de ésta y la próxima página, y también añada otras si quiere.

_____ cosas materiales, como un televisor grande, muchos teléfonos y otros aparatos electrónicos modernos

_____ piscina, cancha de tenis y espacio para practicar diferentes deportes

_____ fácil acceso a actividades culturales

_____ muebles y otras cosas heredadas (*inherited*) de la familia por varias
generaciones

_____ jardín u otro lugar en donde relajarse

_____ fácil acceso a buenas escuelas

_____ vista panorámica del mar, de las montañas, de la ciudad o de alguna
otra cosa que a Ud. le guste

_____ ¿ ?

B En este cuento, Pinto se sirve de una madre joven como narradora para
explorar el tema de la maternidad.

- ¿Cuáles serán los pensamientos de una joven que es madre por primera
vez? ¿Y los de un padre joven? ¿Qué semejanzas hay entre sus puntos
de vista? ¿Y qué diferencias hay?

- Parece que esta mujer no tiene esposo. ¿Cree Ud. que una madre soltera
tendría más preocupaciones que una madre casada? Explique.

C ¿Quiere Ud. imitar a sus padres cuando le toque (*it's your turn*) desempeñar el papel de madre (o padre)? ¿Haría Ud. lo mismo que hicieron ellos?
¿Haría Ud. algo diferente? Lea la tabla siguiente e indique si Ud. demos-
traría esas cualidades de igual forma o si las cambiaría.

CUALIDAD	LA DEMOSTRARIA DE LA SIGUIENTE MANERA	NO CAMBIARIA NADA
el amor / el cariño		
la paciencia		
la dedicación / el tiempo		
la disciplina		
la generosidad		
la comprensión		
el sacrificio		

D Conteste las siguientes preguntas.

1. Según Ud., ¿cuáles son las cosas más importantes que se pueden hacer
por los hijos? Nombre el «regalo» más valioso que Ud. recibió de sus
padres. ¿Por qué fue tan valioso para Ud.?

2. ¿Le gustaría a Ud. criar a sus hijos en la misma casa en que lo/la criaron a Ud.? Dé una respuesta detallada, haciendo una lista de los aspectos positivos y negativos de la casa.

3. Si Ud. pudiera cambiar una cosa de su casa familiar, ¿qué cosa sería? ¿Por qué?

Estrategias de lectura • El conocimiento preexistente

Una de las mejores estrategias para leer una obra literaria consiste en hacer algunas conjeturas acerca de la obra antes de leerla, basándose tanto en las propias experiencias como en el conocimiento que se tiene del mundo, y después leerla para verificar esas conjeturas. Esto le dará un contexto en qué situar la acción, y también le ayudará a adivinar el significado de palabras desconocidas y a entender el sentido de la obra.

Por ejemplo, piense primero en el título del cuento a continuación: «La vieja casona». De éste, podemos deducir que el cuento tratará de una vieja casa que es grande y elegante y que pertenece a una familia adinerada (*wealthy*). Luego, al leer el primer párrafo, nos enteramos de que después de muchos años, la casa se está abriendo de nuevo. Use su propio conocimiento del mundo para hacer algunas hipótesis sobre la casa.

- ¿Qué esperaría ver Ud. a través de las puertas y ventanas cuando éstas estén abiertas? ¿Estarán recién pintadas las paredes? ¿Estarán los pisos limpios o llenos de polvo y suciedad?
- ¿Cree Ud. que algunos animales vivan en la casa? ¿Qué tipos?

Ahora, lea los dos primeros párrafos del cuento y busque las respuestas a las preguntas anteriores. Al mismo tiempo, trate de adivinar el sentido de las palabras nuevas que encuentre.

A Piense en algunas razones por las cuales se estará abriendo la casa después de mucho tiempo. ¿Son estas razones motivos de alegría (alguien va a vivir en la casa) o de tristeza (van a destruir la casa)? Ahora, vuelva a leer los dos primeros párrafos y busque indicios de las circunstancias de la apertura de la casa.

B En el tercer párrafo, la autora compara la casa con una persona vieja. Primero, haga una lista de las quejas de los viejos que viven solos. Después, busque referencias a una persona vieja en este párrafo. ¿Por qué se siente triste esta «persona»? ¿Cómo cambia ésta cuando alguien la visita?

La vieja casona

[handwritten: como madre / dear old / vieja]

Los murciélagos que por tantos años habitaron los cuartos desiertos
salieron chillando° al entrar el sol por las ventanas. Nubes de cor-
púsculos° diminutos de polvo iniciaron un baile fantástico en los
rayos de luz, y la casona crujió° con sus puertas. Su sonido no era
5 el quejido° cansado de un gozne° o de una cerradura,° sino un
sonido alegre, como el gorjear° de un niño cuando se despierta en
las mañanas.

Era efectivamente un despertar. No se sabía cuántos años habían sus
puertas permanecido cerradas, cuánto tiempo había sido habitada sólo
10 por arañas y ratones.

Hacía mucho que sus paredes no escuchaban voces ni sus pisos sentían el roce de unos pasos. Sola y abandonada, el polvo la invadía, las
goteras° se infiltraban entre las tejas° desacomodadas por el viento del
verano, y sus brazos se cansaban de sostener una armazón° que no

[margin glossary, right column]
shrieking
partículas
creaked
groan / hinge / lock
gurgle

[handwritten: juventud]
[handwritten: personificación]

roce... *contact of footsteps*
gotas de agua / *roof tiles*
frame (of a structure)

[handwritten: la casa muere de soledad]

[handwritten: la casa tiene memorias]

[handwritten right: tradición — la mujer guarda; la tradición; la herencia es una de la tradiciónes; la casa y la familia son parte de la mujer]

[handwritten bottom: murciélagos – blind / ventanas – ver]

52

15 daba abrigo° a nadie. Cuando se creía ya inserible, que iba a recogerse
    para el sueño,° una mañana la luz penetró de nuevo y pasos ligeros
    recorrieron las habitaciones. Sintió el agua correr por los pisos de ladri-
    llos,° la escoba y el trapo° por los de madera. Las paredes fueron sacu-
    didas y los muebles desenterrados° de una capa° oscura y fina de
20 polvo. Sus entrañas se conmovieron al oír el vagido° de un recién
    nacido, y su esqueleto se enderezó° como el de un abuelo ante la figura
    erguida° de su nieto.
        La joven agotada se dejó caer en un sillón. Su cara roja por el ejerci-
    cio estaba húmeda de sudor y una sonrisa de satisfacción jugueteaba en
25 sus labios. La casa estaba habitable de nuevo. Contempló al pequeño
    que dormía en su canasta, ajeno al ajetreo° que se desarrollaba a su
    alrededor. Sus facciones se ensombrecieron.
        «Yo soy ahora la madre. Me toca° desempeñar este papel y no lo he
    aprendido todavía. Ha sido fácil ser hija. Vivir ajena a lo que significa
30 responsabilidad. Recibir sin saber que se recibe, como algo natural, casi
    una obligación. Esta casona fue el marco de mi niñez, mi crecimiento an-
    gustioso,° el descubrimiento de la muerte cuando mi padre nos dejó
    para siempre. Voy a vivir bajo las mismas paredes que mis padres, que
    mis abuelos. Recorreré° con mi hijo las mismas etapas° que ellos reco-
35 rrieron, imitaré sus gestos y sus palabras. Oiré la lluvia caer sobre las te-
    jas y su espesa cortina° borrará el paisaje que veo desde el corredor.

no... *did not shelter*
recogerse... *retirarse para dormir*

pisos... *tile floors / rag*
unearthed / layer
corazón (coll.) / wailing
se... *straightened up*
erecta
cansadísima

ajeno... *unaware of the bustle*

Me... *It's my turn*

lleno de angustia

I'll go through / stages

espesa... *thick curtain*

La vieja casona

Soñaré los mismos sueños que mi madre cuando se quedaba pensativa con la aguja enhebrada° y los ojos perdidos en el borde celeste de las montañas. Sentiré la impaciencia de mis hijos tirándome de la falda,° y
40 mis ojos tendrán esa mirada perdida que tanto me impacientaba.

«Recorreré la finca observando las nuevas siembras.° Tan antiguas como la tierra misma, cuando las hierbas crecían cada invierno y morían cada verano. Hoy son los cultivos,° pero el ciclo de las estaciones continúa y el verano precede al invierno como mis padres me pre-
45 cedieron a mí. Las voces de mi madre y de mi abuela están confundidas en estas paredes, son una sola que se une a la mía para darle más reso- nancia.

«Los juguetes sacudidos del polvo de los años recobrarán° la vida después de soñar tan largo tiempo; el caballo de madera galopará con
50 mi hijo mayor, y la muñeca de porcelana con un brazo postizo contará la historia de su desgracia, mientras una hija mía de ojos oscuros la mece° en la pequeña poltrona° de brazos roídos° por el comején.°»

Se sobresaltó° al ver las sombras absorbiendo la luz. Había comen- zado la lucha de la que siempre salían vencedoras.° Sintió rebullirse° al
55 pequeño y supo que tenía hambre. Se acercó a la cocina para calentarle la leche. No había notado lo tarde que era.

«Creo que va a ser difícil aprender que los niños comen a horas fijas,° que debo tener presente el reloj y no permitirme vagar en el tiempo° como lo he hecho todos estos años. Aún recuerdo la sorpresa cuando la
60 sirvienta me decía que hacía rato° me llamaba a comer. ¿A comer?, repetía asombrada;° pero si el sol está alto todavía. La sonrisa de malicia me hacía mirar hacia el poniente:° nubes de colores luchaban por sostener el disco rojo que se les escapaba descendiendo cada vez más. Me apresuraba° a acercarme a la mesa iluminada por la misma luz que
65 teñía° las nubes y pedía disculpas por llegar tarde. La voz severa de mi padre repetía: «Recuerda que me gusta terminar la comida antes de que oscurezca. Detesto la luz de las bombillas que destiñen° los alimentos y el sonido de los murciélagos gritando en la oscuridad.» Rápidamente sorbía° mi sopa de celajes.°

70 «Ahora soy yo la que debe cuidar que la comida se sirva a sus horas, que el sol no se acueste sin que yo lo sepa y que mi hijo tenga la leche lista al despertar. El baño diario, sus alimentos regidos° por un reloj que debo cuidar y vigilar cada hora, sin permitir que salte el tiempo o se quede estancado° como a veces me sucede.»

75 Llevó la leche al niño que la pedía con su única arma: un llanto im- paciente, colérico, que al no ser atendido prontamente se convertía en un vagido angustioso. Su vocecita denotaba° el terror del abandono que ronda las cunas° de los recién nacidos.

aguja... *needle threaded*
tirándome... *tugging on my skirt*

nuevas... *newly planted fields*

crops

will recover

rocks
butaca / *gnawed* / termita
Se... *She was startled*
victoriosas / moverse

determinadas
vagar... *to lose track of the time*

hacía... *a while ago*
sorprendida
setting sun

Me... Me daba prisa
dyed

quitan el color de

sipped / de... que reflejaba las nubes de colores

gobernados

stalled

demostraba
ronda... *hovers around the cradles*

Capítulo cuatro

«Vagamente veo mi figura recostada° en vez de la del niño y mi
80 madre con la botella de leche mientras me acariciaba suavemente. Mil
palabras cariñosas salían de sus labios. Aunque no las entendía, su tono
me daba una sensación tan reconfortante° como la leche que sorbía.° Era
la certeza,° la seguridad de que había alguien que me cuidaría siempre y
mis ojos se cerraban tranquilos.

85 «Ahora contemplo las paredes gruesas y un estremecimiento° me
recorre. Siento como si estuviera presa,° como si el reloj y la casa fueran
verjas de hierro° que no me dejarán salir jamás. Una sensación de angustia me invade. No soy libre, lo dejé de ser en el momento que nació mi
hijo, desde el día en que su boca golosa se prendió de° mis pechos y sus
90 labios hicieron salir hilos° de leche. La responsabilidad me aterra, yo no
soy como mi madre ni como mi abuela. Soy diferente. Deseo estar sola y
dejar volar mis pensamientos por regiones desconocidas donde el
tiempo y el espacio se unen en una sola línea continua sin escollos ni
quiebres. Me gusta sentarme a la orilla de un río; hacer un largo viaje en
95 el corazón de una hoja que tuvo la suerte de caer en sus aguas. Juntas
recorrer distancias inmensas y por fin sumergirnos en un agua clara, sin
fronteras y donde se desconoce el tiempo.°

«A veces la tierra me cansa y mi pensamiento se va en una nube buscando alturas, estrellas, mundos nuevos, que se pueden ver también a
100 través de los árboles cuando reposo° de espaldas a la tierra y las hojas
forman un encaje° que aleja° aún más el cuadrado azul del cielo. Los

acostada

muy confortante

certitud

tremor

prisionera

verjas... iron gratings

se... attached itself to

trickles

escollos... impedimentos ni
    interrupciones

se... time stands still

I rest

mosaico / distances

La vieja casona

55

minutos, las horas y los días se confunden en un segundo de
eternidad.»

El niño se quejó y ella lo miró sorprendida. Había terminado de
105 tomar la leche sin que se diera cuenta° y la miraba con una interrogación
en sus ojos azules. Se sobresaltó al ver que no dormía. Parecía que había
estado leyendo sus pensamientos y en sus ojos se leía el temor. Un impulso la hizo abrazarlo y, acuñándolo,° comenzó a susurrarle° las mil
palabras de cariño que sólo una madre conoce. No sabía dónde las
110 había aprendido ni cómo salían de sus labios. Minutos después el niño
dormía tranquilamente mientras un hilito de leche se escurría por° sus
mejillas.

Un suspiro largo, tenue,° se escapó del corazón de la vieja casona. Ya
no temía al tiempo. Se sintió tan joven como recién construida, cuando
115 su madera aún tenía el olor del bosque, el color de las hojas tiernas, y sus
brazos fuertes sostuvieron con orgullo las paredes desteñidas.°

sin... without her having noticed

rocking him / murmur

se... trickled down

Un... A long, silent sigh

faded

combina la naturaleza de sus sueños con el miedo nuevo de ser madre

Reflexiones sobre la lectura

◆ ◆ ◆ ◆ ◆ ◆ ◆ ◆ ◆ ◆ ◆ ◆ ◆ ◆

Comprensión

A Escoja la mejor explicación de las siguientes citas del cuento «La vieja
casona».

1. «La joven agotada se dejó caer en un sillón. Su cara roja por el ejercicio
   estaba húmeda de sudor... »
   a. Acababa de regresar del gimnasio.
   b. Había jugado con su hijo en el jardín.
   c. Había trabajado mucho limpiando la casa.
2. «Sentiré la impaciencia de mis hijos tirándome de la falda.»
   a. La joven tendrá tres hijos activos menores de cinco años.
   b. Sus hijos reclamarán su atención inmediata (como le ocurría a su
      madre).
   c. Los hijos estarán mimados (*spoiled*) porque no tienen padre.
3. «Recuerda que me gusta terminar la comida antes de que oscurezca.»
   a. El padre de la joven insiste en que ella y su hijo cenen con él
      temprano.
   b. Cuando ella todavía no ha preparado la cena, el recuerdo de su
      padre viene a su memoria.
   c. El fantasma de su padre está sirviendo la cena.
4. «Siento como si estuviera presa, como si el reloj y la casa fueran verjas
   de hierro... »

    a. Vivir en la casa con las responsabilidades de una madre simboliza para la joven la pérdida de la libertad.

    b. La joven está prisionera en la casa rodeada de verjas de hierro.

    c. La joven está encarcelada en la casa por sus padres.

5. «A veces la tierra me cansa y mi pensamiento se va en una nube buscando alturas... »

    a. La joven trabaja mucho en la tierra y sin esposo su vida es muy difícil.

    b. La joven piensa en la muerte como un escape.

    c. La joven es soñadora y le gusta pensar en cosas sublimes y crear un mundo de fantasía.

B Conteste las siguientes preguntas, usando ejemplos específicos del cuento para justificar sus respuestas.

- ¿Cuáles son las necesidades básicas de los niños? ¿Cómo satisface esta madre las necesidades de su hijo?

- ¿Cuáles son los malos recuerdos que tiene la narradora? ¿Menciona también algunos buenos? ¿Cuáles son?

- ¿Cuál era una de las «reglas» de su padre? ¿Por qué era ésta una de sus reglas?

- El hecho de tener más responsabilidades ha cambiado la vida de la narradora. ¿Cuáles son algunos de estos cambios? Específicamente, ella sugiere que el papel de madre resulta en la pérdida de la libertad. ¿Qué ejemplos de esto nos da?

Consideraciones

A ¿Cómo es posible que los niños puedan llamar atención a sus necesidades aun sin poder hablar? Según Pinto, ¿cómo puede disminuir una madre el sentimiento de abandono que siente un niño / una niña?

B ¿En qué sentido cree la joven que es diferente de su madre y su abuela? ¿Es una actitud positiva o negativa? Al mismo tiempo, parece que la vida de la joven tiene algún paralelo con la de su propia madre (después de la muerte de su padre). ¿Qué ideas tendrán en común la joven y su madre en cuanto a la crianza de sus hijos?

C ¿Por qué le da vergüenza a la joven que el niño lea sus pensamientos?

D Además de la casona, ¿qué imágenes usa Pinto para sugerir la idea de continuidad?

E Haga una lista de las responsabilidades y los diferentes papeles de una madre. Considere tanto el aspecto material como el emocional.

F Cuando la joven parece ajustarse al papel de madre, ¿cómo se siente la casona? ¿Por qué? ¿Cuál es el significado de esto?

Técnicas literarias • La voz narrativa / El punto de vista

Con respecto a la voz narrativa, los escritores pueden escoger entre varios puntos de vista para presentar los acontecimientos de su cuento. Uno consiste en hacer que el/la protagonista (el personaje principal) cuente su propia historia. Otra técnica es servirse de un personaje que observa y narra la historia mientras participa en ella. En ambos casos, el narrador / la narradora habla en la primera persona (el «yo»).

Cuando la narración cambia de la primera persona a la tercera persona, se encuentra un tercer punto de vista: la voz del narrador-observador. El narrador-observador relata objetivamente lo que pasa y nos da una descripción física de los personajes, pero no nos dice lo que ocurre en la mente de ellos. Un cuarto punto de vista es el de un narrador omnisciente, quien puede no sólo relatar la acción del cuento sino también interpretar los pensamientos y motivos de los personajes.

A En «La vieja casona» hay dos voces narrativas. El cuento empieza con una descripción de la casona. El narrador de esta parte revela los pensamientos de la casa, como si ésta fuera una persona vieja. ¿Quién nos habla aquí? ¿Es ésta la voz de la protagonista, de otro personaje, del narrador-observador o del narrador omnisciente?

Cuando la descripción de la casa termina, la voz narrativa cambia. Este narrador describe los pensamientos de la joven madre. ¿Quién nos habla ahora?

En el resto del cuento hay un intercambio de las dos voces hasta el final, cuando hay otra descripción de la casa personificada. ¿Quién es el narrador al final?

B Trabaje con algunos compañeros para comentar las preguntas a continuación.

- ¿Qué efecto tienen las palabras de la joven cuando nos habla directamente? ¿Parecen más creíbles sus palabras? ¿más personales?
- En su opinión, ¿habría tenido el cuento el mismo efecto si el narrador omnisciente nos lo hubiera contado todo?
- Piensen en los cuatro puntos de vista mencionados anteriormente y determinen cuáles son las ventajas y las desventajas de cada uno con respecto a este cuento. ¿Cuál de ellos les parece que es el mejor? Expliquen.

Un paso más

Representaciones

A. Trabajando en grupos de cuatro, escriban una escena en la que varios miembros de una familia, de generaciones diferentes, son entrevistados por un reportero / una reportera. Luego, representen la escena: una persona debe hacer el papel de la madre / del padre; otra, el de la abuela / del abuelo, y otra, el de la bisabuela / del bisabuelo. La persona que hace el papel de reportero/a debe hacerles preguntas acerca de cómo cada uno desempeñaba o desempeña su papel de madre/padre. ¿Qué tienen en común estos papeles? ¿Cómo han cambiado a través de los años?

B. ¿Cómo cambiaría este cuento si se tratara de un padre soltero con su hijo/a, en vez de una madre soltera? Trabajando en parejas, representen un diálogo entre un amigo / una amiga y un padre soltero, quien acaba de regresar a la casa familiar con su hijo recién nacido / hija recién nacida. Hablen de las nuevas responsabilidades del padre, las dificultades de ser el único responsable de la crianza de su hijo/a, los cambios ocurridos en su manera de vivir, etcétera.

C. Trabaje con un compañero / una compañera para hacer los papeles de la madre del cuento (ya envejecida) y del padre (también envejecido) del hijo. Desarrollen un diálogo entre ellos en el cual comparten sus experiencias y opiniones sobre la crianza de su hijo, desde la niñez hasta la madurez. ¿Qué cosas habría hecho de forma diferente cada uno? ¿Cuáles habrían hecho igual los dos? ¿Habría sido igual o diferente la vida del hijo si ellos lo hubieran criado juntos?

Conversación

A. Comenten la importancia de los episodios de narración retrospectiva (*flashback*) de la madre en el desarrollo del cuento.

B. Hablen de los temores que Uds. podrían tener si de pronto se convirtieran en padres de un recién nacido.

C. Divídanse en dos grupos para debatir la cuestión de si un padre puede desempeñar el papel de madre, es decir, cumplir con todas las responsabilidades y obligaciones que implica la crianza de los hijos, incluso el cuidado de los recién nacidos.

Composición

A Piense en cómo utiliza Pinto la técnica de la personificación con respecto a la casona, y escriba una historia basada en la vida de un juguete (como la muñeca de porcelana del cuento).

B Escríbale una carta a su madre/padre, explicándole cuáles eran las cualidades de él/ella más importantes para Ud. cuando era niño/a.

C Pinto no nos dice la razón por la cual la joven ha vuelto a vivir en la casa familiar. No sabemos si fue por su propia voluntad o por necesidad. Escriba una breve composición sobre las diferentes posibilidades.

En resumen

Escriba una descripción de cada elemento con referencia a este cuento.

El tema   El punto de vista
El tono   El marco escénico
Los personajes   La trama
El narrador / La narradora   El clímax

Ahora, escriba una breve comparación de este cuento con los otros que ha leído en este libro, enfocando en los rasgos que hacen que «La vieja casona» sea diferente y único.

5

Ana María
Matute

◆ · · ◆ · · ◆ · · ◆ · · ◆

El
arrepentido

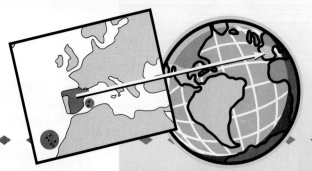

Sobre la autora

A na María Matute (1926–), born in Barcelona, is internationally recognized for the colorful, poetic descriptions of Spanish life that she paints for her readers. In fact, she gave up a career as an artist to become a writer. In *Interviews with Spanish Writers*, Matute explains that "literature immediately attracted me as a means of expression that was easier for me than anything else, and I can say the same thing about drawing. In fact, I have not left it. I have always liked to draw and I continue to do so."[*]

- What would you expect to find in the works of an artist-turned-writer?
_____ terse, action-packed prose
_____ long descriptions of psychological traits
_____ many stream-of-consciousness monologues
_____ vivid, concrete descriptions of the setting

Para pensar

Matute was only ten years old when the Spanish Civil War (1936–1939) began. Those years of

España

◆◆◆◆◆◆◆◆◆◆◆◆◆

Datos importantes

Nombre oficial: el Reino de España

Ciudades principales: Madrid (capital), Barcelona, Sevilla, Valencia

Idiomas: el español (oficial), el catalán, el gallego, el euskera (vasco)

Población: 39.404.000 habitantes

Area: 504.782 km^2

Moneda: la peseta

suffering, coupled with the repression and censorship of artistic expression during the dictatorship of Francisco Franco, had a tremendous impact on her work. Through her writing, she often reveals a pessimistic and deterministic attitude, disillusionment with the "establishment," and a preoccupation with the theme of regret or remorse. She writes with the Spanish voice that has been created within her and about what she knows best. In her own words, "I can never speak of a country I am not familiar with, and in order to know a country, it is necessary to live in it for a long time and even then it is not easy to know it completely."[†]

- Given the brief biographical information that you have read about Matute, where is this story most likely to be situated? What do you think the tone will be?

_____

[*] Ana María Matute, *Interviews with Spanish Writers*. Ed. Marie-Lise Gazarian Gautier (Elmwood Park, Ill.: Dalkey Archive Press, 1991), p. 183.
[†] Ibid., p. 189.

Aproximaciones a la lectura

Observaciones preliminares

Los temas que se repiten a menudo en los cuentos de Matute son los de la niñez, la juventud, la crueldad y la ambivalencia del amor y odio en las relaciones del hombre con el hombre. El cuento que sigue, «El arrepentido», es parte del libro del mismo nombre. A primera vista, esta colección de cuentos no parece tener un tema unificador como ocurre en las otras colecciones de Matute, aunque un elemento común a ellos puede ser el hecho de que todos los protagonistas tienen algo de qué arrepentirse (*repent; regret*). Este cuento, al estilo de O'Henry, tiene un fin inesperado y muy irónico, una técnica poco usada por Matute.

¿Qué opina Ud.?

El título de un cuento puede referirse a un acontecimiento presente, futuro, pasado o incluso a una característica que tiene que ver con uno de los personajes. ¿Qué se puede inferir al leer el título «El arrepentido»? ¿A quién cree Ud. que se refiere: a Tomeu, un hombre ya viejo, o a Ruti, un médico recién graduado? ¿Por qué?

Exploraciones del tema

Vocabulario útil

arrepentirse (ie, i)	*to regret; to repent*	la herencia	*inheritance*
heredar	*to inherit; to bequeath*	la mentira	*lie*
mentir (ie, i)	*to lie*	el reconocimiento médico	*medical exam*
parecer	*to seem, appear*	el remordimiento	*remorse*
		el testamento	*will*
la avaricia (la codicia)	*greed*		

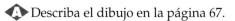 Describa el dibujo en la página 67.

- ¿Qué tipo de lugar se ve allí? ¿Quién cree Ud. que sea el hombre mayor? ¿Cómo es? ¿Parece pobre o rico? ¿Por qué está allí?
- Aunque no lo parezca, este hombre tiene bastante dinero, pero es dinero conseguido por medios ilícitos. ¿Cómo cree Ud. que haya conseguido ese dinero?

B Trabaje con tres o cuatro compañeros para contestar las preguntas a continuación.

1. ¿En qué ocasión se ha arrepentido Ud. de algo en su vida? ¿Cuándo fue? ¿De qué se arrepintió?
2. ¿Se arrepintió de haber hecho algo que no debía hacer o de no haber hecho nada cuando debía haber hecho algo? ¿Cuáles fueron las consecuencias de lo que hizo (o no hizo)?
3. ¿Son más semejantes que diferentes las experiencias de Uds.? Expliquen.

C Conteste las siguientes preguntas.

1. Si Ud. fuera viejo/a y tuviera bastante dinero, ¿a quién(es) se lo dejaría al morir: a sus hijos, a una institución de caridad (*charity*) o a otra(s) persona(s) o instituciones? ¿Por qué?
2. Usando una escala de 0 (no creer en absoluto) a 5 (creer con toda confianza), indique cuánta confianza Ud. tiene en cada profesión o persona a continuación.

   ____ un abogado   ____ un sacerdote
   ____ un médico   ____ un vendedor
   ____ un pariente
3. Cuando alguien nos da algo, ¿siempre sentimos gratitud o experimentamos otros sentimientos? ¿Cuáles son?
4. Si su médico le dijera que Ud. tenía una enfermedad incurable, ¿se suicidaría o esperaría estóicamente la muerte? ¿Reaccionaría con resignación, tristeza, alivio o experimentaría algún otro sentimiento?

Estrategias de lectura • Las anotaciones

Una de las técnicas que pueden facilitar la comprensión de un texto preparado especialmente para estudiantes es la de estudiar las palabras traducidas o explicadas al margen. Los lectores encontrarán este tipo de ayuda en la versión reproducida aquí del cuento «El arrepentido».

A Repase rápidamente las explicaciones y traducciones que se encuentran al margen y escoja algunas palabras que correspondan a cada una de las siguientes categorías.

1. Las palabras que describen a personas
2. Las palabras que describen lugares
3. Las palabras que describen cosas
4. Las palabras que indican acciones

B Basándose en esta información, escriba una oración en que Ud. prediga lo que va a ocurrir en el cuento. Después, compare su predicción con las del resto de la clase y, entre todos, determinen cuál es la más probable. Justifiquen su decisión.

El arrepentido

El café era estrecho y oscuro. La fachada principal° daba a° la carretera y la posterior a la playa. La puerta que se abría a la playa estaba cubierta por una cortina de cañuelas,° bamboleada° por la brisa. A cada impulso sonaba un diminuto crujido,° como de un pequeño entrechocar de huesos.°

Tomeu* el Viejo estaba sentado en el quicio° de la puerta. Entre las manos acariciaba° lentamente una petaca° de cuero negro, muy gastada.° Miraba hacia más allá de la arena, hacia la bahía. Se oía el ruido del motor de una barcaza° y el coletazo° de las olas contra las rocas. Una lancha° vieja, cubierta por una lona,° se mecía blandamente, amarrada° a la playa.

—Así que es eso —dijo Tomeu, pensativo. Sus palabras eran lentas y parecían caer delante de él, como piedras. Levantó los ojos y miró a Ruti.†

Ruti era un hombre joven, delgado y con gafas. Tenía ojos azules, inocentes, tras los cristales.°

—Así es —contestó. Y miró al suelo.

Tomeu escarbó° en el fondo de la petaca, con sus dedos anchos y oscuros. Aplastó° una brizna° de tabaco entre las yemas de los dedos° y de nuevo habló, mirando hacia el mar:

—¿Cuánto tiempo me das?

Ruti carraspeó:°

—No sé... a ciencia cierta, no puede decirse así. Vamos: quiero decir, no es infalible.

—Vamos, Ruti. Ya me conoces: dilo.

Ruti se puso encarnado.° Parecía que le temblaban los labios.

—Un mes... , acaso° dos...

—Está bien, Ruti. Te lo agradezco,° ¿sabes?... Sí; te lo agradezco mucho. Es mejor así.

Ruti guardó silencio.

—Ruti —dijo Tomeu—. Quiero decirte algo: ya sé que eres escrupuloso, pero quiero decirte algo, Ruti. Yo tengo más dinero del que la gente

---

* *Tomeu* es el nombre *Tomás* en catalán.
† *Ruti* es un diminutivo del nombre *Rutilio.*

Glosses (right margin):

fachada... parte anterior, frente / daba... *looked out onto*

reeds / agitada

rustling noise

entrechocar... *tapping together of bones*
jamb

he caressed / bolsito en que se guarda el tabaco
usada

barge / *slapping*

barco pequeño / *canvas*

moored

lentes de las gafas

scraped

He crushed / *pinch* / yemas... *fingertips*

cleared his throat

colorado, rojo

tal vez

Te... *I'm grateful to you*

se figura: ya ves, un pobre hombre, un antiguo pescador, dueño de un cafetucho de camino°... Pero yo tengo dinero, Ruti. Tengo mucho dinero.

    cafetucho... shabby roadside cafe

    Ruti pareció incómodo. El color rosado de sus mejillas se intensificó:

35   —Pero, tío... , yo... ¡no sé por qué me dice esto!

    —Tú eres mi único pariente, Ruti —repitió el viejo, mirando ensoñadoramente° al mar—. Te he querido mucho.

    dreamily

    Ruti pareció conmovido.

    —Bien lo sé —dijo—. Bien me lo ha demostrado siempre.

40   —Volviendo a lo de antes: tengo mucho dinero, Ruti. ¿Sabes? No siempre las cosas son como parecen.

    Ruti sonrió. (*Acaso quiere hablarme de sus historias de contrabando.*° *¿Creerá acaso que no lo sé? ¿Se figura, acaso, que no lo sabe todo el mundo? ¡Tomeu el Viejo! ¡Bastante conocido, en ciertos ambientes! ¿Cómo hubiera po-*

    smuggling

45 *dido costearme*° *la carrera de no ser así?*)* Ruti sonrió con melancolía. Le puso una mano en el hombro:

    pagarme

    —Por favor, tío... No hablemos de esto. No, por favor... Además, ya he dicho: puedo equivocarme.° Sí: es fácil equivocarse. Nunca se sabe...

    hacer un error

    Tomeu se levantó bruscamente.° La cálida brisa° le agitaba los me-

    con rapidez / cálida... hot breeze

50 chones° grises:

    locks of hair

    —Entra, Ruti. Vamos a tomar una copa° juntos.

    bebida alcohólica

---

*El uso de bastardillas (*italics*) para representar los pensamientos interiores es una técnica común en la literatura. Otra técnica, como Ud. vio en «La vieja casona», es simplemente poner los pensamientos entre comillas (*quotation marks*).

Apartó con la mano las cañuelas de la cortinilla y Ruti pasó delante de él. El café estaba vacío a aquella hora. Dos moscas se perseguían,° con gran zumbido.° Tomeu pasó detrás del mostrador° y llenó dos copas de
55 coñac. Le ofreció una:

—Bebe, hijo.

Nunca antes le llamó hijo. Ruti parpadeó° y dio un sorbito.°

—Estoy arrepentido —dijo el viejo, de pronto.

Ruti le miró fijamente.

60 —Sí —repitió—, estoy arrepentido.

—No le entiendo, tío.

—Quiero decir: mi dinero, no es un dinero limpio. No, no lo es.

Bebió su copa de un sorbo,° y se limpió los labios con el revés de la mano.

65 —Nada me ha dado más alegría: haberte hecho lo que eres, un buen médico.

—Nunca lo olvidaré —dijo Ruti, con voz temblorosa. Miraba al suelo otra vez, indeciso.

—No bajes los ojos, Ruti. No me gusta que desvíen la mirada° cuando
70 yo hablo. Sí, Ruti: estoy contento por eso. ¿Y sabes por qué?

Ruti guardó silencio.

—Porque gracias a ello tú me has avisado de la muerte. Tú has podido reconocerme,° oír mis quejas, mis dolores, mis temores... Y decirme, por fin: *acaso un mes, o dos.* Sí, Ruti: estoy contento, muy contento.

75 —Por favor, tío. Se lo ruego.° No hable así... , todo esto es doloroso. Olvidémoslo.

se... chased each other
buzzing / counter

blinked rapidly / dio... took a sip

de... in one gulp

que... when people look away

examinarme bien

Se... I beg you.

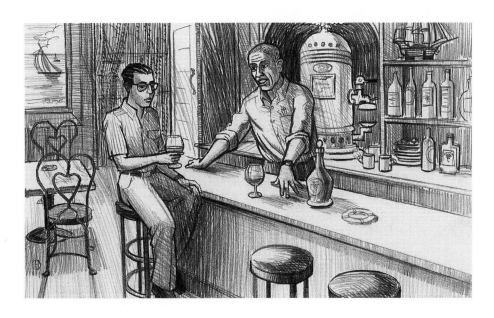

El arrepentido

67

—No, no hay por qué olvidarlo. Tú me has avisado y estoy tranquilo.
Sí, Ruti: tú no sabes cuánto bien me has hecho.

Ruti apretó° la copa entre los dedos y luego la apuró,° también de un
80   trago.°

—Tú me conoces bien, Ruti. Tú me conoces muy bien.

Ruti sonrió pálidamente.

El día pasó como otro cualquiera. A eso de° las ocho, cuando volvían
los obreros del cemento, el café se llenó. El viejo Tomeu se portó° como
85   todos los días, como si no quisiera amargar° las vacaciones de Ruti, con
su flamante título recién estrenado.° Ruti parecía titubeante,° triste. Más
de una vez vio que le miraba en silencio.

El día siguiente transcurrió,° también, sin novedad. No se volvió a
hablar del asunto° entre ellos dos. Tomeu más bien° parecía alegre. Ruti,
90   en cambio, serio y preocupado.

Pasaron dos días más. Un gran calor se extendía sobre la isla. Ruti
daba paseos en barca, bordeando la costa. Su mirada azul, pensativa,
vagaba° por el ancho cielo. El calor pegajoso° le humedecía la camisa, ad-
hiriéndosela al cuerpo. Regresaba pálido, callado. Miraba a Tomeu y res-
95   pondía brevemente a sus preguntas.

Al tercer día, por la mañana, Tomeu entró en el cuarto de su sobrino
y ahijado.° El muchacho estaba despierto.

—Ruti —dijo suavemente.

Ruti echó mano de sus gafas, apresuradamente. Su mano temblaba:
100   —¿Qué hay, tío?

Tomeu sonrió.

—Nada —dijo—. Salgo, ¿sabes? Quizá tarde algo.° No te impa-
cientes.

Ruti palideció:
105   —Está bien —dijo. Y se echó hacia atrás,° sobre la almohada.

—Las gafas, Ruti —dijo Tomeu—. No las rompas.

Ruti se las quitó despacio y se quedó mirando al techo. Por la pequeña ventana entraban el aire caliente y el ruido de las olas.

Era ya mediodía cuando bajó al café. La puerta que daba a la ca-
110   rretera estaba cerrada. Por lo visto su tío no tenía intención de atender a
la clientela.

Ruti se sirvió café. Luego, salió atrás, a la playa. La barca amarrada se
balanceaba lentamente.

A eso de las dos vinieron a avisarle. Tomeu se había pegado un tiro,°
115   en el camino de la Tura. Debió de hacerlo cuando salió, a primera hora
de la mañana.

Ruti se mostró muy abatido.° Estaba pálido y parecía más miope que
nunca.

squeezed / drained

swallow

A... About

se... behaved

spoil, embitter

*flamante... brand-new diploma just
put into use / hesitant*

pasó

matter, issue / más... rather

roamed / sticky

godson

Quizá... I might be late.

se... he flopped back

se... had shot himself

disheartened

Capítulo cinco

—¿Sabe usted de alguna razón que llevara a su tío a hacer esto?

120 —No, no puedo comprenderlo... , no puedo imaginarlo. Parecía feliz.

Al día siguiente, Ruti recibió una carta. Al ver la letra con su nombre en el sobre, palideció y lo rasgó,° con mano temblorosa. Aquella carta debió de echarla su tío al correo antes de suicidarse, al salir de su habitación.

°lo... *he tore it open*

125 Ruti leyó:

«Querido Ruti: Sé muy bien que no estoy enfermo, porque no sentía ninguno de los dolores que te dije. Después de tu reconocimiento consulté a un médico y quedé completamente convencido. No sé cuánto tiempo habría vivido aún con mi salud envidiable, porque estas cosas,

130 como tú dices bien, no se saben nunca del todo. Tú sabías que si me creía condenado,° no esperaría la muerte en la cama, y haría lo que he hecho, a pesar de todo; y que, por fin, me heredarías.° Pero te estoy muy agradecido, Ruti, porque yo sabía que mi dinero era sucio, y estaba ya cansado. Cansado y, tal vez, eso que se llama arrepentido. Para que Dios

°*doomed, condemned*

°me... *you would be my heir*

135 no me lo tenga en cuenta° —tú sabes, Ruti, que soy buen creyente° a pesar de tantas cosas—, dejo mi dinero a los niños del Asilo°.»

°no... *doesn't hold it against me /*
believer
Shelter

Reflexiones sobre la lectura

Comprensión

A Trabajando con un compañero / una compañera, escriban en orden cronológico los cinco o seis acontecimientos más importantes en el desarrollo del cuento. Después, averigüen si los demás miembros de la clase están de acuerdo con Uds.

B Utilizando la información dada en los dos primeros párrafos, dibuje el café de Tomeu. Al pie del dibujo, escriba algunos detalles acerca de las paredes, las ventanas, el techo, lo que está afuera, los sonidos que se oyen y los olores que se perciben para hacer una descripción completa del ambiente. Luego, compare su dibujo y descripción con los de un compañero / una compañera y comenten cualquier diferencia que haya entre ellos.

C Tomeu dice que «no siempre las cosas son como parecen» (líneas 40–41). Esta oración es clave para la comprensión del cuento, puesto que tanto el viejo como su sobrino aparentan sentir lo que no sienten, y a veces decir lo que no es cierto.

Primero, lea las siguientes citas e indique si el personaje está diciendo la verdad (V), si miente (M) o si no lo sabemos (NS).

1. _____ —Yo tengo más dinero del que la gente se figura. (líneas 31–32)

2. _____ —Estoy arrepentido... Quiero decir: mi dinero, no es un dinero limpio. No, no lo es. (líneas 60–62)

3. _____ —Tú me has avisado y estoy tranquilo... tú no sabes cuánto bien me has hecho. (línea 77–78)

4. _____ —Tú me conoces bien, Ruti. (línea 81)

5. _____ —...no puedo imaginarlo. Parecía feliz. (línea 120)

Después, compare sus respuestas con las de un compañero / una compañera y explíquele según el cuento por qué piensa así.

D En este cuento, Matute menciona mucho los ojos y gafas de los personajes. ¿Cree Ud. que, como dice el refrán, los ojos sean las «ventanas del alma»? Lea las siguientes citas, que tienen que ver con los ojos y la mirada de Ruti, y especule sobre lo que él realmente estaba pensando en el momento referido.

1. Ruti era un hombre joven, delgado y con gafas. Tenía ojos azules, inocentes, tras los cristales.
   —Así es —contestó. Y miró al suelo. (líneas 14–16)
   Ruti estaba pensando ____.

2. —Bebe, hijo.
   Nunca antes le llamó hijo. Ruti parpadeó y dio un sorbito. (líneas 56–57)
   Ruti estaba pensando ____.

3. —Nada me ha dado más alegría: haberte hecho lo que eres, un buen médico.
   —Nunca lo olvidaré —dijo Ruti... Miraba al suelo otra vez, indeciso. (líneas 65–68)
   Ruti estaba pensando ____.

4. —Ruti —dijo suavemente.
   Ruti echó mano de sus gafas, apresuradamente. Su mano temblaba:
   —¿Qué hay, tío? (líneas 98–100)
   Ruti estaba pensando ____.

5. A eso de las dos vinieron a avisarle...
   Ruti se mostró muy abatido. Estaba pálido y parecía más miope que nunca. (líneas 114–118)
   Ruti estaba pensando ____.

Consideraciones

A En el cuento es evidente que Ruti sentía ansiedad, que estaba nervioso e intranquilo desde el principio. Busque las palabras y frases que revelan la inquietud de Ruti. ¿Cree Ud. que esa inquietud se deba a los nervios, al remordimiento o a alguna otra razón? Explique su respuesta.

B ¿Cuáles son las cualidades que se espera que tengan los médicos? ¿Cuáles de éstas tiene Ruti? ¿Muestra algunas cualidades que *no* parecen típicas de los médicos? ¿Cuáles son?

C Tomeu es muy generoso con su sobrino y parece haber mucho cariño entre ellos. ¿Cuáles son algunas muestras de la generosidad del tío? ¿Cuáles son las muestras de cariño entre los dos? ¿Se siente agradecido Ruti? ¿Cree él que merece lo que el tío le ha dado?

D A pesar de la apariencia de cariño y confianza entre ellos, Tomeu y Ruti no siempre son sinceros el uno con el otro. ¿Cómo se engañan? ¿Por qué?
   Ahora, concéntrese en la idea de que «no siempre las cosas son como parecen» para dar una explicación del final sorprendente del cuento.

Técnicas literarias • La ironía

La ironía consiste en decir lo contrario de lo que se quiere dar a entender. Con un compañero / una compañera, piensen en los personajes de este cuento y en sus acciones. Completen la tabla a continuación con lo que encuentren irónico. ¿Cuál es la apariencia y cuál es la realidad?

	APARIENCIA	REALIDAD
Tomeu		rico
Ruti	inocente	
el reconocimiento médico		
las vacaciones de Ruti		
¿ ?		

Ahora, comparen sus ideas con las de los otros miembros de la clase. ¿Cuál es el mensaje de Matute a los lectores?

Un paso más

Representaciones

A Imagínese que Ud. es Tomeu y que está consultando con otro médico / otra médica sobre su salud. ¿Qué preguntas le haría Ud. acerca del informe de su sobrino? ¿Le diría Ud. al otro médico / a la otra médica lo que su sobrino le ha dicho? ¿Por qué sí o por qué no? Trabajando en parejas, representen la conversación entre Tomeu y el médico / la médica.

B Imagínese que Tomeu está conversando con un reportero / una reportera que quiere escribir un artículo sobre la vida de algunos viejos del pueblo. Trabaje con un compañero / una compañera para recrear la escena de esta entrevista. Deben hablar de las diferentes experiencias de Tomeu y del éxito económico que ha tenido en su vida. También deben hablar del sobrino y de las esperanzas que su tío tiene en él.

C Antes de que Ruti vaya a pasar las vacaciones con su tío, imagínese que un(a) colega le está haciendo preguntas. Con un compañero / una compañera, hagan los papeles de Ruti y su colega y hablen de la visita. (Pueden hablar, por ejemplo, de las esperanzas, las dudas, los planes, etcétera, de Ruti.)

D Imagínense que los miembros de la clase son varias personas del pueblo, y que Uds. están en el bar de Tomeu el día después del suicidio. Ya se han enterado de los detalles. Comenten entre sí lo sucedido y especulen acerca de los motivos que tuvo Tomeu para hacer lo que hizo. También pueden expresar sus reacciones en cuanto a la generosa donación a los niños del Asilo.

Conversación

A ¿Cuáles serían los pensamientos de Tomeu mientras estaba contemplando el suicidio? ¿Por qué habría decidido suicidarse en vez de confrontar a Ruti? ¿Pensaría que, después de todo, iba a morir? ¿Cuáles son otras de las razones por las cuales la gente se suicida?

B ¿*Necesitaba* Ruti realmente el dinero de su tío? ¿Para qué? ¿Por qué cree Ud. que el dinero era más importante para él que la vida de su tío?

C ¿Cómo será la vida profesional de Ruti después de este acontecimiento? ¿Cree Ud. que algún día llegue a ser un médico bien reconocido? ¿Por qué sí o por qué no? ¿Y cómo lo tratarán los habitantes del pueblo si éstos se dan cuenta de las razones por las cuales se suicidó su tío?

D Este cuento deja la duda de si en este caso se cometió un crimen o no. En su opinión, ¿se cometió un crimen? ¿Es Ruti un criminal? Divídanse en dos grupos para debatir este asunto. Un grupo debe sostener el argumento de que Ruti es culpable de un crimen (de intención o de hecho), mientras que el otro grupo debe defenderlo.

Composición

A Una descripción puede consistir en palabras que reflejan no sólo el ambiente físico sino también los sonidos. En este cuento, Matute nos da una «pintura» de sonidos también.

- Busque en el cuento los verbos que indican sonidos y haga una lista de ellos. ¿De qué son los sonidos que describe Matute? Haga también una lista de los verbos que se refieren al sentido del tacto.
- Utilizando los primeros párrafos del cuento como modelo, escriba una descripción, real o imaginaria, de una casa u otro lugar donde Ud. pasaba el verano cuando era niño/a. Incluya verbos que se refieren a los sentidos de la vista, el olfato y el tacto.

B Imagínese que Ud. es Ruti y escriba una breve composición detallando cómo piensa utilizar el dinero que va a heredar. ¿Por qué necesita Ud. tanto el dinero? ¿Cómo lo gastará? ¿Será suficiente para permitirle llevar una vida cómoda y hasta lujosa? ¿Dejará de ejercer su profesión y vivirá solamente del dinero que heredó? Explique sus respuestas.

C Escriba un final diferente para el cuento, empezando desde el momento en que la policía viene a avisarle a Ruti que su tío ha muerto.

D Siguiendo el ejemplo a continuación, escriba una necrología (*obituary*) para Tomeu. Después, compare las necrologías del mundo hispano con las de los Estados Unidos. ¿En qué se parecen? ¿En qué se diferencian?

EL SEÑOR

LUIS JAVIER BARROSO CHAVEZ

falleció[a] ayer a las **04:00** horas en el seno de Nuestra Madre la Santa Iglesia Católica Apostólica Romana, confortado con todos los auxilios espirituales y la Bendición Papal.

Su esposa, hijos, hijos políticos,[b] hermanos, nietos y demás familiares lo participan a usted con profundo dolor, suplicándole ruegue a Dios nuestro Señor por el eterno descanso de su alma.

Madrid, 15 de mayo de 1996

El cortejo partirá a las **11:00** horas de Carranza Vásquez a la Iglesia de San Miguel, donde recibirá cristiana sepultura. La misa de cuerpo presente, se llevará a cabo a las **10:00** horas en Carranza Vásquez.

C **AGENCIA MARTIRIOS CARRANZA VASQUEZ**

[a]murió
[b]hijos... *children-in-law*

En resumen

Escriba una descripción de cada elemento con referencia a este cuento.

El tema	El punto de vista
El tono	El marco escénico
Los personajes	La trama
El narrador / La narradora	El clímax

Ahora, escriba una breve comparación de este cuento con los otros que ha leído en este libro, enfocando en los rasgos que hacen que «El arrepentido» sea diferente y único.

6

Julio Ramón Ribeyro

◆ ◆ ◆ ◆ ◆ ◆

La piel de un indio no cuesta caro

Sobre el autor

Perú

Datos importantes

Nombre oficial: la República del Perú

Ciudades principales: Lima (capital), Arequipa, El Callao, Trujillo

Idiomas: el español y el quechua (oficiales), el aimará

Población: 24.087.000 habitantes

Area: 1.285.216 km²

Moneda: el nuevo sol

Julio Ramón Ribeyro (1929–1994) was born into a middle-class home in Lima, Peru. His family was somewhat scandalized to learn that the young Ribeyro preferred the study of literature to that of law, the profession they had chosen for him, and that he had already begun to compose short stories with the intention of becoming a writer. His parents had hoped that he would lead a "normal" life with a respected profession and economic security. It has been said that they also objected to the "bohemian" lifestyle that is often associated with literature and members of literary circles.

Ribeyro believed that the short story was his most powerful genre, but during his more than 40 years as a successful author he also published literary criticism, plays, and novels. His attraction to the genre of the short story is perhaps best exemplified in his definition of a short story: "In the end, I don't know what it is, except a relatively short prose text. It can be based on anything . . . a childhood memory; it can retell a dream, take an idea to absurd extremes, transcribe a dialogue heard in some café, propose a riddle to the reader or synthesize a vision of the world in an allegory."[*]

Para pensar

• The story included here, "La piel de un indio no cuesta caro," was originally published in a book of stories entitled *La palabra del mudo*.[†] What type of experiences do you think Ribeyro might have had that would have given him the ideas for the stories in that collection? How might his upbringing in a middle-class family in Lima have engendered in him certain attitudes toward or ideas about the indigenous populations of Peru?

• Have you ever written a short story? If you were to write a story based on some moment or experience in your life, what would it be? What title would you use? How would the story begin? How would it end?

---

[*] Dick Gerdes, foreward to *Marginal Voices: Selected Stories by Julio Ramón Ribeyro*, trans. Dianne Douglas. (Austin: University of Texas, 1993), p. vii.

[†] mute (*person*)

El próximo paso - 300 level text - grammar

Aproximaciones a la lectura

◆ ◆ ◆ ◆ ◆ ◆ ◆ ◆ ◆ ◆ ◆ ◆ ◆ ◆ ◆

Observaciones preliminares

Julio Ramón Ribeyro empezó a escribir en 1952. Un año después se mudó a Europa, desde donde continuó explorando temas sobre asuntos sociales de su país natal como la migración de gran cantidad de campesinos a los centros urbanos, la expansión urbana, la discriminación y los prejuicios, los valores falsos y la violencia.

En el Perú, muchos indígenas han dejado sus chozas de los Andes en busca de una vida nueva en la costa, especialmente en Lima, lo cual ha dado origen a problemas tanto económicos como sociales. Aunque la población sudamericana presenta una gran mezcla de sangres, y por eso no es siempre fácil diferenciar a los indígenas de las personas que no lo son, la discriminación y los prejuicios raciales todavía existen en gran medida. No es cuestión de apariencia física sino de cultura. Los indígenas viven apartados, hablan su propio idioma, siguen las costumbres y tradiciones de sus antepasados y visten ropa indígena. Por lo tanto, la situación de los indígenas es complicada y, como resultado, suelen llevar una vida marginada, aislados de la mayoría de la población y condenados a la pobreza.

¿Qué opina Ud.?

- ¿Qué tipos de problemas económicos y sociales puede crear en los centros urbanos la migración rural?
- En su opinión, ¿de qué vienen los prejuicios? ¿Es algo natural o aprendido? ¿Es posible eliminar los prejuicios? ¿Cuáles son algunos de los prejuicios en la sociedad de este país? ¿Cómo se manifiestan?

Exploraciones del tema

Vocabulario útil

deshumanizar	*to dehumanize*	el nivel económico	*economic level*
discriminar	*to discriminate*	el prejuicio	*prejudice*
		el racismo	*racism*
la burguesía	*middle class*	el sirviente / la sirvienta	*servant*
la clase social	*social class*	la tolerancia	*tolerance*
la discriminación	*discrimination*	la urbanización	*residential development*
la ignorancia	*ignorance*		

A Describa el dibujo en la página 80.

- ¿Quiénes serán estas personas? ¿Cómo son? ¿Dónde están? ¿Qué hacen?
- ¿Le parecen estereotipos de cierta clase social? ¿De qué clase social? ¿En qué sentido podría decirse que representan un estereotipo?

B ¿Qué cree Ud. que signifique el título de este cuento: «La piel de un indio no cuesta caro»? ¿Cuál fue la intención de Ribeyro al escoger estas palabras? ¿Cuál es su mensaje? ¿Puede Ud. inventar otros títulos para este cuento que sugieran la misma idea?

C Conteste las siguientes preguntas según su propia experiencia.

1. ¿Tiene su familia —o la familia de alguien que Ud. conoce— una casa de campo o una casa de vacaciones? ¿Cómo es la casa? ¿Es parte de alguna comunidad o urbanización? Si Ud. pudiera comprarse una casa así, ¿cómo sería? ¿Para qué la usaría?
2. ¿Alguien le ha hecho a Ud. un favor por el cual Ud. se sintió endeudado/a (*indebted*)? ¿Cambiaron las relaciones entre Ud. y esa persona como consecuencia de ese favor? ¿Hizo Ud. algo para «pagarle» el favor? Explique.

D Lea rápidamente la selección del cuento que se reproduce en la página 79. ¿Cómo se llaman los personajes? ¿Qué tipo de preguntas le hace el hombre al joven?

Ahora, vuelva a leer el mismo pasaje, buscando respuestas a las siguientes preguntas.

1. ¿Qué está haciendo Pancho cuando Miguel lo llama?
2. ¿Cuándo aprendió Pancho a sumar? ¿Quién le enseñó a hacerlo?
3. ¿Cuáles son los planes de Miguel respecto a Pancho?

Estrategias de lectura • El diálogo

El diálogo es la interacción verbal entre los personajes. A veces los estudiantes de idiomas pueden entender un diálogo con más facilidad que una descripción o una narración. ¿Por qué cree Ud. que es así?

En general, las oraciones de un diálogo son más cortas y el lenguaje es más sencillo y directo. Sin embargo, puede haber algunas dificultades al leer un cuento en el cual predomina el diálogo. Por ejemplo, es necesario concentrarse para saber en todo momento quién está hablando. Siempre hay indicios que ayudan, pero a veces éstos no son muy obvios. Pueden ser tan claros como el nombre de la persona que habla o el pronombre de referencia, pero otras veces hay que leer cuidadosamente y prestar atención a la puntuación para encontrarlos. Lea otra vez la selección del cuento que aparece en la página 79, buscando en ella los indicios que muestran quién habla en cada línea del diálogo. Subráyelos o escríbalos en el margen. Los dos primeros a continuación se han hecho como ejemplo.

—¿Piensas quedarte con él? —preguntó Dora a su marido.

Miguel, en lugar de responder, se levantó de la perezosa° donde tomaba el sol y haciendo bocina con las manos° gritó hacia el jardín:

—¡Pancho!

Un muchacho que se entretenía° sacando la yerba mala° volteó° la cabeza, se puso de pie y echó a correr. A los pocos segundos estuvo frente a ellos.

—A ver, Pancho, dile a la señora cuánto es ocho más ocho.

—Dieciséis.

—¿Y dieciocho más treinta?

—Cuarentiocho.

—¿Y siete por siete?

Pancho pensó un momento.

—Cuarentinueve.

Miguel se volvió hacia su mujer:

—Eso se lo he enseñado ayer. Se lo hice repetir toda la tarde pero se le ha grabado° para toda la vida.

Dora bostezó.°

—Guárdalo entonces contigo. Te puede ser útil.

—Por supuesto. ¿No es verdad, Pancho, que trabajarás en mi taller?

—Sí, señor.

A Dora que se desperezaba:°

—En Lima lo mandaré a la escuela nocturna. Algo podemos hacer por este muchacho. Me cae simpático.

—Me caigo de sueño —dijo Dora.

deck chair

haciendo... *cupping his hands around his mouth*

se... *was entertaining himself* / yerba... *weeds* / *turned*

se... *he's remembered it*

yawned

se... *was stretching*

La piel de un indio no cuesta caro

animales

irónicamente
la piel de persona →

Parte 1

Piensas quedarte con él? —preguntó Dora a su marido.

Miguel, en lugar de responder, se levantó de la perezosa donde tomaba el sol y haciendo bocina con las manos gritó hacia el jardín:

5   —¡Pancho!

Un muchacho que se entretenía sacando la yerba mala volteó la cabeza, se puso de pie° y echó a correr. A los pocos segundos estuvo frente a ellos.

se... se levantó

—A ver, Pancho, dile a la señora cuánto es ocho más ocho.

10   —Dieciséis.

—¿Y dieciocho más treinta?

—Cuarentiocho.

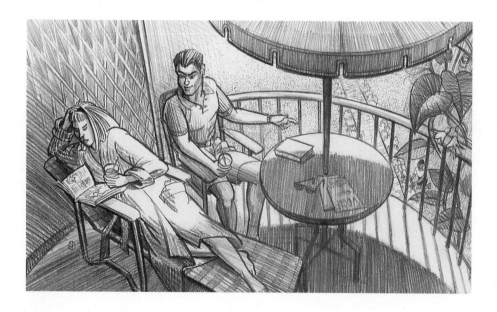

80

—¿Y siete por siete?

Pancho pensó un momento.

15 —Cuarentinueve.

Miguel se volvió hacia su mujer:

—Eso se lo he enseñado ayer. Se lo hice repetir toda la tarde pero se le ha grabado para toda la vida.

Dora bostezó.

20 —Guárdalo entonces contigo. Te puede ser útil. *useful*

—Por supuesto. ¿No es verdad, Pancho, que trabajarás en mi taller? *workshop; office*

—Sí, señor.

A Dora que se desperezaba:

—En Lima lo mandaré a la escuela nocturna. Algo podemos hacer

25 por este muchacho. Me cae simpático.

—Me caigo de sueño —dijo Dora.

Miguel despidió a Pancho y volvió a extenderse en su perezosa. Todo el vallecito de Yangas se desplegaba° ante su vista. El modesto río *se... opened up*
Chillón regaba° huertos de manzanos° y chacras de panllevar.° Desde el *watered / huertos... apple tree orchards / chacras... small plots of fertile land*

30 techo de la casa se podía ver el mar, al fondo del valle, y los barcos sur-
tos° en el Callao.* *anchored*

—Es una suerte tener una casa acá —dijo Miguel—. Sólo a una hora de Lima. ¿No, Dora?

Pero ya Dora se había retirado a dormir la siesta. Miguel observó un

35 rato a Pancho que merodeaba° por el jardín persiguiendo mariposas, *was prowling*
moscardones,° miró el cielo, los cerros,° las plantas cercanas y se quedó *hornets / hills*
profundamente dormido.

Un griterío juvenil lo despertó. Mariella y Víctor, los hijos del presidente del club, entraban al jardín. Llevaba cada cual una escopeta de *escopeta... shotgun*

40 perdigones.°

—Pancho, ¿vienes con nosotros? —decían— Vamos a cazar° al cerro. *hunt*

Pancho, desde lejos, buscó la mirada de Miguel, esperando su aprobación.

—¡Anda no más!° —gritó—, ¡y fíjate bien que estos muchachos no ha- *¡Anda... Go ahead!*

45 gan barbaridades!

Los hijos del presidente salieron por el camino del cerro, escoltados° *acompañados*
por Pancho. Miguel se levantó, miró un momento las instalaciones° del *power lines*
club que asomaban° a lo lejos, tras un seto° de jóvenes pinos,° y fue a la *were sticking up / hedge / pine trees*
cocina a servirse una cerveza. Cuando bebía el primer sorbo, sintió unas

50 pisadas° en la terraza. *footsteps*

—¿Hay alguien aquí? —preguntaba una voz.

---

* El Callao es un puerto importante del Perú.

La piel de un indio no cuesta caro

Miguel salió: era el presidente del club.

—Estuvimos esperándolos en el almuerzo —dijo—. Hemos tenido cerca de sesenta personas.

55 Miguel se excusó:

—Usted sabe que Dora no se divierte mucho en las reuniones. Prefiere quedarse aquí leyendo.

—De todos modos —añadió el presidente— hay que alternar un poco con los demás socios.° La unión hace la fuerza. ¿No saben acaso
60 que celebramos el primer aniversario de nuestra institución? Además no se podrán quejar del elemento que he reunido en torno mío.° Toda gente chic,° de posición, de influencia. Tú, que eres un joven arquitecto...

Para cortar el discurso que se avecinaba,° Miguel aludió° a los chicos:

—Mariella y Víctor pasaron por acá. Iban al cerro. He hecho que Pan-
65 cho los acompañe.

—¿Pancho?

—Un muchacho que me va a ayudar en mi oficina de Lima. Tiene sólo catorce años. Es del Cuzco.

—¡Que se diviertan, entonces!
70 Dora apareció en bata,° despeinada,° con un libro en la mano.

—Traigo buenas noticias para tu marido —dijo el presidente—. Ahora, durante el almuerzo, hemos decidido construir un nuevo bar, al lado de la piscina. Los socios quieren algo moderno, ¿sabes? Hemos acordado° que Miguel haga los planos. Pero tiene que darse prisa. En
75 quince días necesitamos los bocetos.°

—Los tendrán —dijo Dora.

—Gracias —dijo Miguel—. ¿No quiere servirse un trago?°

—Por supuesto. Tengo además otros proyectos de más envergadura.° Miguel tiene que ayudarnos. ¿No te molesta que hablemos de negocios
80 en día domingo?

El presidente y Miguel se sentaron en la terraza a conversar, mientras Dora recorría el jardín lentamente, bebía el sol, se dejaba despeinar por el viento.

—¿Dónde está Pancho? —preguntó.
85 —¡En el cerro! —gritó Miguel— ¿Necesitas algo?

—No; pregunto solamente.

Dora continuó paseándose por el jardín, mirando los cerros, el esplendor dominical.° Cuando regresó a la terraza, el presidente se levantaba.
90 —Acordado, ¿no es verdad? Pasa mañana por mi oficina. Tengo que ir ahora a ver a mis invitados. ¿Saben que habrá baile esta noche? Al menos pasarán un rato para tomarse un cóctel.

Miguel y Dora quedaron solos.

miembros (de un club)

en... a mi alrededor
elegante

se... se acercaba, se aproximaba /
se refirió

bathrobe / uncombed, disheveled

agreed

sketches, designs

drink
de... larger-scale

del domingo

talks a lot

   —Simpático tu tío —dijo Miguel—. Un poco hablador.

95   —Mientras te consiga contratos —comentó Dora.

   —Gracias a él hemos conseguido este terreno° casi regalado°   *piece of property* / gratis
—Miguel miró a su alrededor—. ¡Pero habría que arreglar esta casa un
poco mejor! Con los cuatro muebles que tenemos sólo está bien para
venir a pasar el week-end.

100   Dora se había dejado caer en una perezosa y hojeaba° nuevamente su   *was leafing through*
libro. Miguel la contempló° un momento.   *miró*

   —¿Has traído algún traje decente? Creo que debemos ir al club esta
noche.

   Dora le echó una mirada maliciosa:

105   —¿Algún proyecto entre manos?

   Pero ya Miguel, encendiendo un cigarrillo, iba hacia el garaje para re-
visar° su automóvil. Destapando° el motor se puso a ajustar tornillos,°   *check out* / *Uncovering* / *screws*
sin motivo alguno, sólo por el placer de ocupar sus manos en algo.
Cuando medía° el aceite, Dora apareció a sus espaldas.°   *he was measuring* / a... *detrás de él*

110   —¿Qué haces? He sentido un grito en el cerro.

   Miguel volvió la cabeza. Dora estaba muy pálida. Se aprestaba° a   Se... *Se preparaba*
tranquilizarla, cuando se escuchó cuesta arriba° el ruido de unas pisadas   cuesta... *up the hill*
precipitadas.° Luego unos gritos infantiles. De inmediato salieron al   *muy rápidas*
jardín. Alguien bajaba por el camino de pedregullo.° Pronto Mariella y   *gravel*
115 Víctor entraron sofocados.°   *out of breath*

—¡Pancho se ha caído! —decían— Está tirado° en el suelo y no se puede levantar.

—¡Está negro! —repetía Mariella. Miguel los miró. Los chicos estaban trasformados: tenían rostros° de adultos.

120   —¡Vamos allí! —dijo y abandonó la casa, guiado por los muchachos.

Comenzó a subir por la pendiente° de piedras, orillada° de cactus y de maleza.°

—¿Dónde es? —preguntaba.

—¡Más arriba!

125   Durante un cuarto de hora siguió subiendo. Al fin llegó hasta los postes° que traían la corriente eléctrica al club. Los muchachos se detuvieron.°

—Allí está —dijeron, señalando el suelo.

Miguel se aproximó. Pancho estaba contorsionado, enredado° en uno

130   de los alambres° que servían para sostener° los postes. Estaba inmóvil, con la boca abierta y el rostro azul. Al volver la cara vio que los hijos del presidente seguían allí, espiando, asustados, el espectáculo.

—¡Fuera! —les gritó— ¡Regresen al club! ¡No quiero verlos por acá!

135   Los chicos se fueron a la carrera.° Miguel se inclinó sobre el cuerpo de Pancho. Por momentos le parecía que respiraba. Miró el alambre ennegrecido,° el poste, luego los cables de alta tensión que descendían del cerro y poniéndose de pie se lanzó° hacia la casa.

Dora estaba en medio del jardín, con una margarita° entre los

140   dedos.

—¿Qué pasa?

—¿Dónde está la llave del depósito°?

—Está colgada° en la cocina. ¡Qué cara tienes!

Miguel hurgó° entre los instrumentos de jardinería hasta encontrar la

145   tijera de podar,° que tenía mangos° de madera.

—¿Qué le ha pasado a ese muchacho? —insistía Dora.

Pero ya Miguel había partido nuevamente a la carrera. Dora vio su figura saltando por la peñolería,° cada vez más pequeña. Cuando desapareció en la falda° del cerro, se encogió de hombros,° aspiró° la mar-

150   garita y continuó deambulando° por el jardín.

Miguel llegó ahogándose° al lado de Pancho y con las tijeras cortó el alambre aislándolo° del poste y volvió a cortar aislándolo de la tierra. Luego se inclinó sobre el muchacho y lo tocó por primera vez. Estaba rígido. No respiraba. El alambre le había quemado° la ropa y se le había

155   incrustado° en la piel. En vano trató Miguel de arrancarlo.° En vano miró también a su alrededor, buscando ayuda. En ese momento, al lado de ese cuerpo inerte, supo lo que era la soledad.

acostado

caras

slope / edged
brambles

utility poles
se... se pararon

tangled
wires / support

se... took off running

blackened
se... he rushed

daisy

storage room
hanging
rummaged
tijera... pruning shears / handles

rocky area
foot / se... she shrugged / smelled
paseando
sin poder respirar
isolating it

burned
embedded / quitarlo

renglón - line of verse   *Capítulo seis*

Antes de seguir

1. ¿Adónde fue Pancho? ¿Con quiénes fue? ¿Por qué se fue con ellos?
2. ¿Qué le pasó a Pancho? ¿Cómo se enteró (*found out*) Miguel de lo que pasó? ¿Qué hizo Miguel al enterarse?
3. ¿Por qué no pudo llevar a Pancho a la casa inmediatamente después de encontrarlo?

¿Cómo terminará la historia?

1. ¿Podrán resuscitar a Pancho?
2. ¿Cómo reaccionará la gente de la urbanización al saber del accidente?
3. ¿Cómo puede afectar este accidente la vida de esas personas?

Parte 2

◆

Sentándose sobre él, trató de hacerle respiración artificial, como viera alguna vez en la playa, con los ahogados. Luego lo auscultó.° Algo se escuchaba dentro de ese pecho, algo que podría ser muy bien la propia sangre de Miguel batiendo en sus tímpanos.° Haciendo un esfuerzo, lo puso de pie y se lo echó al hombro.° Antes de iniciar el descenso miró a su alrededor, tratando de identificar el lugar. Ese poste se encontraba dentro de los terrenos del club.

Dora se había sentado en la terraza. Cuando lo vio aparecer con el cuerpo del muchacho, se levantó.

—¿Se ha caído?

Miguel, sin responder, lo condujo° al garaje y lo depositó en el asiento posterior° del automóvil. Dora lo seguía.

—Estás todo despeinado. Deberías lavarte la cara.

Miguel puso el carro en marcha.°

—¿Adónde vas?

—¡A Canta*! —gritó Miguel, destrozando,° al arrancar,° los tres únicos lirios° que adornaban el jardín.

El médico de la Asistencia Pública de Canta miró al muchacho.

—Me trae usted un cadáver.

Luego lo palpó,° lo observó con atención.

—¿Electrocutado, no? — *la verdad*

—¿No se puede hacer algo? —insistió Miguel— El accidente ha ocurrido hace cerca de una hora.

---

* Canta es un pueblo del Perú que está en el departamento de Lima.

La piel de un indio no cuesta caro

85

lo... le escuchó al corazón

batiendo... *beating in his ears*

se... *he put him over his shoulder*

llevó

de atrás

en... *in gear*

arruinando / *accelerating, taking off*

irises

lo... lo examinó tocándolo con sus dedos

—No vale la pena. Probaremos,° en fin, si usted lo quiere.

Primero le inyectó adrenalina en las venas. Luego le puso una inyección directa al corazón.

—Inútil —dijo—. Mejor es que pase usted por la comisaría° para que
185 los agentes constaten° la defunción.°

Miguel salió de la Asistencia Pública y fue a la comisaría. Luego emprendió° el retorno a la casa. Cuando llegó, atardecía.°

Dora estaba vistiéndose para ir al club.

—Vino el presidente —dijo—. Está molesto porque Mariella ha vo-
190 mitado. Han tenido que meterla a la cama. Dice que qué cosa ha pasado en el cerro con ese muchacho.

—¿Para qué te vistes? —preguntó Miguel— No iremos al club esta noche. No irás tú en todo caso. Iré yo solo.

—Tú me has dicho que me arregle. A mí me da lo mismo.
195 —Pancho ha muerto electrocutado en los terrenos del club. No estoy de humor para fiestas.

—¿Muerto? —preguntó Dora— Es una lástima. ¡Pobre muchacho!

Miguel se dirigió al baño para lavarse.

We'll try

police station
confirmen / muerte

set off on / it was getting dark

Mariella is sick

86

—Debe ser horrible morir así —continuó Dora—. ¿Piensas decírselo a mi tío?

—Naturalmente.

Miguel se puso una camisa limpia y se dirigió caminando al club. Antes de atravesar° la verja° se escuchaba ya la música de la orquesta. En el jardín había algunas parejas bailando. Los hombres se habían puesto sombreritos de cartón° pintado. Circulaban los mozos° con azafates° cargados de whisky, gin con gin y jugo de tomate.

Al penetrar al hall vio al presidente con un sombrero en forma de cucurucho° y un vaso en la mano. Antes de que Miguel abriera la boca, ya lo había abordado.°

—¿Qué diablos ha sucedido? Mis chicos están alborotados.° A Mariella hemos tenido que acostarla.

—Pancho, mi muchacho, ha muerto electrocutado en los terrenos del club. Por un defecto de instalación, la corriente pasa de los cables a los alambres de sostén.°

El presidente lo cogió precipitadamente del brazo y lo condujo a un rincón.°

—¡Bonito aniversario! Habla más bajo que° te pueden oír. ¿Estás seguro de lo que dices?

—Yo mismo lo he recogido y lo he llevado a la asistencia de Canta.

El presidente había palidecido.°

—¡Imagínate que Mariella o que Víctor hubieran cogido el alambre! Te juro que yo...

—¿Qué cosa?

—No sé... habría habido alguna carnicería.°

—Le advierto° que el muchacho tiene padre y madre. Viven cerca del Porvenir.*

—Fíjate, vamos a tomarnos un trago y a conversar detenidamente° del asunto. Estoy seguro que las instalaciones están bien hechas. Puede haber sucedido otra cosa. En fin, tantas cosas suceden en los cerros. ¿No hay testigos?

—Yo soy el único testigo.

—¿Quieres un whisky?

—No. He venido sólo a decirle que a las diez de la noche regresaré a Lima con Dora. Veré a los padres del muchacho para comunicarles lo ocurrido. Ellos verán después lo que hacen.

—Pero Miguel, espérate, tengo que enseñarte dónde haremos el nuevo bar.

—¡Por lo menos quítese usted ese sombrero! Hasta luego.

---

*El Porvenir es un barrio pobre de Lima.

La piel de un indio no cuesta caro

87

(marginal glosses)
pasar por / iron gate
cardboard / servers / trays
cono
accosted
agitated, upset
support
corner
porque
turned pale
carnage; (fig.) hell to pay
Le... Let me warn you
thoroughly

Miguel atravesó el camino oscuro. Dora había encendido todas las
luces de la casa. Sin haberse cambiado su traje de fiesta, escuchaba
música en un tocadiscos portátil.

—Estoy un poco nerviosa —dijo.

Miguel se sirvió, en silencio, una cerveza.

—Procura° comer lo antes° posible —dijo—. A las diez regresaremos
a Lima.

—¿Por qué hoy? —preguntó Dora.

Miguel salió a la terraza, encendió un cigarrillo y se sentó en la
penumbra,° mientras Dora andaba por la cocina. A lo lejos, en medio de
la sombra del valle, se divisaban° las casitas iluminadas de los otros socios y las luces fluorescentes del club. A veces el viento traía **compases**°
de música, rumor° de conversación o alguna risa **estridente** que re-
botaba° en los cerros.

Por el caminillo aparecieron los faros° crecientes de un automóvil.
Como un celaje,° pasó delante de la casa y se perdió rumbo a° la carretera. Miguel tuvo tiempo de advertirlo:° era el carro del presidente.

—Acaba de pasar tu tío —dijo, entrando a la cocina.

Dora comía desganadamente° una ensalada.

—¿Adónde va?

—¡Qué sé yo!

—Debe estar preocupado por el accidente.

—Está más preocupado por su fiesta.

Dora lo miró:

—¿Estás verdaderamente molesto?

Miguel se encogió de hombros y fue al dormitorio para hacer las
maletas. Más tarde fue al jardín y guardó en el depósito los objetos dis-
persos.° Luego se sentó en el living, esperando que Dora se arreglara
para la partida. Pasaban los minutos. Dora tarareaba° frente al espejo.

Volvió a sentirse el ruido de un automóvil. Miguel salió a la terraza.
Era el carro del presidente que se detenía a cierta distancia de la casa:
dos hombres bajaron de su interior y tomaron el camino del cerro.
Luego el carro avanzó un poco más, hasta detenerse frente a la puerta.

—¿Viene alguien? —preguntó Dora, asomando a la terraza—. Ya estoy lista.

El presidente apareció en el jardín y avanzó hacia la terraza. Estaba
sonriendo.

—He batido° un récord de velocidad —dijo—. Vengo de Canta. ¿Nos
sentamos un rato?

—Partimos para Lima en este momento —dijo Miguel.

—Solamente cinco minutos —en seguida sacó unos papeles del bolsillo—. ¿Qué cuento es ese del muchacho electrocutado? Mira.

Marginal glosses:

Trata de / más pronto

semioscuridad

se... se podían percibir

tempos, ritmos

ruido bajo e indistinto

echoed

headlights

Como... In a flash / rumbo... hacia

de... to take note of it

sin ganas

scattered

was humming

superado

Miguel cogió los papeles. Uno era un certificado de defunción extendido° por el médico de la Asistencia Pública de Canta. No aludía para nada al accidente. Declaraba que el muchacho había muerto de una «deficiencia cardíaca». El otro era un parte° policial redactado° en los mismos términos.

Miguel devolvió los papeles.

—Esto me parece una infamia° —dijo.

El presidente guardó los papeles.

—En estos asuntos lo que valen son las pruebas escritas —dijo—. No pretenderás° además saber más que un médico. Parece que el muchacho tenía, en efecto, algo al corazón y que hizo demasiado ejercicio.

—El cerro está bastante alto —acotó° Dora.

—Digan lo que digan esos papeles, yo estoy convencido de que Pancho ha muerto electrocutado. Y en los terrenos del club.

—Tú puedes pensar lo que quieras —añadió el presidente—. Pero oficialmente éste es un asunto ya archivado.°

Miguel quedó silencioso.

—¿Por qué no vienen conmigo al club? La fiesta durará hasta medianoche. Además, insisto en que veas el lugar donde construiremos el bar.

—¿Por qué no vamos un rato? —preguntó Dora.

—No. Partimos a Lima en este momento.

—De todas maneras, los espero.

El presidente se levantó. Miguel lo vio partir. Dora se acercó a él y le pasó un brazo por el hombro.

—No te hagas mala sangre° —le susurró al oído—. A ver, pon cara de gente decente.

Miguel la miró: algo en sus rasgos° le recordó el rostro del presidente. Detrás de su cabellera se veía la masa oscura del cerro. Arriba brillaba una luz.

—¿Tiene pilas° la linterna? —preguntó.

—¿Qué piensas hacer?

Miguel buscó la linterna: todavía alumbraba.° Sin decir una palabra se encaminó por la pendiente riscosa.° Trepaba° entre cantos de grillos° e infinitas estrellas. Pronto divisó la luz de un farol. Cerca del poste, dos hombres reparaban la instalación defectuosa. Los contempló un momento, en silencio, y luego emprendió el retorno.

Dora lo esperaba con un sobre en la mano. *envelope*

—Fíjate. Mi tío mandó esto.

Miguel abrió el sobre. Había un cheque al portador° por cinco mil soles* y un papel con unas cuantas líneas: «La dirección del club ha

_____

*En 1961, cinco mil soles equivalían a aproximadamente $181,50.

La piel de un indio no cuesta caro

hecho esta colecta para enterrar al muchacho. ¿Podrías entregarle la suma a su familia?»

Miguel cogió el cheque con la punta de los dedos y cuando lo iba a rasgar,° se contuvo.° Dora lo miraba. Miguel guardó el cheque en el bolsillo y dándole la espalda a° su mujer quedó mirando el valle de Yangas. Del accidente no quedaba ni un solo rastro ni un alambre fuera de lugar, ni siquiera el eco de un grito.

—¿En qué piensas? —preguntó Dora— ¿Regresamos a Lima o vamos al club?

—Vamos al club —suspiró Miguel.

<table>
<tr><td>325</td></tr>
<tr><td>330</td></tr>
</table>

rip / se... he restrained himself

dándole... turning his back to

Reflexiones sobre la lectura

◆ ◆ ◆ ◆ ◆ ◆ ◆ ◆ ◆ ◆ ◆ ◆ ◆ ◆

Comprensión

A A continuación hay una lista de acontecimientos que ocurrieron en el cuento. Trabajando en grupos de tres o cuatro estudiantes, pongan un número, de 1 a 15, al lado de cada uno para indicar el orden en que ocurrieron. Los dos primeros se han hecho como ejemplo.

1. _____ Miguel va a la comisaría.

2. _____ Mariella y Víctor llevan a Miguel al lugar donde está Pancho.

3. _____ Mariella y Víctor llegan asustados a la casa de Miguel y Dora.

4. _____ Miguel lleva a Pancho a la Asistencia Pública de Canta.

5. _____ Dora y Miguel deciden ir al club.

6. __1__ Pancho trabaja en el jardín.

7. _____ Miguel ve a dos hombres que están reparando la instalación eléctrica.

8. _____ El presidente llega a la casa de Miguel y Dora y quiere saber por qué su hija está alborotada.

9. _____ Miguel va al club para hablar con el presidente.

10. _____ El presidente del club les trae buenas noticias a Miguel y a Dora.

11. _____ Por la noche Miguel vuelve al cerro con una linterna.

12. __2__ Pancho acompaña a Mariella y a Víctor al cerro.

13. _____ El presidente llega con el certificado de defunción de Pancho.

14. _____ Miguel y el presidente discuten la causa de la muerte de Pancho.

15. _____ El presidente le manda un cheque a Miguel para que se lo entregue a la familia de Pancho.

B Mientras Dora parece ser una persona un poco perezosa, indiferente y sin voluntad propia, Miguel parece ser activo, interesado en la gente y en lo que lo rodea y parece estar en control de su propia vida. Busque ejemplos en el texto que apoyen estas ideas y escríbalos en la tabla a continuación.

DORA	MIGUEL
bosteza	
se retira a dormir la siesta en vez de sentarse con su marido	

C ¿Cómo murió Pancho? ¿Fue en realidad un accidente? ¿Se puede culpar (*blame*) a alguien de lo ocurrido? Apoye sus ideas con ejemplos del texto.

Consideraciones

A ¿Hasta qué punto tiene influencia el presidente en la vida de Miguel y Dora? ¿Por qué tiene esta influencia? ¿Es una influencia positiva o negativa? ¿Cómo sería diferente la vida de Miguel y Dora si no hubieran aceptado la ayuda del presidente?

B En este cuento Ribeyro presenta a algunos personajes de manera positiva, pero a otros no los presenta así. Indique cuáles de los personajes tienen más características positivas (+) y cuáles tienen más características negativas (−). Después, escriba las razones por las cuales Ud. piensa así.

- _____ Miguel
- _____ Dora
- _____ Pancho
- _____ el presidente del club
- _____ el médico de la Asistencia Pública

C ¿Cómo se sintió Ud. al enterarse de la muerte de Pancho? Termine las siguientes oraciones con sus propias palabras.

1. Al leer que había muerto, yo me sentí _____

2. (No) Me fue difícil creer que _____

3. Si yo fuera el médico de la Asistencia Pública, habría _____

4. Si el presidente fuera amigo mío, le habría dicho _____

5. Si pudiera aconsejar a los padres de Pancho, les diría que _____

D El presidente tiene su propia versión de lo que pasó. ¿Cuál es? ¿Cree Ud. que él trate de ocultar la verdad? ¿Qué evidencia de esto se presenta en el cuento? ¿Quiénes son sus «cómplices» en este acto fraudulento? ¿el médico? ¿la policía? ¿Por qué estas personas cometerían este delito?

E ¿Qué habría pasado si uno de los hijos del presidente hubiera muerto electrocutado en vez de Pancho? ¿Cuáles habrían sido las consecuencias? ¿Se habría cambiado el final del cuento? ¿De qué manera?

Técnicas literarias • La trama

Como Ud. ya sabe, la trama de un cuento es la serie de sucesos y conflictos que se relatan en él. ¿Cuál es el conflicto principal de «La piel de un indio no cuesta caro»? ¿Cuáles son los acontecimientos que llevan a ese conflicto principal? ¿Cómo se resuelve el conflicto? En las dos actividades que siguen, Ud. se concentrará más en la trama de este cuento.

A Primero, trabajando con un compañero / una compañera, piensen en seis u ocho de los acontecimientos más importantes del cuento. Hagan un dibujo o un símbolo para representar cada uno, y después pónganlos en orden cronológico para hacer una representación pictórica del cuento. Luego, compartan su trabajo con los demás compañeros de clase. Deben explicar

- qué significan los dibujos o símbolos,
- por qué escogieron esos acontecimientos en vez de otros y
- cuál es el clímax.

B Ahora, trabajen en grupos pequeños para inventar un nuevo clímax para este cuento y hablen de cómo cambiaría la trama según el nuevo clímax.

Un paso más

Representaciones

A Trabajando con un compañero / una compañera, imagínense la conversación que podrían haber tenido Dora y el presidente mientras Miguel subía el cerro. ¿Trató el presidente de convencer a Dora de que hablara con Miguel sobre las consecuencias del accidente? ¿Incluso es posible que ella le pidiera ayuda a su tío? Recreen el diálogo entre Uds. dos.

B Con varios compañeros, decidan qué pasará después del final del cuento. Pueden escoger entre las siguientes posibilidades o inventar otra.

1. Miguel y Dora se van al club y deciden no mencionar el accidente. Actúan como si no hubiera pasado nada.

2. Miguel y Dora se van al club pero Miguel confronta al presidente y a los otros socios.

3. ¿ ?

Representen la escena que Uds. consideran la más probable.

C Trabajando en grupos de tres personas, imagínense y luego representen el encuentro de Miguel con los padres de Pancho.

Conversación

A Hablen de las relaciones entre Miguel y Dora. ¿Son felices juntos? ¿Tienen muchas cosas e intereses en común? ¿Qué pudo haber atraído el uno hacia el otro? ¿Quedarán juntos aun después de la muerte de Pancho? ¿Por qué sí o por qué no?

B ¿Cómo representa Ribeyro la clase media del Perú? ¿Cuáles son las actitudes y valores que muestran los personajes principales?

C ¿Cómo afectará la muerte de Pancho a Miguel, a Dora, al presidente, a los hijos del presidente y a los otros socios del club? ¿Qué cambios ocurrirán en la vida de esas personas? ¿Querrán Miguel y Dora tener hijos algún día? Expliquen.

D ¿Creen Uds. que Miguel le ofreciera a Pancho una vida nueva o que se aprovechara del joven? ¿Hay otra posibilidad? ¿Cuál es? ¿Tendrían el arquitecto y el muchacho una relación amistosa, o era su relación de tipo amo/sirviente? Expliquen.

Composición

A Escriba una lista de preguntas para entrevistar a Miguel o al presidente del club sobre la muerte de Pancho. Luego, escriba un reportaje para un periódico, basándose en las preguntas y en las posibles respuestas a éstas.

plana = newspaper page

B Escriba una composición comentando el significado del título según los comentarios y las acciones de Dora, Miguel y el presidente del club. Por ejemplo, ¿qué dicen de Pancho? ¿Cómo lo tratan? ¿Lo tratan como tratan a los niños del presidente? ¿Cuáles son las reacciones de estos niños cuando muere Pancho?

C Escriba una composición, de por lo menos una página, sobre un hecho o acontecimiento que muestre la existencia de los prejuicios o del racismo en este país. Puede escribir sobre una experiencia personal o sobre algo que Ud. haya leído en el periódico o escuchado en la radio o en la televisión.

En resumen

Escriba una descripción de cada elemento con referencia a este cuento.

El tema	El punto de vista
El tono	El marco escénico
Los personajes	La trama
El narrador / La narradora	El clímax

Ahora, escriba una breve comparación de este cuento con los otros que ha leído en este libro, enfocando en los rasgos que hacen que «La piel de un indio no cuesta caro» sea diferente y único.

Luis Alberto
Tamayo

◆ • ◆ • ◆ • ◆

Mi hermano
cruza la plaza

Sobre el autor

Luis Alberto Tamayo (1960–) was born in Santiago, Chile. He was only eighteen when he wrote his first short story, "Ya es hora," for which he won an award. Since then, he has written numerous other stories that have been published in both Chilean and foreign magazines, as well as in various anthologies.

Tamayo belongs to the "Generation of '80," a group of relatively young Chilean authors (born between 1948 and 1962) who began writing with regularity after the military coup led by General Augusto Pinochet in 1973. The short story has been their principal means of self-expression, because of problems with censorship and the lack of possibilities for publishing longer texts under the dictatorship.

Much of Tamayo's work deals with the theme of human rights. "Many of my ideas for stories are taken from newspaper accounts or from personal experiences," he explains. "When I was young, my friends were always older and many of them were forced into exile. I was alone for several years and stayed in contact with them through letters. Between 1980 and 1984 many of my friends returned. During those years, it was common to read in the newspaper accounts of the deaths of many who had returned from exile."[*] The following story, "Mi hermano cruza la plaza," is the re-creation of that often-repeated tragedy, one with which many Chileans can identify. In his distinctive way, Tamayo shares with his readers the suffering that the years of the Pinochet dictatorship caused the people of Chile.

Chile

Datos importantes

Nombre oficial: la República de Chile

Ciudades principales: Santiago (capital), Concepción, Valparaíso, Viña del Mar

Idiomas: el español (oficial), el mapuche

Población: 14.161.000 habitantes

Area: 736.905 km^2

Moneda: el peso

Para pensar

• If you were asked to write a short story based on a recent newspaper article, what news event would you choose? Why? What would be the focus of your story? How would it compare to the actual account?

• Given the backdrop of the dictatorship, why do you think Tamayo chose the title "Ya es hora" for his first short story (and for the collection in which the following story appears)? What significance does this phrase have? How would you finish it?

---

[*] Luis Alberto Tamayo, interviewed by Glynis Cowell, June 1994.

Aproximaciones a la lectura

Observaciones preliminares

El General Augusto Pinochet Ugarte era Comandante en Jefe del ejército y presidente de la junta militar que en 1973 derrocó al presidente chileno, legalmente elegido, Salvador Allende. Una Junta de Gobierno asumió el poder inmediatamente después de la caída de Allende, pero al año siguiente Pinochet asumió la presidencia y se instaló como dictador del país. Se mantuvo en el poder hasta el 11 de marzo de 1990, fecha en que Patricio Aylwin Azócar, del Partido Demócrata Cristiano (PDC), asumió la presidencia de la república. Se dice que Pinochet fue responsable de innumerables violaciones de los derechos humanos, y su régimen se caracterizó por una gran represión, miedo y vacío cultural.[*]

Hoy Chile se encuentra en un período de transición a la democracia. Sin embargo, a pesar de los positivos cambios políticos y económicos, gran parte del optimismo del pueblo disminuye ante los vivos recuerdos del largo y brutal mandato de Pinochet. Con base en la constitución aprobada durante su gobierno, Pinochet ha podido mantener el cargo de jefe del ejército en el nuevo gobierno. Las difíciles relaciones entre Pinochet y el presidente Aylwin, debidas en gran parte a esta situación, crearon muchos conflictos en el ambiente

¿QUE HIZO PINOCHET?		
Prohibió • la libertad de prensa • los partidos políticos	Eliminó • el congreso • el sistema judicial independiente	Permitió • el exilio • las detenciones en masa • la censura de ciertas figuras públicas

---

[*] Some of the more serious allegations against Pinochet include the disappearance of about 700 political prisoners, the execution of up to 2,000 more between 1973 and 1978 (when he declared amnesty for political "offenses"), and the subsequent killing of some 500 opponents of the regime. (*The Economist,* 12 May 1990, p. 41)

político del país. El sucesor de Aylwin fue Eduardo Frei, también del PDC, elegido en diciembre de 1993.

¿Qué opina Ud.?

- ¿Qué es un dictador? ¿Quiénes han sido los dictadores más famosos de este siglo? ¿Cómo cree Ud. que sería su vida y la de su familia en un país regido (*ruled*) por un dictador? ¿Podría ser mejor? (Por ejemplo, ¿habría menos crímenes?) Explique.
- Hay personas que prefieren abandonar su país antes que vivir bajo una dictadura o en otras condiciones difíciles. Trabaje con un compañero / una compañera para escribir en una hoja de papel aparte una lista de las razones que pueda haber para exiliarse (por ejemplo, porque existe el servicio militar obligatorio).

Exploraciones del tema

Vocabulario útil

detener	*to arrest*	los exiliados	*exiles*
prohibir	*to ban, prohibit*	el exilio	*exile*
tener derecho	*to have the right*	el golpe militar	*military coup*
		el nivel de vida	*standard of living*
la burguesía	*middle class*	el régimen	(*political*) *regime*
la cárcel	*jail*	el revolucionario /	
el/la espía	*spy*	la revolucionaria	*revolutionary*

A Mire el dibujo en la página 101. ¿Qué preguntas se le ocurren a Ud. al mirarlo? Invente por lo menos una pregunta para cada una de las palabras interrogativas a continuación.

> MODELO: ¿Quién/Quiénes... ? → ¿Quiénes son estas personas?

1. ¿Quién/Quiénes... ?
2. ¿Qué/Cuál... ?
3. ¿Dónde... ?
4. ¿Cuándo... ?
5. ¿Cómo... ?
6. ¿Por qué... ?

Ahora, use la imaginación para escribir un párrafo contestando las preguntas que acaba de escribir. Después, compare su párrafo con el de otro/a estudiante y comprueben en qué son similares y en qué son diferentes las descripciones que Uds. hicieron del dibujo.

B En nuestro país hay muchas familias que por una u otra razón tienen dificultades económicas. Trabajando con un compañero / una compañera, hagan en una hoja de papel aparte una lista de cinco cambios que pueden ocurrir en la manera de vivir de una familia de la clase media cuando sus ingresos se reducen drásticamente. (Por ejemplo, no pueden tomar vacaciones.) Ahora, pongan en orden estos cambios considerando su relativo impacto sobre la familia (1 = mayor impacto, 5 = menor impacto).

Estrategias de lectura • Adivinando por medio del contexto

Antes de consultar el diccionario, Ud. debe tratar de adivinar el significado de una palabra desconocida por el contexto en que ésta se encuentra (es decir, el conjunto de las palabras y oraciones que la rodean). Muchas veces, el autor / la autora emplea en la misma oración o párrafo palabras que tienen el mismo sentido o que dan otras pistas al significado de la palabra que no se conoce. *clues* Mire los siguientes ejemplos de estas técnicas, tomados del cuento «Mi hermano cruza la plaza».

a. «Cuando egresé de cuarto medio... no era yo quien *se graduaba*... »
Aquí se puede usar palabras ya conocidas para adivinar el sentido de la palabra subrayada. La expresión «se graduaba» sugiere la idea de obtener un título en un centro de estudios, ¿verdad? Es probable, entonces, que la palabra «egresar» signifique _____ .

b. «Cuando me invitaron a hacer trabajo voluntario... yo pensé que estaba bien y me inscribí.»
Aquí el autor no usa sinónimos de las palabras subrayadas, así que es necesario adivinar el significado de éstas por el contexto mismo. La frase «trabajo voluntario... estaba bien» sugiere que el narrador va a hacerse miembro de un grupo de voluntarios. Entonces «inscribirse» probablemente signifique _____ .

Ahora, lea las siguientes frases y trate de adivinar el significado de las palabras y expresiones subrayadas. Preste atención a los prefijos, sufijos, cognados y otras palabras que hay en cada frase.

1. ...que nadie estaría por gusto a la intemperie en un día tan frío como ése.
2. Llevaba puesta la capucha de la parka y el grueso cierre subido casi hasta la boca.
3. En la morgue nos entregaron un ataúd sellado, nos dijeron que ahí dentro estaba su cuerpo.
4. ...no se defendió a balazos... No portaba arma...
5. ...con un paño amarillo simulando limpiar parabrisas de automóviles...

Mi hermano cruza la plaza

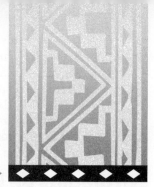

Yo tenía diez años cuando mi hermano se fue. Durante mucho tiempo su nombre estuvo prohibido en nuestra casa. Crecí sabiendo que tenía un hermano que vivía en Francia: después supe que no, que vivía en el exilio.

Papá decía que mi hermano era inteligencia perdida, un testarudo° que había ido a la Universidad a mezclarse° con la peor clase de gente. Acordarse de él en la mesa era desatar° una tormenta: Mamá lloraba en silencio, mi hermana Claudia inventaba planes para ir a visitarlo; Papá las embestía° contra políticos antiguos y disertaba sobre la importancia de no meterse° en nada.

Cuando egresé de cuarto medio* Papá lloró y todos lloraron: tuve la sensación de que no era yo quien se graduaba, sino mi hermano otra vez.

Sus cartas fueron escasas,° apenas cinco en siete años. Recuerdo que la última decía: «Hace mucho frío esta noche; mañana salgo para Rennes† con una exposición sobre los crímenes de Pinochet.» Mi madre la quemó aterrada.° Le contestó que al escribir esas cosas estaba poniendo en peligro a toda la familia. No volvieron a llegar cartas suyas.

Años después supimos que mantenía correspondencia con una vecina del barrio antiguo: del barrio en que vivíamos cuando vino el golpe militar.‡ Fuimos con Claudia a ubicar° a esta señora. Se acordaba bien de nosotros a pesar del tiempo transcurrido.° Nos mostró dos cartas largas. Entonces pudimos saber cómo sonaban sus palabras, qué decían: ahora teníamos edad para entenderlas.

Reiniciamos el rito de la correspondencia. En una nota me propuso que le enviara mis papeles, que había juntado algo de dinero, y que vería modo de que pudiera pasar° un año con él, para que nos conociéramos. No contesté su mensaje: ya llevaba un semestre en la Universidad.

persona obstinada / *mingle*
to unleash

las... atacaba
getting involved

pocas

con mucho miedo

encontrar
elapsed

vería... *he would find a way for me to spend*

---

* En Chile, son ocho los años de «enseñanza básica» (escuela primaria) y cuatro los años de «enseñanza media» (escuela secundaria). Entonces, «cuarto medio» es el último año de la enseñanza media.
† Rennes es la ciudad capital de la región de Bretaña, en Francia.
‡ Se refiere a la toma violenta del poder por la junta militar que presidía Pinochet.

30   Durante el primer año fui uno de los mejores alumnos, lograría° ter-   *I would succeed in*
minar la carrera° en tiempo récord.   los estudios

    Cuando me invitaron a hacer trabajo voluntario para ayudar a los
campesinos pobres yo pensé que estaba bien y me inscribí. Al saberlo mi
madre se puso tensa.

35   —Eso no es ayudar a nadie —dijo— eso es hacer política. Te va a
pasar igual que a tu hermano que está donde está por meterse a ayudar
a gente que ni siquiera se lo merecía.

    Mi padre empezó a cambiar su discurso; ahora decía que a los mi-
litares no se les podía pedir que fueran buenos gobernantes. Argu-
40 mentaba que contra las Fuerzas Armadas no se podía hacer nada, que
no se trataba de darle el favor o la contra a Pinochet, pero que había que
reconocer que él mandaba y punto; que no había nada que hacer hasta
que ellos mismos lo sacaran y pusieran a otro quizás peor.

    Un día Claudia le discutió en la mesa, le dijo que a cada momento
45 ocurrían cosas horribles y que no era justo quedarse sin hacer nada. Mi
padre le lanzó el nombre de mi hermano como un insulto.

    El negocio grande que teníamos en Santa Rosa* quebró° por la escasa   *went bankrupt*
venta y dos clausuras seguidas° por no dar boleta.† El dinero que se   clausuras... *closures in a row*
pudo salvar se convirtió en un taxi. Al poco tiempo el viejo Peugeot azul
50 también fue pintado de negro con el techo amarillo. Esas eran las

---

* Santa Rosa es un barrio hacia el sur de Santiago.
† Quiere decir que la venta no fue registrada, lo cual significa que el dueño no pagó los impuestos
(ahora el 18 por ciento) debidos al gobierno.

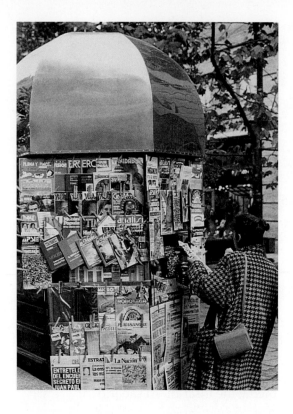

entradas° de la familia, más el arriendo° de la casita de La Cisterna* y el kiosko para vender cosas de bazar y refrescos que instalamos en el ante-jardín° de la casa.

    A Claudia y a mí nos costaba mucho entender lo que pasaba,
55 mirábamos todo desde fuera del tiempo. Sabíamos que nuestro her-mano había vivido en otro país. Un país distinto, con el mismo nombre, pero otro...

    El contacto con mi hermano lo hacíamos en notas pequeñas. Supimos que no estaba en París, sino en México, que tal vez partiera° hacia
60 Nicaragua, o hacia donde «su aporte° pudiera ser útil». Había perdido la esperanza de que lo dejaran volver. —«Yo no apareceré en ninguna lista†—afirmaba—, yo volveré cuando se abran las Alamedas».‡

    Nuestra conversación se tornaba° cada vez más difícil de entender. El nos hablaba que nuestra situación no era aislada, que la política

income / alquiler

front yard

saliera
assistance

se... se hacía

---

* La Cisterna es una comunidad en la provincia de Santiago.
† Se refiere a la lista de los exiliados a quienes el gobierno permitía volver a Chile sin problemas.
‡ La Alameda es la calle más famosa de Santiago. En su discurso final del 11 de septiembre de 1973, Allende dijo: «Sigan Uds. sabiendo que mucho más temprano que tarde de nuevo abrirán las grandes alamedas por donde pase el hombre libre para construir una sociedad mejor.» Esta frase se ha convertido en una metáfora de la esperanza del pueblo chileno.

económica del régimen estaba golpeando duro a la pequeña burguesía, que por último nuestros padres se lo merecían por todo el mercado negro que habían hecho. No se alegraba de que nosotros fuésemos a ser profesionales: nos prevenía° de que no nos convirtiéramos en chanchos ahítos y emplumados,° ajenos a° los problemas de las grandes mayorías.

he warned

chanchos... overfed, overdressed pigs / *ajenos... out of touch with*

Claudia le respondió hablándole de la nueva casa en que vivíamos, de su trabajo como voluntaria de la Cruz Roja, de sus charlas° de higiene y primeros auxilios,° de la creación de un banco de medicinas para ayudar a las personas que no pudieran comprarlas.

talks

primeros... first aid

El respondió que eso [era] querer atacar el cáncer con dominales,* que la salud de las personas debía ser responsabilidad del Estado y no de la caridad° de señoras gordas ni de niñas con sentimientos de culpa por sentirse privilegiadas.

charity

Con Claudia concordamos° en que necesitábamos la presencia física de nuestro hermano para aclarar el significado y la intención de cada palabra. Para confrontar nuestras historias tan distintas: confiábamos en° que a pesar de todo nos entenderíamos.

estábamos de acuerdo

confiábamos... we were confident

Los robos y los asaltos nos tenían a todos alarmados, no se podía dejar ni maceteros° en los antejardines. Tuvimos que mandar a hacer una jaula de barrotes de fierro° para el kioskito, y así evitar que lo deserrajaran° durante la noche.

flower pots

jaula... enclosure of iron bars

robaran

Los jueves y viernes por la tarde le tocaba a Claudia atender el kiosko. Un tipo° llevaba mucho rato en el asiento del paradero de micros° que quedaba justo frente a nuestra casa. Claudia lo sorprendió dos veces mirando y tuvo miedo, por eso me llamó.

joven

paradero... parada de microbuses

Pensamos que era un maleante° o un policía de punto fijo,° o quizá un pololo malquerido° de alguna casa de la vecindad. Lo cierto es que nadie estaría por gusto a la intemperie en un día tan frío como ése. Finalmente subió a un microbús y se fue. Sin embargo su figura nos quedó grabada° y nos pareció verlo en otras oportunidades; siempre mirando, siempre en días de frío.

crook / *policía... surveillance officer*

pololo... discarded boyfriend

etched

Al obscurecer de un jueves entró al negocio. Llevaba puesta la capucha de la parka y el grueso cierre subido casi hasta la boca. Apenas se distinguían su nariz y sus lentes.° Entró por el caminillo de cemento y pidió cigarrillos.

gafas

—No vendemos cigarros, contestó Claudia.

Se bajó un poco el cierre de la parka y mostró unos gruesos bigotes. La chasquilla° le cayó cubriéndole los ojos.

bangs

---

* «Dominales» es una marca popular de aspirinas.

—Deme un cuaderno—; dijo luego de un breve silencio. Eligió uno
grande, con la fotografía de dos caballos que corrían libres en la tapa.° *cover*
Dos caballos blancos sin riendas° ni jinete.° *reins / rider*

Claudia se lo iba a envolver° y él pidió que no, se volvió hacia la calle *wrap*
y mientras esperaba su vuelto lo metió bajo su chaleco afirmándolo con
el cinturón.° Afuera comenzaba a llover. *afirmándolo... securing it with his belt*

Había llegado tarde a casa, me estaba acostando cuando sentí° voces. *oí*
Mi madre era la que hablaba: decía que no, que mi hermano estaba en
Francia, que debía tratarse de un alcance° de nombre. *coincidencia*

La vecina del barrio antiguo estaba de pie en el living con unos
recortes de diario° en sus manos. *recortes... newspaper clippings*

Cuando vio aparecer a mi padre dijo con dureza:

—Su hijo ingresó° ilegalmente al país. Ahora no tienen que avergon- *entró*
zarse° de tener un hijo en el exilio: ahora tienen un hijo muerto. *be ashamed*

Nunca pudimos verlo. En la morgue nos entregaron un ataúd sellado, nos dijeron que ahí dentro estaba su cuerpo.

La policía lo detectó antes de que alcanzara a hacer nada: vivía solo;
había arrendado° una pieza° pequeña en el otro extremo de la ciudad. *alquilado / cuarto*
Lejos de su barrio, de su liceo,° lejos de todos los que pudieran recono- *escuela*
cerle.

Según testigos no se defendió a balazos como dice el diario. No
portaba° arma: iba de blujeanes y zapatillas cruzando la plaza. Unos *llevaba*
veinte agentes lo esperaban: uno tomando helado, otro con un paño
amarillo simulando° limpiar parabrisas de automóviles por una mo- *fingiendo*
neda; dos más haciendo footing en impecables buzos° azules. Su muerte *impecables... spotless running suits*

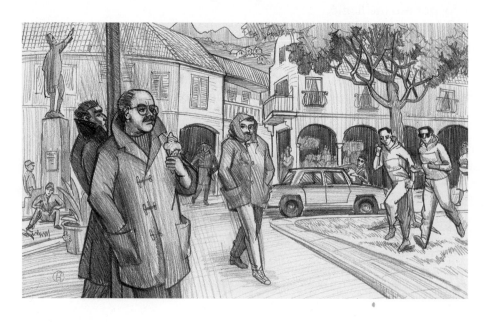

fue una práctica profesional para un grupo de egresados de sus acade-
130 mias de muerte.

La ventana de su pieza daba justo a la plaza. Cuando entramos al úl-
timo lugar en que él habitó las piernas se nos doblaron:° estábamos cerca   las... *our knees went weak*
de él, de su vida.

Todo estaba revuelto,° una vieja radio a tubos quebrada en el suelo.   *en desorden*
135 En este estante varias revistas de historietas y deportivas, libros de
química y matemáticas. El vivía allí, oculto, procurando° no dejar huella°   *tratando de* / *a trace*
de su modo de pensar, de lo que había elegido como forma de vida.

La dueña de casa contó que salía poco, que por las tardes escuchaba
música y jugaba con Samy, un gato esquivo° que rara vez bajaba del   *aloof*
140 techo.

Bajo su cama encontré un par de zapatos negros, los tomé y me los
puse; me quedaron bien. Claudia dio un grito al encontrar entre las revistas un cuaderno nuevo con dos caballos blancos que corrían.

Lentos cruzamos la plaza que él no pudo cruzar.

Reflexiones sobre la lectura

Comprensión

A Lea las siguientes citas y determine quién las dijo. Luego explique cuál es
la importancia de cada una en el cuento.

1. «Te va a pasar igual que a tu hermano que está donde está por meterse
   a ayudar a gente que ni siquiera se lo merecía.»
2. «Yo no apareceré en ninguna lista... »
3. ...su figura nos quedó grabada y nos pareció verlo en otras
   oportunidades; siempre mirando, siempre en días de frío.
4. «Ahora no tienen que avergonzarse de tener un hijo en el exilio: ahora
   tienen un hijo muerto.»
5. Claudia dio un grito al encontrar entre las revistas un cuaderno nuevo
   con dos caballos blancos que corrían.

B Conteste las siguientes preguntas.

1. ¿Qué hizo el hermano mayor cuando volvió a su país? ¿Fue a ver a su
   familia? ¿Por qué sí o por qué no?
2. ¿Qué planes para el futuro podría haber tenido el hermano mayor?
   ¿Cómo murió? ¿Qué significa el hecho de que «unos veinte agentes» lo
   esperaran y lo mataran aunque él no portaba arma —es decir, que no
   presentaba ninguna amenaza para ellos?

3. ¿Cómo se sienten el narrador y su hermana cuando visitan la pieza de su hermano después de que él murió? ¿Qué encuentran allí?

4. ¿Qué hizo el narrador en la pieza? ¿Cree Ud. que fuera un acto simbólico? ¿Qué puede simbolizar?

Consideraciones

A Los personajes de este cuento están bien desarrollados. Piense en ellos y escriba, debajo del nombre de cada uno, los adjetivos de la lista que lo describen. No es necesario usar todas las palabras, y se puede usar el mismo adjetivo para describir a más de un personaje. Prepárese para explicar por qué escogió esos adjetivos.

conservador(a)	inteligente	responsable
curioso/a	interesado/a	revolucionario/a
decidido/a	maduro/a	sensible
dedicado/a	optimista	serio/a
fanático/a	pesimista	simpático/a
inflexible	preocupado/a	temeroso/a
ingenuo/a	rebelde	trabajador(a)

el padre	la madre	Claudia	el hermano menor	el hermano mayor

Finalmente, basándose en la información de la tabla, escriba una breve descripción de uno de estos personajes.

B No es raro que muchas de las familias de la clase media (la burguesía) sufran dificultades económicas durante una dictadura. Trabajando con un compañero / una compañera, busquen en el texto las indicaciones del nivel social y económico de la familia de este cuento.

C Con frecuencia, el mundo de los padres es bastante diferente del mundo de los hijos. Compare la manera de ver el mundo de los padres con la de los hijos. Complete la tabla de la siguiente página con información del cuento.

- Según esa información, ¿qué conflictos existen entre los padres y los hijos del cuento? Explique.
- Ahora, vuelva a hacer el mismo ejercicio pero esta vez aplicándolo a Ud. y a sus padres. ¿Existen conflictos del mismo tipo entre Uds.? ¿Cuáles son?

ACTITUDES HACIA...			
	los políticos	los desafortunados	la posibilidad de hacer cambios
los padres			
los hijos			

D ¿Qué simbolizan los «dos caballos blancos que corrían» en la tapa del cuaderno que el hermano mayor había comprado en el kiosko de la familia?

E La última oración del cuento tiene sentido figurado (simbólico) tanto como literal. En su opinión, ¿cuál es el sentido figurado? ¿A qué o a quién(es) se aplica? Explique.

Técnicas literarias • La caracterización

El autor / La autora de una obra literaria puede hacer que los lectores conozcan a un personaje de la obra directamente (a través de las palabras y acciones del personaje mismo), o más bien indirectamente (a través de los comentarios de otros personajes y de las reflexiones del narrador / de la narradora).

A ¿Cuál(es) de estas técnicas utiliza Tamayo? Escriba las palabras o frases que describen al hermano mayor desde el punto de vista de los siguientes personajes: el padre, la madre, la hermana, la vecina, la policía y el narrador.

B Con un compañero / una compañera, comenten lo que saben del aspecto físico, personalidad, vida privada, valores, intereses, educación, pasatiempos y actividades políticas del hermano mayor. Luego, trabajen juntos para escribir un párrafo sobre este personaje, basándose en los comentarios que han hecho y en la información que cada uno de Uds. escribió en la Actividad A de esta sección. Incluyan todos los detalles que puedan.

C Piense en cinco personas que lo/la conocen a Ud. ¿Qué descripción de Ud. haría cada una de ellas? ¿Quién haría la descripción más precisa? ¿Quién sabría más de su mundo interior? ¿Hay entre ellas alguien que conozca a Ud. mejor que las demás? ¿Por qué? Escriba una descripción de Ud. mismo/a como si la escribiera una de esas personas.

Un paso más

Representaciones

A La familia del cuento está sentada en el comedor hablando de la carta más reciente del hermano mayor. En la carta, el hermano le pide al narrador que vaya a pasar un año con él. En grupos de tres, hagan los papeles del padre, de la madre y de Claudia. Discutan los aspectos positivos y negativos de aceptar esta invitación. ¿Cuáles podrían ser las consecuencias de ir? ¿Y cuáles las de *no* ir?

B Imagínese que un policía ha llegado a la casa para hacer un interrogatorio acerca del hermano mayor. Trabajando en parejas, hagan los papeles del padre y del policía. Se deben hacer y contestar muchas preguntas. (Por ejemplo, el policía podría preguntarle al padre: ¿Cuántos hijos tiene Ud.? ¿Quién es el mayor? ¿Dónde está? ¿Por qué se fue?)

C El narrador ha aceptado hacer trabajo voluntario para ayudar a los campesinos. Trabajando con un compañero / una compañera, hagan los papeles del narrador y del padre de él. El hijo tiene que explicarle a su padre por qué cree que ese trabajo es importante, y el padre tratará de convencer a su hijo de que ese trabajo es inútil.

Conversación

A ¿Por qué regresó el hermano mayor? ¿Por qué no se puso en contacto con la familia? ¿De qué vivía? ¿Trabajaba? ¿Era espía? Justifiquen sus respuestas.

B Fórmense en dos grupos para debatir la siguiente declaración: «Es imposible que haya una dictadura en los Estados Unidos.»

C En su opinión, ¿por qué se mantuvo en contacto el hermano mayor con la vecina? ¿Qué tipo de relaciones existían entre ellos?

D Con excepción de Claudia, ninguno de los personajes del cuento tiene nombre de pila (*given name*). ¿Por qué creen que el autor omitió esta información?

Composición

A Escríbale una carta al hermano mayor desde el punto de vista del narrador y explíquele por qué no quiere pasar un año con él. Puede hablarle de los siguientes temas o de otros que a Ud. se le ocurran.

1. preguntas sobre su salud, sentimientos, actividades y situación económica
2. la salud de los demás miembros de la familia, sus preocupaciones e intereses
3. las razones por las que no acepta la invitación
4. las cosas que Ud. tiene que hacer
5. los problemas que pueden presentarse si se va

B Mire el dibujo de la página 104. Imagínese que Ud. es reportero/a de un periódico y escriba un breve artículo describiendo la muerte del hermano. Siga el modelo.

MODELO:

● HALLARON CADAVER DE EX MIEMBRO DEL FMR

Agdalín Iván Valenzuela Márquez, 30 años, ex integrante[a] del Frente Manuel Rodríguez Autónomo, FMRA, quien escondió durante un año a uno de los líderes del movimiento subversivo involucrado[b] directamente en el secuestro[c] del ejecutivo periodístico de "El Mercurio" Cristián Edwards del Río, fue ultimado a balazos en las afueras de Curanilahue, provincia de Arauco.

El cuerpo fue descubierto el miércoles en la noche en la Ruta 160, en el acceso norte de la ciudad, a dos kilómetros del centro, por un automovilista que dio aviso a la policía, presumiéndose en los primeros momentos que pudiese ser la víctima de un atropello.[d]

[a] miembro
[b] *involved*
[c] *kidnapping*
[d] un... *being run over*

C Imagínese que Ud. es Claudia y escriba una entrada en su diario en la que habla del desconocido misterioso que con frecuencia espera en el paradero del autobús enfrente del kiosko. ¿Cómo es? ¿Cómo se viste? ¿Cuándo lo vio por primera vez? ¿Qué hace mientras espera? ¿Cómo le afecta a «Ud.» su presencia? ¿Por qué la observa con tanto interés?

D Imagínese que el cuento no termina cuando los hermanos salen de la pieza del hermano muerto. Escriba lo que ocurre al volver ellos a la casa de sus padres. ¿Cómo afecta esa muerte la vida de cada miembro de la familia? ¿Qué cambios ocurren en la vida de cada persona?

E Escriba un poema de cinco versos[*] describiendo los posibles sentimientos de un exiliado. La siguiente guía puede ayudarle a organizar el poema. También puede imitar el modelo, que tiene el tema de la muerte.

Primer verso:	una o dos palabras para indicar el tema
Segundo verso:	dos o tres palabras que describan el tema
Tercer verso:	tres o cuatro palabras que expresen acción
Cuarto verso:	cuatro o cinco palabras que expresen una actitud personal
Quinto verso:	una o dos palabras para aludir nuevamente al tema

MODELO: La muerte
El último viaje
Suicidio, asesinato, accidente o enfermedad
¿El final o el principio?
Q.E.P.D.[†]

En resumen

Escriba una descripción de cada elemento con referencia a este cuento.

El tema	El punto de vista
El tono	El marco escénico
Los personajes	La trama
El narrador / La narradora	El clímax

Ahora, escriba una breve comparación de este cuento con los otros que ha leído en este libro, enfocando en los rasgos que hacen que «Mi hermano cruza la plaza» sea diferente y único.

_____

[*] Recuerde que en español se le llama **verso** a cada una de las líneas de un poema. Lo que en inglés se llama *verse,* en español es **estrofa.**
[†] Que en paz descanse (*R.I.P.*)

8

Rosario
Castellanos

◆ • • ◆ • • ◆ • • ◆

El don
rechazado

Sobre la autora

Rosario Castellanos (1925–1974) was born in Mexico City but her family soon moved to the isolated town of Comitán, in the province of Chiapas. After a series of agrarian reforms cost the Castellanos family their ranches and terminated their feudalistic way of life, they moved back to Mexico City. Castellanos later returned to Chiapas as an employee of the Instituto Nacional Indigenista, where her sympathies toward the indigenous populations continued to grow and influence all her prose.

In 1948 Castellanos published her first book of poems, followed by two novels and numerous short stories. "El don rechazado" was originally published in a 1960 anthology of her short stories, *Ciudad Real*,[*] whose themes relate to the lives of the indigenous peoples who live there.

Although Castellanos's prose reflects indigenist themes, she denied that she was ever part of the *indigenista* literary movement. In fact, she criticized the movement for romanticizing the indigenous population: "Uno de sus defectos

México

Datos importantes

Nombre oficial: los Estados Unidos Mexicanos

Ciudades principales: México, D.F. (Distrito Federal) (capital), Guadalajara, Monterrey

Idiomas: el español (oficial), el zapoteca, el mixteca, el náhuatl, varios dialectos mayas

Población: 93.986.000 habitantes

Area: 1.958.201 km^2

Moneda: el nuevo peso

principales reside en considerar el mundo indígena como un mundo exótico en el que los personajes, por ser las víctimas, son poéticos y buenos."[†]

Para pensar

• How do you think Castellanos perceives the indigenous peoples of the region? As mysterious figures? As superior, equal, or inferior to the non-indigenous inhabitants? Or in another way entirely?

• Castellanos has suggested that literary conventions portray the indigenous peoples as the victims and the non-indigenous peoples as the abusers, but that these roles could be reversed. In "El don rechazado," who do you think will be the giver of the gift and who the rejecter? What other possibilities are there?

---

[*] Ciudad Real is an imaginary city in the region of Chiapas, based on the region's principal city (San Cristóbal de las Casas, formerly the capital of Chiapas). San Cristóbal is surrounded by mountains and is better known by anthropologists than by most Mexicans. It is an underdeveloped area populated mainly by poor indigenous inhabitants.

[†] Rosario Castellanos, quoted in *19 protagonistas de la literatura mexicana del siglo XX*, by Emmanuel Carballo, México, D.F.: Empresas Editoriales, 1965, pp. 422–423.

Aproximaciones a la lectura

Observaciones preliminares

El estado de Chiapas queda en la parte sur de México. Se conoce mejor por su aislamiento y por el hecho de que entre sus habitantes hay unos 162.000 tzotziles y tzeltales, dos de los grupos indígenas que todavía existen en México, que se concentran en el área de San Cristóbal de las Casas. Este estado ha inspirado gran parte de la literatura del llamado movimiento literario indigenista, que tiene como propósito el mejoramiento de la situación de los indígenas. Por lo general, los habitantes nativos de esta región viven en la pobreza, muchos no hablan español sino su propio idioma, no saben escribir ni leer y son discriminados por los que no son indígenas —es decir, la gran mayoría de la población. Aunque el gobierno intenta ayudarlos iniciando programas de salud y educación, entre otros, esto no es suficiente y la situación de muchos sigue siendo desesperada.

[nota manuscrita: Zapatistas: expertos sacan los recursos y no dan nada a la población pobre.]

[nota manuscrita: no tienen que servir en el militar sin hablar el español]

¿Qué opina Ud.?

- ¿Qué grupos en este país reciben ayuda del gobierno? ¿los nativoamericanos? ¿las otras minorías? ¿Qué tipo de ayuda se les ofrece? ¿Debería ofrecérseles ayuda de otro tipo? ¿Qué sugiere Ud.?
- En su opinión, ¿ha tratado bien el gobierno de este país a los habitantes nativos o los ha tratado mal? ¿Ha hecho lo mismo con los otros grupos minoritarios? Explique.
- En general, ¿viven cómodamente los miembros de estos grupos o son pobres? ¿Tienen posibilidad de conseguir buenos empleos? ¿Son discriminados? ¿Se les ofrece la oportunidad de alcanzar el mismo nivel de vida que los demás? Explique sus respuestas.

Exploraciones del tema

Vocabulario útil			
negar (ie)	*to deny*	el don	*gift*
rechazar	*to refuse*	la clase social	*social class*
la antropología	*anthropology*	agotado/a	*drained, exhausted*
el antropólogo / la antropóloga	*anthropologist*		

A ¿Qué es un antropólogo? ¿Dónde trabaja? ¿En qué consiste su trabajo? ¿Es la antropología una carrera popular en este país? ¿Qué tipo de persona estudia para antropólogo/a? Trabajando con un compañero / una compañera, escriban en una hoja de papel aparte las cualidades (la personalidad, las aptitudes, la educación, los gustos) que caracterizan a los antropólogos.

- Ahora, piensen en la imagen mental que Uds. tienen de los antropólogos. ¿Cómo es su aspecto físico? ¿Cuántos años tienen, aproximadamente? ¿Qué tipo de ropa llevan? ¿Qué tipo de vehículo conducen? ¿Conducen un Jeep o un BMW? ¿Por qué?
- Finalmente, miren el dibujo de la página 116 para ver si acertaron. ¿Coincide el dibujo del antropólogo con la imagen mental que Uds. tienen de los antropólogos? ¿Por qué sí o por qué no?

B ¿Le gusta a Ud. hacerles favores a otras personas? ¿O le molesta hacerlos? ¿Cómo se siente Ud. después de hacer un favor: contento/a, orgulloso/a, agotado/a, satisfecho/a? Explique.

- ¿Qué tipo de favores les hace Ud., por lo general, a las siguientes personas? Llene la tabla.

PERSONA	FAVOR
sus padres u otros parientes	
su novio/a	
un amigo / una amiga	
una persona desconocida	

- Describa lo que Ud. consideraría un gran favor. ¿Le haría este tipo de favor a un amigo / una amiga? ¿a una persona desconocida? ¿Por qué sí o por qué no?
- Generalmente, ¿consiste un favor en hacer una acción buena por alguien o en darle o prestarle una cosa material? Para Ud., ¿es más fácil hacer que dar algo? ¿Por qué?
- ¿Se niega Ud. a veces a hacerle un favor a alguien? ¿Por qué? Describa las circunstancias.
- ¿Ha rechazado alguien alguna vez un favor que Ud. quería hacerle? ¿Por qué? ¿Cómo se sintió Ud. al ser rechazado/a? ¿Cómo afectó eso sus relaciones con esa persona? ¿Hubo algún cambio entre Uds.? Explique.

Estrategias de lectura • Haciéndose preguntas

Un cuento, o cualquier otra obra narrativa, contiene una variedad de información que muchas veces no está expresada explícitamente. Los lectores, entonces, tienen que determinar qué información se presenta y cuál es su significado. Por lo tanto, una de las estrategias para mejorar la comprensión de una lectura es leer un párrafo, parar y tratar de adivinar qué pregunta(s) está contestando el autor / la autora. Es decir, ¿qué información quiere el escritor / la escritora que los lectores saquen del párrafo?

El autor / La autora de un cuento generalmente empieza a presentar el fondo (*background*) de la historia en el primer párrafo. Al comienzo de «El don rechazado», el narrador se presenta a sí mismo, hablando en la primera persona. Luego, contesta varias preguntas, que se presentan a continuación, para los lectores. Léalas y búsqueles respuesta para determinar cuál es la información más importante que se puede sacar de este párrafo.

- ¿Cómo se llama el narrador?
- ¿Cuál es su profesión?
- ¿Cómo eran los antiguos antropólogos, según el narrador? ¿Y cómo son los nuevos?
- ¿A cuál de estos grupos pertenece el narrador? ¿Cómo será él, entonces?

Ahora lea el cuarto párrafo, en el cual el narrador vuelve a hablar de sí mismo. Después de leerlo, haga en una hoja de papel aparte una lista de las preguntas que Ud. pueda contestar, basándose en ese párrafo.

Hágale sus preguntas a un compañero / una compañera, e intente contestar las de él/ella. ¿Escribieron Uds. preguntas muy semejantes o muy diferentes? Juntos, decidan cuáles son las preguntas más importantes y escriban una o dos oraciones que resuma(n) la información clave presentada en el párrafo.

Se puede utilizar esta técnica para seguir leyendo y sacando la información esencial del cuento.

El don rechazado

Antes que nada tengo que presentarme: mi nombre es José Antonio
Romero y soy antropólogo. Sí, la antropología es una carrera en
cierto modo reciente dentro de la Universidad. Los primeros ma-
estros tuvieron que improvisarse y en la confusión hubo oportu-
5 nidad para que se colaran° algunos elementos indeseables, pero se   se... *sneaked in*
han ido eliminando poco a poco. Ahora, los nuevos, estamos
luchando por dar a nuestra Escuela un nivel digno.° Incluso he-   nivel... *worthy standard*
mos llevado la batalla hasta el Senado de la República, cuando se discu-
tió el asunto de la Ley de Profesiones.

10   Pero me estoy apartando del tema; no era eso lo que yo le quería contar, sino un incidente muy curioso que me ocurrió en Ciudad Real,
donde trabajo.

lector   Como usted sabe, en Ciudad Real hay una Misión de Ayuda a los In-
dios. Fue fundada y se sostuvo,° al principio, gracias a las contribuciones   se... *it supported itself*
15 de particulares,° pero ha pasado a manos del Gobierno.   individuos

la tradición oral continúa en el estilo de narrar

116

Allí, entre los muchos técnicos, yo soy uno más y mis atribuciones° *functions*
son muy variadas. Lo mismo sirvo, como dice el refrán, para un barrido
que para un fregado.° Llevo al cabo° tareas de investigador, intervengo *para... to sweep or to scrub / Llevo...*
en los conflictos entre pueblos, hasta he fungido° como componedor° de *I carry out*
hasta... I've even functioned /
20 matrimonios. Naturalmente que no puedo estar sentado en mi oficina *mender*
esperando a que lleguen a buscarme. Tengo que salir, tomar la delantera
a los problemas.° En estas condiciones me es indispensable un vehículo. *tomar... nip problems in the bud*
¡Dios santo, lo que me costó conseguir uno! Todos, los médicos, los ma-
estros, los ingenieros, pedían lo mismo que yo. Total, fuimos arreglán-
25 donoslas° de algún modo. Ahora yo tengo, al menos unos días a la se- *getting by*
mana, un jeep a mi disposición.

Hemos acabado por entendernos bien el jeep y yo; le conozco las
mañas° y ya sé hasta donde puede dar de sí.° He descubierto que fun- *quirks / hasta... how far it will go*
ciona mejor en carretera (bueno, en lo que en Chiapas llamamos ca-
30 rretera) que en la ciudad.

Porque allí el tráfico es un desorden; no hay señales o están equivo-
cadas y nadie las obedece. Los coletos° andan a media calle, muy quita- *shameless ones*
dos de la pena,° platicando y riéndose como si las banquetas° no exis- *quitados... oblivious / aceras*
tieran. ¿Tocar el claxon? Si le gusta perder el tiempo puede usted
35 hacerlo. Pero el peatón ni siquiera se volverá° a ver qué pasa y menos to- *se... will turn around*
davía dejarle libre el camino.

Pero el otro día me sucedió un detalle muy curioso, que es el que le
quiero contar. Venía yo de regreso del paraje° de Navenchauc e iba yo *lugar*
con el jeep por la Calle Real de Guadalupe, que es donde se hace el co-
40 mercio entre los indios y los ladinos;* no podía yo avanzar a más de diez
kilómetros por hora, en medio de aquellas aglomeraciones° y de la gente *crowds*
que se solaza regateando° o que se tambalea° cargada de grandes bultos° *se... enjoy themselves bargaining /*
de mercancía.° Le dije diez kilómetros, pero a veces el velocímetro ni *se... totter along / bundles*
siquiera marcaba. *merchandise*

45 A mí me había puesto de mal humor esa lentitud, aunque no andu-
viese con apuro, ni mucho menos. De repente sale corriendo, no sé de
dónde, una indita como de doce años y de plano se echa° encima del *de... throws herself flat*
jeep. Yo alcancé a frenar y no le di más que un empujón° muy leve con la *shove*
defensa.° Pero me bajé hecho una furia y soltando improperios.° No le *bumper / soltando... uttering insults*
50 voy a ocultar nada, aunque me avergüence. <u>Yo no tengo costumbre de *su personalidad*
hacerlo, pero aquella vez solté tantas groserías como cualquier ladino de *se ve*
Ciudad Real.</u>

---

* En muchas partes de México y de la América Central, la palabra **ladino** se aplica a los que, aunque
son mestizos (es decir, tienen una mezcla de sangre europea e indígena) hablan sólo español y no
el idioma o dialecto de sus antepasados indígenas. Por lo tanto, la mayoría no puede comunicarse
con los indígenas ni entiende sus costumbres y su cultura.

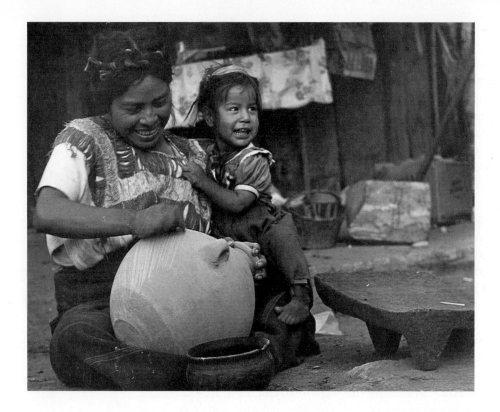

La muchachita me escuchaba gimoteando° y restregándose°
hipócritamente los ojos, donde no había ni rastro° de una lágrima. Me
55 compadecí de° ella y, a pesar de todas mis convicciones contra la mendi-
cidad° y de la ineficacia° de los actos aislados, y a pesar de que abo-
rrezco° el sentimentalismo, saqué una moneda, entre las burlas de los
mirones° que se habían amontonado° a nuestro alrededor.

La muchachita no quiso aceptar la limosna pero me agarró de la
60 manga y trataba de llevarme a un lugar que yo no podía comprender.
Los mirones, naturalmente, se reían y decían frases de doble sentido,
pero yo no les hice caso y me fui tras ella.

No vaya usted a interpretarme mal. Ni por un momento pensé que se
tratara de una aventura, porque en ese caso no me habría interesado.
65 Soy joven, estoy soltero y a veces la necesidad de hembra° atosiga° en estos pueblos infelices. Pero trabajo en una Institución y hay algo que se
llama ética profesional que yo respeto mucho. Y además ¿para qué nos
andamos con cuentos°? Mis gustos son un poco más exigentes.

Total, que llegamos a una de las calles que desembocan a° la de
70 Guadalupe y allí me voy encontrando a una mujer, india también, tirada

whimpering / rubbing hard
a trace
Me... I took pity on
begging / futility
detesto

gawkers / piled up

mujer / becomes urgent

nos... beat around the bush
desembocan... flow into

en el suelo, aparentemente sin conocimiento° y con un recién nacido entre los brazos.

sin... *unconscious*

La muchachita me la señalaba y me decía quién sabe cuántas cosas en
su dialecto. Por desgracia, yo no lo he aprendido aún porque, aparte de
75 que mi especialidad no es la lingüística sino la antropología social, llevo
poco tiempo todavía en Chiapas. Así es que me quedé en ayunas.°

me... *I was completely clueless*

Al inclinarme hacia la mujer tuve que reprimir° el impulso de
taparme° la nariz con un pañuelo. Despedía° un olor que no sé cómo
describirle: muy fuerte, muy concentrado, muy desagradable. No era
80 sólo el olor de la suciedad, aunque la mujer estuviese muy sucia y el su-
dor° impregnara° la lana de su chamarro.° Era algo más íntimo, más...
¿cómo le diría yo? Más orgánico.

repress

cubrirme / *She emitted*

como perro animal

sweat

saturated / *blanket-like garment*

Automáticamente (yo no tengo de la medicina más nociones que las
que tiene todo el mundo) le tomé el pulso. Y me alarmó su violencia, su
85 palpitar caótico. A juzgar por él, la mujer estaba muy grave. Ya no dudé
más. Fui por el jeep para transportarla a la clínica de la Misión.

La muchachita no se apartó de nosotros ni un momento; se hizo
cargo° del recién nacido, que lloraba desesperadamente, y cuidó de que
la enferma fuera si no cómoda, por lo menos segura, en la parte de atrás
90 del jeep.

se... *she took charge*

Mi llegada a la Misión causó el revuelo° que usted debe suponer; todos corrieron a averiguar qué sucedía y tuvieron que aguantarse° su curiosidad, porque yo no pude informarles más de lo que le he contado a
usted.

commotion

contain

95 Después de reconocerla,° el médico de la clínica dijo que la mujer
tenía fiebre puerperal.° ¡Hágame usted favor! Su hijo había nacido en
quién sabe qué condiciones de falta de higiene y ahora ella estaba
pagándolo con una infección que la tenía a las puertas de la muerte.

examinarla

of *childbirth*

cruel no víctima

Tomé el asunto muy a pecho.° En esos días gozaba de una especie de
100 vacaciones y decidí dedicárselas a quienes habían recurrido a mí en un
momento de apuro.

a... *to heart*

Cuando se agotaron° los antibióticos de la farmacia de la Misión,
para no entretenerme en papeleos,° fui yo mismo a comprarlos a Ciudad
Real y lo que no pude conseguir allí fui a traerlo hasta Tuxtla. ¿Que con
105 cuál dinero? De mi propio peculio.° Se lo digo, no para que me haga
usted un elogio que no me interesa, sino porque me comprometí a no
ocultarle nada. ¿Y por qué había usted de elogiarme? Gano bien, soy
soltero y en estos pueblos no hay mucho en qué gastar. Tengo mis ahorros. Y quería yo que aquella mujer sanara.

se... *ran out*

entretenerme... *get hung up in red
tape*

dinero

superior al sitio

110 Mientras la penicilina surtía sus efectos,° la muchachita se paseaba
por los corredores de la clínica con la criatura en brazos. No paraba de
berrear,° el condenado. Y no era para menos con el hambre. Se le dio

surtía... *was taking effect*

gritar

no individuality for the poor people

alimento artificial y las esposas de algunos empleados de la Misión
(buenas señoras, si se les toca la fibra sensible°) proveyeron de pañales°

115 y talco y todas esas cosas al escuincle.°

Poco a poco, los que vivíamos en la Misión nos fuimos encariñando
con aquella familia. De sus desgracias nos enteramos pormenorizadamente,° merced a una criada que hizo la traductora del tzeltal al español,
porque el lingüista andaba de gira° por aquellas fechas.

120 Resulta que la enferma, que se llamaba Manuela, había quedado
viuda en los primeros meses del embarazo.° El dueño de las tierras que
alquilaba su difunto marido le hizo las cuentas del Gran Capitán.° Según
él, había hecho compromisos que el peón no acabó de solventar: présta-
mos en efectivo y en especie,° adelantos,° una maraña° que ahora la

125 viuda tenía la obligación de desenredar.°

Manuela huyó de allí y fue a arrimarse° con gente de su familia. Pero
el embarazo le hacía difícil trabajar en la milpa.° Además, las cosechas
habían sido insuficientes durante los últimos años y en todos los parajes
se estaba resintiendo° la escasez.°

130 ¿Qué salida le quedaba a la pobre? No se le ocurrió más que bajar a
Ciudad Real y ver si podía colocarse como criada. Piénselo usted un momento: ¡Manuela criada! Una mujer que no sabía cocinar más que fri-
joles, que no era capaz de hacer un mandado,° que no entendía siquiera
el español. Y de sobornal,° la criatura por nacer.

135 Al fin de las cansadas,° Manuela consiguió acomodo en un mesón
para arrieros° que regenteaba° una tal doña Prájeda, con fama en todo el
barrio de que hacía reventar,° a fuerza de trabajo, a quienes tenían la desgracia de servirla.

Pues allí fue a caer mi dichosa° Manuela. Como su embarazo iba ya

140 muy adelantado, acababa° el quehacer con la ayuda de su hija mayor,
Marta, muchachita muy lista y con mucho despejo° natural.

De algún modo se las agenciaron° las dos para dar gusto a la patrona
quien, según supe después, le tenía echado el ojo a° Marta para venderla
al primero que se la solicitara.°

145 Por más que ahora lo niegue, doña Prájeda no podía ignorar en
qué estado recibía a Manuela. Pero cuando llegó la hora del parto,°
se hizo de nuevas,° armó el gran borlote,° dijo que su mesón no era
un asilo y tomó las providencias para llevar a su sirvienta al Hospital
Civil.

150 La pobre Manuela lloraba a lágrima viva. Hágase usted cargo; en su
imaginación quién sabe qué había urdido° que era un hospital. Una especie de cárcel, un lugar de penitencia y de castigo. Por fin, a fuerza de
ruegos, logró que su patrona se aplacara° y consintiera° en que la india
diera a luz° en su casa.

155   Doña Prájeda es de las que no hacen un favor entero. Para que
Manuela no fuera a molestar a nadie con sus gritos, la zurdió° en la ca-   *stuck*
balleriza. Allí, entre el estiércol° y las moscas, entre quién sabe cuántas   *manure*
porquerías más, la india tuvo su hijo y se consiguió la fiebre con que la
recogí.
160   Apenas aparecieron los primeros síntomas de la enfermedad, la pa-
trona puso el grito en el cielo y sin tentarse° el alma, echó a la calle a toda   *being touched*
la familia. Allí podían haber estado, a sol y sereno,° si un alma caritativa   *a... left to their own devices*
no se compadece de ellas y le da a Marta el consejo de que recurriera a°   *recurriera... she appeal to*
la Misión, ya que el Hospital Civil aterrorizaba tanto a su madre.
165   Marta no sabía dónde quedaba la Misión, pero cuando vieron
pasar un jeep con nuestro escudo,° alguien la empujó para que yo me   *emblema*
parara.
   Si hacemos a un lado el susto y el regaño,° el expediente° no les salió   *reprimand / plan*
mal, porque en la Misión no sólo curamos a Manuela, sino que nos pre-
170   ocupábamos por lo que iba a ser de ella y de sus hijos después de que la
dieran de alta en° la clínica.   *la... they discharged her from*
   Manuela estaba demasiado débil para trabajar y Marta andaba más
bien en edad de aprender. ¿Por qué no meterla en el Internado de la Misión? Allí les enseñan oficios, rudimentos de lectura y escritura, hábitos
175   y necesidades de gente civilizada. Y después del aprendizaje, pueden
volver a sus propios pueblos, con un cargo que desempeñar,° con un   *hacer*
sueldo decente, con una dignidad nueva.
   Se lo propusimos a Manuela, creyendo que iba a ver el cielo abierto;
pero la india se concretó a° apretar más a su hijo contra su pecho. No   *se... didn't react except to*
180   quiso responder.
   Nos extrañó° una reacción semejante, pero en las discusiones con los   *sorprendió*
otros antropólogos sacamos en claro° que lo que le preocupaba a Manuela   *sacamos... llegamos a entender*
era el salario de su hija, un salario con el que contaba para mantenerse.
   Ya calculará usted que no era nada del otro mundo; una bicoca° y   *trifle*
185   para mí, como para cualquiera, no representaba ningún sacrificio hacer
ese desembolso mensual.° Fui a proponerle el arreglo° a la mujer y le ex-   *desembolso... monthly expenditure / arrangement*
pliqué el asunto, muy claramente, a la intérprete.
   —Dice que si le quiere usted comprar a su hija, para que sea su
querida, va a pedir un garrafón de trago° y dos almudes° de maíz. Que   *garrafón... large bottle of brandy / unit of measure ranging from 2 to 21 quarts*
190   en menos no se la da.
   Tal vez hubiera sido más práctico aceptar aquellas condiciones, que a
Manuela le parecían normales e inocentes porque eran la costumbre de
su raza. Pero yo me empeñé° en demostrarle, por mí y por la Misión, que   *me... insistí*
nuestros propósitos no eran, como los de cualquier ladino de Ciudad
195   Real, ni envilecerlas° ni explotarlas, sino que queríamos dar a su hija una   *to degrade them*
oportunidad para educarse y mejorar su vida. Inútil. Manuela no salía

de su cantilena° del trago y del maíz, a los que ahora había añadido también, al ver mi insistencia, un almud de frijol.

Opté por dejarla en paz. En la clínica seguían atendiéndola, a ella y a sus hijos, alimentándolos, echándoles DDT en la cabeza, porque les hervía de piojos.°

Pero no me resignaba yo a dar el asunto por perdido; me remordía la conciencia ver a una muchachita, tan viva como Marta, criarse a la buena de Dios, ir a parar en quién sabe qué miseria.

Alguien sugirió que el mejor modo de ganarme la confianza de la madre era por el lado de la religión: un compadrazgo es un parentesco° espiritual que los indios respetan mucho. El recién nacido no estaba bautizado. ¿Por qué no ir convenciendo, poco a poco, a Manuela, de que me nombrara padrino de su hijo?

Empecé por comprarle juguetes a la criatura: una sonaja,° un ámbar° para el mal de ojo. Procuraba yo estar presente en el momento en que la enfermera lo bañaba y hasta aprendí a cambiarle los pañales sin causar demasiados estropicios.°

Manuela me dejaba hacer, pero no sin inquietud, con un recelo° que no lograba disimular tras sus sonrisas. Respiraba tranquila sólo cuando el chiquillo estaba de nuevo en su regazo.

A pesar de todo, yo me hacía ilusiones de que estaba ganando terreno y un día consideré que había llegado el momento de plantear la cuestión del bautizo.

Después de los rodeos° indispensables, la intérprete dijo que aquella criatura no podía seguir viviendo como un animalito, sin nombre, sin un sacramento encima. Yo veía a Manuela asentir dócilmente a nuestras razones y aun reforzarlas con gestos afirmativos y con exclamaciones de ponderación. Creí que el asunto estaba arreglado.

Pero cuando se trató de escoger al padrino Manuela no nos permitió continuar; ella había pensado en eso desde el principio y no valía la pena discutir.

—¿Quién?, preguntó la intérprete.

Yo me aparté unos pasos para permitir a la enferma que hablara con libertad.

—Doña Prájeda —respondió la india en su media lengua.

No pude contenerme y, asido a los barrotes° de la cama, la sacudía con un paroxismo de furor.

—¿Doña Prájeda? —Repetía yo con incredulidad.

¿La que te mandó a la caballeriza para que tu hijo naciera entre la inmundicia°? ¿La que te echó a la calle cuando más necesidad tenías de su apoyo y su consuelo? ¿La que no se ha parado una sola vez en la Misión para preguntar si viviste o moriste?

monotonous repetition

les... they were swarming with lice

relación

rattle / piece of amber

uproar

suspicion

pleasantries

asido... grabbing the bars

suciedad

la superioridad del occidental viene de su alfabeto fonético no intiende la cultura pero la juzga.

—Doña Prájeda es mi patrona —respondió Manuela con seriedad—. No hemos deshecho el trato.° Yo no he salido todavía de su poder.

Para no hacerle el cuento largo, la alegata° duró horas y no fue posible que Manuela y yo llegáramos a ningún acuerdo. Yo salí de la clínica dándome a todos los demonios y jurando no volver a meterme en lo que no me importaba.

Unos días después Manuela, ya completamente restablecida, dejó la Misión junto con sus hijos. Volvió a trabajar con doña Prájeda, naturalmente.

A veces me la he encontrado en la calle y me esconde los ojos. Pero no como si tuviera vergüenza o remordimientos. Sino como si temiera recibir algún daño.

¡No, por favor, no llame usted a Manuela ni ingrata, ni abyecta,° ni imbécil! No concluya usted, para evitarse responsabilidades, que los indios no tienen remedio. Su actitud es muy comprensible. No distingue un *caxlán*° de otro. Todos parecemos iguales. Cuando uno se le acerca con brutalidad, ya conoce el modo, ya sabe lo que debe hacer. Pero cuando otro es amable y le da sin exigir° nada en cambio, no lo entiende. Está fuera del orden que impera° en Ciudad Real. Teme que la trampa° sea aún más peligrosa y se defiende a su modo: huyendo.

Yo sé todo esto; y sé que si trabajamos duro, los de la Misión y todos los demás, algún día las cosas serán diferentes.

240
245
250
255
260

deal
argument

wretched

palabra indígena que se refiere a las personas no indígenas

pedir
domina
trap

Pero mientras tanto Manuela, Marta... ¿Qué será de ellas? Lo que quiero que usted me diga es ¿si yo, como profesionista, como hombre, incurrí en alguna falta? Debe de haber algo. Algo que yo no les supe dar.

Reflexiones sobre la lectura

Comprensión

A Ponga las siguientes oraciones en el orden en que ocurrieron.

1. _____ Manuela sale de la Misión y vuelve a trabajar con doña Prájeda.

2. _____ Manuela está en los primeros meses del embarazo, cuando muere su esposo.

3. _____ Manuela escoge a doña Prájeda para madrina del bebé.

4. _____ Manuela empieza a trabajar en el mesón de doña Prájeda.

5. _____ Manuela deja la casa de sus parientes.

6. _____ El antropólogo transporta a Manuela y a sus dos hijo a la Misión.

7. _____ Manuela da a luz en la caballeriza.

B Imagínese que Ud. es antropólogo/a. Vuelva a leer el texto, esta vez buscando referencias a las características de la vida de los indígenas. ¿Cuál es la actitud de ellos hacia la vida? ¿hacia el trabajo? ¿hacia los ladinos? ¿hacia los médicos, patrones y otras personas de autoridad? ¿hacia sus propios hijos?

C Conteste las siguientes preguntas, apoyando sus respuestas con citas del texto.

1. ¿Cuál es la actitud del antropólogo hacia Manuela? ¿Es una actitud paternal? ¿Tiene interés romántico en ella? ¿Siente una atracción sexual hacia ella?

2. Según Manuela, ¿por qué podría interesarle al antropólogo su hija? ¿Tiene razón?

3. ¿Es difícil para el antropólogo darle ayuda a Manuela y a sus hijos o le es fácil? ¿Le es difícil o fácil darles dinero? ¿tiempo? ¿apoyo emocional? ¿paciencia?

4. ¿Por qué sería un don muy grande para Marta que la inscribieran en el Internado de la Misión? ¿Cómo podría cambiar esto su vida futura? ¿Por qué se niega Manuela a que el antropólogo lo haga?

265

Consideraciones

A ¿Es necesario que los antropólogos sepan la lengua de la gente que estudian? ¿Cuáles son algunas de las razones por las cuales los antropólogos *no* aprenden la lengua de los nativos? En este cuento, ¿qué problemas crea esta ignorancia de la lengua indígena?

B ¿Qué haría Ud. si encontrara a una mujer como Manuela (o a cualquier persona que necesitara ayuda) en la acera? ¿Ha hecho Ud. alguna vez algo por una persona desamparada (*homeless*)?

C ¿Cómo se siente el antropólogo cuando su favor es rechazado? ¿Cómo muestra sus emociones? ¿Por qué tiene miedo Manuela? Haga una hipótesis acerca de los problemas que impiden la comunicación entre los indígenas y los ladinos.

D Al final del cuento, el antropólogo pregunta si él podría haber hecho algo más para ayudar a Manuela y a sus hijos. ¿Qué piensa Ud.? Haga una lista de las posibilidades. ¿Le parece a Ud. que el antropólogo tiene una actitud defensiva? Explique.

E El cuento se relata en primera persona y, además, el narrador habla de una manera informal —como si el cuento fuera una conversación. Busque algunos ejemplos de esta informalidad. ¿Qué efecto tiene esta técnica en los lectores? ¿Cuál sería el propósito de Castellanos al escribir el cuento de esta manera?

F ¿Qué razón da el antropólogo para contar su cuento? ¿Narra un incidente personal o hay un mensaje universal en su historia? ¿Cuál es ese mensaje?

Técnicas literarias • El tema

El tema es la idea central de un texto, es decir, el mensaje más importante que el autor / la autora quiere proponer. El tema le da unidad al texto. Puede ser explícito (dicho directamente) o implícito (expresado de manera indirecta). El tema se refleja en distintas formas a lo largo del cuento: en los hechos, en lo que les pasa a los personajes, en los pensamientos de éstos y en las conversaciones entre ellos.

El tema de «El don rechazado» tiene que ver con un acto de caridad que alguien se niega a aceptar.

- ¿Cuál es el acto de caridad? ¿Quién lo ofrece y por qué razones? ¿Quién lo rechaza y por qué?
- En su opinión, ¿había alguien que hubiera tratado de hacer algo bueno por Manuela antes? ¿Cree Ud. que ella hubiera aceptado ese acto de caridad? ¿Por qué sí o por qué no? ¿Por qué no quiere aceptar el don que le ofrecen en el cuento? ¿Hay alguna convención social que explique esta determinación?
- ¿Cuál es el mensaje que Castellanos propone por medio de este cuento?

Un paso más

Representaciones

A Trabajando con un compañero / una compañera, hagan los papeles del jefe y de un(a) colega del antropólogo. Uds. tienen que evaluar el trabajo de éste, incluyendo la forma en que trata el caso de Manuela, Marta y el bebé.

B Trabajando en parejas, imagínense que Uds. son la mujer indígena y su hija. Marta quiere asistir al Internado pero su madre no lo quiere porque necesita su ayuda. Hablen del problema y traten de resolverlo.

C Imagínese que un día el antropólogo se encuentra con doña Prájeda en la calle. El la confronta acerca de la forma en que trató a Manuela. Trabaje con un compañero / una compañera para preparar un diálogo entre estos dos personajes en que hablen del pasado y del presente, ya que Manuela ha vuelto a trabajar con su patrona.

Conversación

A Si el antropólogo se hubiera enamorado de Manuela y se hubiera casado con ella, ¿qué problemas podrían haber surgido? ¿Habría sido un casamiento entre iguales? ¿Cómo los habrían tratado los indígenas? ¿y los ladinos? Expliquen su respuesta primero según el punto de vista de Rosario Castellanos, y luego según el punto de vista de Uds.

B La autora de este cuento es una mujer, pero el narrador es un hombre. ¿Pueden Uds. ver algunas diferencias entre la perspectiva de ambos? ¿Cuáles son? Si la persona que narra el cuento fuera mujer —es decir, una antropóloga— ¿sería diferente el cuento? ¿En qué sentido? ¿Tendría una mujer una actitud distinta hacia Manuela y su hija? ¿Sería diferente la actitud de Manuela hacia una antropóloga?

C Fórmense en dos grupos para debatir esta pregunta: ¿Tiene un(a) profesional la responsabilidad o la obligación moral de ayudar a los necesitados? ¿Por qué sí o por qué no? Si los profesionales no ayudan a los menos afortunados, ¿qué otras opciones tienen éstos?

Composición

A Escriba un fin romántico, de una a dos páginas, para este cuento. ¿Qué pasaría si el antropólogo se enamorara de Manuela? Incluya las reacciones de sus colegas, de los ladinos del pueblo y de los amigos indígenas de Manuela.

B Al final del cuento, el antropólogo dice:

> « ...algún día las cosas serán diferentes.
>   Pero mientras tanto Manuela, Marta... ¿Qué será de ellas? Lo que quiero que usted me diga es ¿si yo, como profesionista, como hombre, incurrí en alguna falta? Debe de haber algo. Algo que yo no les supe dar.» (líneas 261–265)

Escríbale una respuesta de por lo menos una página en la que Ud. responda a las dudas y preguntas del antropólogo.

C Imagínese que, a la edad de veintidós años, Marta todavía recuerda el importante encuentro con el antropólogo. Desde entonces, muchas cosas le han ocurrido en la vida: algunas buenas, algunas malas y otras ni buenas ni malas. Póngase en el lugar de Marta y escriba un resumen de los diez últimos años de su vida. Por ejemplo, hable de cómo han influido en su destino su madre, doña Prájeda, el antropólogo u otra(s) persona(s). ¡Sea creativo/a!

En resumen

Escriba una descripción de cada elemento con referencia a este cuento.

El tema	El punto de vista
El tono	El marco escénico
Los personajes	La trama
El narrador / La narradora	El clímax

Ahora, escriba una breve comparación de este cuento con los otros que ha leído en este libro, enfocando en los rasgos que hacen que «El don rechazado» sea diferente y único.

9

Arturo
Uslar Pietri

◆ ◆ ◆ ◆ ◆

La
Blanquera

Sobre el autor

Arturo Uslar Pietri (1906–), born in a poor, rural area of Venezuela, eventually became Minister of Education and used his position to institute programs for the training and development of rural teachers. He believed that although young people in Caracas and the small villages shared certain educational needs, there were also distinct aspects of their backgrounds that needed to be addressed. Uslar Pietri continued his mission of teaching when he taught at Columbia University in New York, beginning in 1946.

Uslar Pietri published his first work, an article on the banana tree, when he was just fourteen years old. Since then he has become known as an educator, political figure, and writer of novels and short stories. "La Blanquera" can be found in the anthology *Treinta hombres y sus sombras,* published in 1949. Uslar Pietri's writing has been described as a form of "impressionist art," with a great deal of attention paid to detailed description and Venezuelan themes.[*]

Venezuela

Datos importantes

Nombre oficial: la República de Venezuela

Ciudades principales: Caracas (capital), Maracaibo, Valencia, Barquisimeto

Idiomas: el español (oficial), varios idiomas indígenas

Población: 21.005.000 habitantes

Area: 912.050 km^2

Moneda: el bolívar

Para pensar

• Many authors write about themes and settings that they have carefully researched or that they know intimately. Given Uslar Pietri's background, which of the following topics would you expect to find in his works? Which would you *not* expect to find?

❏ exploitation of the poor by the rich

❏ descriptions of daily life among the lower classes

❏ racial discrimination

❏ the existence of a higher power

❏ the power of education

❏ the beauty of nature

❏ superstitions of the poor and uneducated

❏ miscommunication between the social classes

❏ the power of love

• How can writing be likened to "impressionist art"? What elements of style, tone, and so forth would this type of writing contain?

[*] Mariano Picano-Salas, *Formación y proceso de la literatura venezolana,* Caracas: Editorial Cecilio Acosta, 1940.

Aproximaciones a la lectura

Observaciones preliminares

A principios del siglo XIX, se inició en Venezuela una época de grandes convulsiones políticas. Simón Bolívar —llamado «El Libertador» por toda Sudamérica— y su lugarteniente José de Sucre emprendieron las guerras por la independencia de Venezuela del régimen español. El ejército que dirigía Bolívar finalmente derrotó las fuerzas españolas en 1821, en Carabobo. Debido a las muchas batallas que se lucharon en tierra venezolana, el país sufrió enormes pérdidas, tanto económicas como en vidas humanas.

¿Qué opina Ud.?

- ¿Por qué razones hay revoluciones y guerras civiles? ¿Qué cambios esperan efectuar los revolucionarios?
- ¿Cuáles pueden ser algunos de los resultados de una revolución? ¿A quiénes afecta la guerra? ¿De qué manera?

Exploraciones del tema

Vocabulario útil			
enterrar (ie)	*to bury*	el suspiro	*sigh*
tropezar (ie) con	*to come upon; to encounter*	las telarañas	*cobwebs*
		el tesoro	*treasure*
vagar por (como fantasma)	*to haunt*		
		asombroso/a	*surprising, frightening; awe-inspiring*
el bobo / la boba	*idiot*		
el fantasma	*ghost*	despoblado/a	*deserted; uninhabited*
el gemido	*moan*	embrujado/a	*haunted*
la hoguera (de campamento)	*campfire*	espantoso/a	*scary*
la leyenda	*legend*	oscuro/a	*dark*
la pisada	*footstep*		

A Mire la foto de la página 134. En el cuento que sigue, «la Blanquera» es el nombre de una casona vieja como ésta, que se dice que está embrujada.

- ¿Cómo es su propia casa: grande, pequeña, vieja, nueva? ¿Cuántos pisos tiene? ¿Qué cosas hay en ella? De niño/a, ¿creía Ud. que su casa estaba embrujada? ¿Cómo se imaginaba que era el fantasma o los fantasmas que la habitaba(n)?
- Este cuento empieza describiendo a un grupo de niños, sentados alrededor de una hoguera de campamento, que escuchan la leyenda de la Blanquera. De niño/a, ¿le gustaban a Ud. los cuentos de fantasmas? Por lo general, ¿cómo terminan los cuentos de fantasmas? ¿Qué tipo de lenguaje se usa en estos cuentos? Piense en su cuento de fantasmas favorito y cuénteselo a sus compañeros de clase.

B Cuando Ud. era niño/a, ¿había alguna casa embrujada cerca de donde vivía? ¿Cómo era? ¿Entró Ud. en esa casa alguna vez? ¿Iba solo/a o con amigos? ¿Tenía miedo? ¿Qué vio? ¿Qué pudo Ud. adivinar acerca de las personas que vivieron allí? ¿Dedujo que eran pobres o ricos? ¿Tenían muchos hijos? ¿Por qué abandonaron la casa y el lugar?

C No es raro escuchar leyendas asociadas con casas abandonadas. A veces hay rumores de tesoros enterrados en ellas.

- Si Ud. viviera en una mansión elegante y tuviera que abandonarla, ¿qué cosas de valor escondería? ¿Le pediría a alguien que le ayudara a hacerlo? ¿A quién(es) le(s) pediría Ud. este favor?
- ¿Dónde escondería Ud. las cosas de valor? En una hoja de papel aparte, haga una lista de los lugares que escogería. Luego, compare su lista con las de algunos compañeros. ¿Tienen Uds. ideas parecidas sobre los lugares más seguros para esconder las cosas de valor?
- ¿Haría Ud. un mapa del sitio en que escondió el tesoro para que alguien pudiera encontrarlo después? ¿Por qué sí o por qué no?

D Vuelva a mirar la foto de la página 134. Se dice que en esta casa vive un fantasma. ¿Cómo será? Trabajando en un grupo de cuatro o cinco personas, describan en un párrafo la casa, las personas que la habitaron por último y el fantasma que ahora vaga por ella. ¿Qué hace el fantasma por la noche? ¿Llora? ¿Canta? ¿Se queja? ¿Hace ruidos extraños? ¿Sale por las calles? ¿Qué puede hacer el fantasma que Uds. *no* pueden hacer? ¿Quién(es) puede(n) ver el fantasma y comunicarse con él?

Estrategias de lectura • Los diminutivos y los aumentativos

Los diminutivos y los aumentativos son sufijos que se añaden a las palabras para darles un sentido determinado. Los diminutivos muchas veces sugieren la idea de pequeñez. Los diminutivos que se usan con más frecuencia son **-ito** (**cito, -ecito**) e **-illo** (**-cillo, -ecillo**). Entre las palabras comunes formadas por diminutivos están **pajarillo** (*little bird*) y **cucharita** (*small spoon or teaspoon*). Estos sufijos también pueden servir para formar palabras que expresan afecto o cariño, como **abuelita, hermanito** y **mamacita.**

Los aumentativos son sufijos que sirven para formar palabras que expresan mayor tamaño. Algunos de los aumentativos más comunes son **-ón/-ona, -azo/-aza** y **-ote/-ota.** Su efecto se ve en las siguientes palabras: **cucharón** (*ladle or big spoon*), **perrazo** (*large dog*) y **calabazota** (*large pumpkin*). A veces los aumentativos tienen connotaciones negativas, como en las palabras **solterona** («*spinster*») y **palabrota** (*swear word*). También pueden expresar la idea de un golpe: **un codazo,** por ejemplo, significa un golpe con el codo (*elbow*).

Las siguientes palabras se encuentran en «La Blanquera». Busque en el diccionario la palabra original, subraye la terminación y escriba una definición de cada palabra. La referencia al texto después de cada palabra puede servirle para que considere la palabra en su contexto y verifique su significado.

caserón (línea 90)	matazones (líneas 37–38)	piquetazo (línea 212)
chiquitos (línea 26)	machetazo (línea 49)	risita (línea 110)
llenitos (línea 46)	paredones (línea 87)	zagaletones (líneas 26–27)

La Blanquera

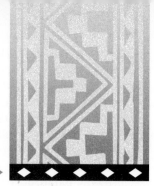

Parte 1

una fasinación con lo blanco

Los muchachos nos apeñuzcábamos° cerca del fogón° cuando
Petronila contaba su cuento.

Eramos cuatro o cinco: pelambres° revueltas, pieles oscuras, algunas deshechas alpargatas,° algunos pies descalzos° polvorien-
tos.° Olía a caballo, a perro, a hierba. El pueblo parecía ponerse
lejos y perderse en el sueño y el olvido.° A ratos estallaba la leña°
encendida o se oía en el confín° el ladrido de un perro.

El cuento era el mismo. Siempre era el cuento de la Blanquera. La
gran casa aislada, solitaria, ruinosa, rodeada de las casuchas° y las
chozas° del pueblo.

nos... *huddled together* / hoguera
de campamento

pelo   *negros*

deshechas... sandalias rotas / sin
zapatos
dusty
forgetfulness / *firewood*
horizonte

casas viejas y sucias

shacks

contraste con blanquera = blanco vs negro

134

—Ya yo tengo la cabeza blanca y cuando los negros pintamos canas° pintamos... *show gray hair*
es porque somos más viejos que las Ánimas.° Y así y todo ni yo había somos... *we're older than the hills*
nacido, ni mi mama había nacido. Eso debió ser cuando vivía la mama
de mi mama. Cuando los españoles,° hijos. Cuando... En la época de los
españoles

15   Todo lo más remoto que podían alcanzar nuestras imaginaciones estaba en aquella palabra.

—Cuando los españoles, vivían en esa casa unos blancos muy ricos. *blancos controlan
las cosas y personas*
Tenían sus buenos caballos, sus buenas tierras, y plata para contarle por
totumas.° Y muchos esclavos.° Esclavos en la casa y esclavos en las ha- por... *by the bucketful* / *slaves*
20 ciendas. Allí estaría la mama de mi mama sirviendo a aquella señora. La *esclavos*
Blanquera era entonces nueva. Relumbraba de cal.° Y entraban y salían Relumbraba... *It shone with
whitewash.*
por la puerta de campo esos arreos° de mulas cargados de cacao, de *trains*
panes de azúcar, de quesos y de plátanos. En el primer patio era donde
vivían los amos.° Eran unas galerías grandes como una capilla.° Con sus dueños / *chapel*
25 butaques° y unas camas que parecían unos altares. En el segundo patio sillones grandes
teers – big
vivían los hijos de los blancos. Y eran muchos. Unos chiquitos y unos za-
galetones. Y cada uno tenía sus dos o tres ayas° para que lo atendieran, y *governesses*
los hijos de los esclavos venían a jugar con ellos. De cacería,° de toros, de *hunting*
la huerta del tontoronjil.* Y todavía quedaban dos patios. Dos patios *riqueza que
nunca pueden
tener = fantasía*
30 como dos plazas. El de los esclavos. Allí vivían todos los del servicio. Y *opposite of today*
el de las bestias donde estaban las caballerizas y las cocinas y el lavan-
dero. Se podía uno perder en aquella casa. Cuando alguien pegaba un
grito° en el corral no lo podía oír la señora que estaba en la sala. pegaba... gritaba

Petronila hacía una pausa. Todo era silencio y ojos absortos y chis-
35 porroteo° de leña. *crackling*

—Y así hubiera seguido° siempre. Pero vino la guerra. Se em- hubiera... *it would have continued*
bochinchó° todo. Empezó la recluta.° Empezaron los tiros° y las mata- Se... *Was thrown into confusion* /
recruitment / *shootings*
zones. Le pegaban candela° a los campos y a las casas. Y empezaban a pegaban... *they torched*
irse los españoles. Y llegó el día en que la gente de la Blanquera tuvo que
40 irse. Soltaron° a los esclavos y a cada uno le dieron su plata y su regalito. Dejaron en libertad
Después salió la misia° con los niños en unas buenas mulas bien *missus*
apareadas.° Pero el amo no salió sino mucho después. Como medio día bien... *with fine trappings*
después. Se quedó en la casa sólo con un esclavo.

—¿Y qué pasó, Petronila?
45 —Entonces fue cuando enterró la plata. Eran tres baúles° grandes *trunks*
llenitos de monedas de oro y mucha prenda° fina. Mucho brillante. En- *clothing and jewelry*
terró los tres baúles en tres puntos distintos. Y antes de tapar el último *cover jewel dirt*
hueco, cuando el esclavo estaba descuidado° acomodando en el fondo° estaba... no prestaba atención /
bottom
el baúl, de un machetazo le tumbó° la cabeza. Después tapó muy bien *he whacked off*

it's farmtool that he uses against the slave

---

*En algunos países, esto se refiere a un juego en el cual los niños hacen una ronda (*move in a circle*)
tomados de las manos mientras cantan: «Vamos a la vuelta de tontoronjil...».

*fantasies have nothing to do with their
real economic future. Hay que escapar
de esta fantasía – not to be trapped
in the past*

todo con tierra. Cogió su caballo y se perdió por ese camino. Como alma que se lleva el diablo.

Los muchachos nos apretujábamos° un poco más. *nos... we squeezed together*

—Animas benditas, qué hombre tan malo. Desde entonces más nadie ha vivido en la Blanquera. Vinieron los de la guerra, registraron° la casa, *searched* rompieron y se llevaron lo que pudieron. Pero no encontraron los entierros. Los blancos no volvieron más nunca. Dios les daría su muerte por ahí lejos. Y el espanto° empezó a salir. *fantasma*

—¿Tú lo has visto, Petronila?

—Yo no, Dios me libre. Pero muchos lo han visto y por eso nadie puede vivir en esa casa. Es una sombra que sale de noche. El ánima del esclavo que mató el blanco. Sale de la fosa° en que está enterrado con el *grave* baúl de oro, y pasea toda la noche por los corredores de los cuatro patios quejándose como si tuviera un dolor muy grande. Los que lo han oído oyen un ruido como si arrastrara° un machete. Debe ser el machete con *he were dragging* que le cortaron la cabeza. Todas las noches sale esa alma en pena. Con ese quejido° y esa bulla° de machete arrastrado. Y todas las noches *groaning / ruido* seguirá saliendo hasta que alguien encuentre el entierro, lo saque y lleven sus huesos al sagrado,° y con los reales° le manden a decir las *terreno sagrado / the buried money* misas de San Gregorio. *(old Spanish coins)*

Todos íbamos siguiendo en imaginación la espantosa sombra. Nos parecía estar presos° en la enorme casa vacía y sentir el quejido inhu- *prisioneros* mano que se iba acercando.

—Ya es la santa hora de acostarse —añadió al rato Petronila. Todos silenciosos y encogidos° nos levantamos y nos fuimos dispersando. *tímidos*

El pueblo estaba lleno de luna. Las hojas de los árboles brillaban. Antes de acostarme asomándome por° la enrejada° ventana podía ver la *asomándome... peering out of /* calle larga, las cortas casas espaciadas entre las cercas° de los solares,° y *barred* al fondo, más alta, más grande, más honda, tiznada° de sombra en luna *fences / lots* la mole° solitaria de la Blanquera. *blackened* *mass*

Poco nos acercábamos a la Blanquera. La fama espantosa de la casa, su aspecto de ruina y soledad, sus ventanas tapiadas° de ladrillo, los *sealed* grandes árboles oscuros que desbordaban° por sobre las paredes, todo se *overflowed* asociaba para crear una impresión temerosa.

«Te voy a encerrar en la Blanquera», era la más horrible amenaza que podía hacérsenos.

A veces, en la mitad del día, al azar de° las carreras y los juegos nos *al... at the whim of* encontrábamos frente a uno de sus paredones. Nos deteníamos. Hasta que alguien lanzaba un pedrusco° contra las tablas que cerraban la *piedra* puerta y todos huíamos.

Pero aun cuando nos alejáramos° el caserón siniestro seguía presente *aun... even when we were away from* en nuestras imaginaciones y en la vida toda del pueblo. *it*

—Tú como que crees que me saqué el entierro de la Blanquera —decía el parroquiano° en la pulpería° protestando de que le cobraban mucho por el trago de ron.

95 —Estaba más solo que la Blanquera —decía un peón para pintar su soledad.

—Si no te gusta, vete para la Blanquera —se decía al impertinente y al majadero.°

Estaba siempre en el recuerdo como estaba a la vista desde todos los
100 puntos de la calle larga. Tan alta, tan maciza,° tan sucia de intemperie,✓ tan distinta a todo lo que la rodeaba.

Cuando jugábamos en la plaza, con violentas persecuciones y saltos en polvareda° y por entre los troncos de los árboles, se acercaba a veces a nosotros Zacarías. Era el bobo del pueblo. No tenía edad. Se pasaba el
105 día como los perros sin dueño. Parándose en alguna puerta, pedigüe-ñeando° en la pulpería, o durmiendo encogido° en las raíces de algún samán.° Caminaba casi arrastrándose agarrado de un largo palo al que rodeaba con los dos brazos y con la pierna torcida° y deforme que no podía mover. Parecía un mono trepado a una rama. Hablaba poco y con
110 dificultad y acompañando las palabras de una risita chillona° que parecía un ahogo.° Sucio, roto, descalzo, con un deshilachado° sombrero de cogollo° metido hasta los ojos, se acercaba lentamente a nosotros.

—Zacarías, ¿quieres ganarte un cobre°?

Blanqueaba los ojos golosos,° y tendía° una mano temblorosa.
115 —Da, pues, tres vueltas de carnero.°

cliente regular / *general store*

pest

massive

cloud of dust

pidiendo dinero / *curled up*
large, mimosa-like tree
twisted

shrill
gasp / frayed
de... *straw*
copper coin, penny
Blanqueaba... *He rolled his greedy eyes / stretched out*
Da... *Then spin around in the air three times.*

El mismo era el primero en reír del imposible con un chillido en-
trecortado, mientras movía la cabeza negativamente de un modo con-
tinuo.

120 Pero otras veces alguno tenía verdaderamente aquel centavo, y lo
sacaba a relucir en la mano.

—Te doy el cobre, si entras en la Blanquera.

Zacarías sacudía la cabeza afirmativamente y se encaminaba hacia la
casona seguido de todos nosotros, que nos íbamos rezagando a medida
que llegábamos.

125 Nos quedábamos a distancia. Desde la calle lo veíamos empujar las
tablas que cerraban la entrada y detenerse en el primer corredor.

—¡Más adentro! ¡Más adentro! —gritábamos y asustados lo veíamos
meterse hasta el centro del primer patio.

Eran para nosotros momentos de infinita tensión. Pensábamos que
130 íbamos a verlo desaparecer de pronto. Y cuando salía, arrastrándose sobre su palo y su pierna, lo mirábamos alelados.

—El cobre. El cobre.

Se lo dábamos.

—¿Qué viste, Zacarías, qué viste?

135 Pero él se reía apretando el centavo en la mano:

—Guá, niño, la casa. La casa. ¿Qué voy a ver, guá?

Aquel día llegó Zacarías y alguien tenía un centavo.

—Si entras en la Blanquera, pero bien adentrote, te damos este cobre,
Zacarías.

140 Y salimos en pandilla detrás del bobo. Le fue más fácil empujar las
tablas de la puerta.

—¡Bien adentro! —le decíamos desde la calle con angustia.

Todas nuestras miradas estaban sobre él. Zacarías avanzó vacilando
al compás de su palo, pero al llegar al primer corredor se detuvo. Parecía
145 estar mirando algo con asombro. Movía la cabeza como contestando.

No parecía oírnos cuando gritábamos:

—¡Más adentro!

Nosotros comprendimos que algo raro pasaba y callamos.

Zacarías se había devuelto caminando más a prisa.

150 Nos dio miedo. No pudimos esperarlo y antes de que llegara a la
calle nos desbandamos hacia la plaza.

Poco a poco regresamos a encontrarlo a medio camino.

—¿Qué viste, Zacarías?

—¿Qué pasó?

155 —¿Qué fue?

Todos preguntábamos a un tiempo nerviosamente.

—Hay gente.

shriek

broken

shine

shook

lagging behind

dumbfounded

Huh! (scornful)

a change

en... in a bunch

(ya está abierta)

nos... we dispersed

El asombro nos cortó la respiración.

—¿Un espanto, Zacarías?

160 —No, gente. Gente. Una vieja grande. Un señor también.

No podíamos comprender. Las lentas y difíciles respuestas del bobo nos acababan de confundir.

—¿Qué te dijeron? ¿Qué hacían?

Por largo rato Zacarías no hizo sino repetir:

165 —Sal de aquí. Sal de aquí. Fuera. Fuera.

Antes de seguir

1. ¿Quién es Petronila? ¿Cuántos años tendrá? ¿Será la abuela —o la bisabuela— de uno de los niños que la escuchan?
2. Según Petronila, ¿qué ocurrió en la casa hace muchos años?
3. ¿Por qué piensan los habitantes del pueblo que el fantasma de alguien vaga por la Blanquera?
4. ¿Entraban los niños en la Blanquera? ¿Por qué sí o por qué no?
5. Zacarías vio a gente en la Blanquera. ¿Quiénes serán la vieja y el hombre? Haga dos o tres suposiciones y compárelas con las de algunos compañeros de clase.

¿Cómo terminará la historia?

1. ¿Entrarán los niños en la Blanquera?
2. ¿Qué le pasará a Zacarías? ¿y a los niños?
3. ¿Alguien encontrará el tesoro enterrado? ¿Dónde estará? ¿Cuánto valdrá?

Parte 2

Por todo el pueblo corrió la noticia. Los muchachos la regamos.° Los mayores la comentaban.   *spread*

—Esa no es gente —decían algunas viejas—. Esos son los espantos de los blancos.

170 Pero otros ya habían recogido más información: Eran dos forasteros°   extranjeros
que nadie conocía. Que habían llegado sin tocar con nadie, directamente a la Blanquera. Un hombre y una mujer. Habían traído dos bestias de carga.

Las gentes empezaron a acercarse con curiosidad a la casa. Nada por
175 fuera parecía cambiado. Las tablas de la puerta permanecían cerradas.

Lo único que se oía repetidamente era como el golpe de un pico° en *pickaxe*
tierra. Estaban cavando.° *digging*

—Están sacando el entierro —empezó a decirse.

Pero nada lograban averiguar los que rondaban° la casa. *caminaban alrededor de*

Pasaron varios días sin que nadie los viera, ni pudiera hablarles.

En la pulpería oíamos los comentarios que los hombres hacían por la
tarde.

Esos son unos «musiúes»° que están sacando el entierro. Esa gente *extranjeros (from Fr. messieurs)*
tiene unas máquinas, que les dicen dónde hay oro. Van caminando con
la máquina y de repente la máquina avisa:° aquí. Y no tienen más que *anuncia*
abrir el hueco y encontrar los reales.

—¿Cuánto irán a sacar?

Los más de los que oían y comentaban eran peones:

—Mucha plata. Dos mil pesos por lo muy menos.

—¿Dos mil pesos? Qué sabe burro de freno.° Eso no es un real para *Qué... What would you know about*
esa gente. Sus cien mil pesos en oro sacan, para que lo sepa. *it?*

Hablaban de monedas y cifras engolosinadamente.° Monedas y cifras *greedily*
que no conocían.

—Esa fue el ánima que les dijo dónde estaba el entierro. La cosa es
tener brío° para verla y hablarle. Sí, hermana, en el nombre de Dios, *valor*
dígame, lo que quiera que yo la ayude para salir de sus penas. *escape from her suffering / your*

Por la noche Petronila comentaba junto al fogón:

—Esos no son cristianos. Ningún cristiano entra así en una casa como
ésa. Esos no le saben rezar° al ánima. Y si sacan esos reales así, se van a *pray*
condenar.

—¿Y encontrarán esos baúles, Petronila?

—Si no están para ellos, no. Si el ánima no les dice, no.

Cada chispa° que saltaba de la leña nos parecía una moneda de oro *spark*
viva. Cada ruido el paso de un fantasma. No podíamos pensar ahora
sino en aquellos extraños seres° que nadie conocía. *beings*

Ahora lo más del tiempo libre lo pasábamos en la vecindad de la
Blanquera. Oyendo a ratos el golpe de la excavación. Cada vez que se in-
terrumpía empezábamos a imaginarnos que era que los cavadores
habían encontrado el tesoro. Nos parecía ver a la sombra del patio el
hombre metido hasta los hombros en la fosa, sacando los huesos del esclavo, y después levantando la tapa del baúl.

Pero luego volvía a resonar° el piquetazo. *resound*

En el pueblo decían que las autoridades iban a venir a prender° a *apprehend*
aquellos intrusos. Que de un momento a otro llegaría una comisión ar-
mada para llevárselos presos.

Pero otros aseguraban que tenían permiso, y que antes de meterse en
la casa le habían enseñado sus papeles al Comisario.

tesoro = like oil of Venezuela controlled
by foreigners - not owned by the
people of the area.

Capítulo nueve

—¿Ustedes no se acuerdan de Mano Juan*?

Había preguntado una tarde en la pulpería el viejo Pedro Nolasco, hombre de muchos años y mucha experiencia que venía de vez en cuando del campo.

—Qué van a acordarse si eso fue antes de la guerra larga. Mano Juan fue el que sacó el entierro de la Blanquera. El que busque ahora pierde su tiempo. Yo se los digo.

—¿Y cómo lo sabe, viejo?

—Cómo no lo voy a saber. Mano Juan era el hombre más rico y más parrandero° del pueblo. Y un buen día se fue y no se volvió a saber de él. Dejó una buena hacienda que se enmontó° y se perdió. Dejó la casa hasta que se le cayó el techo y las paredes. Eso es lo que la gente sabe. Pero lo que no saben es que Mano Juan se fue porque sacó el entierro de la Blanquera. Embojotado° en hojas de plátano, y metido en sacos de cacao, se llevó el oro. Yo conocí uno de los peones que le llevó el arreo. Por la punta de un saco, en un descuido, pudo sacar unas onzas y con eso vivió sin trabajar hasta que se murió.

Todo el pueblo parecía reposar en la siesta. Los perros y las moscas dormitaban a la sombra de los aleros.° Un sol caliente y espeso° como caldo° llenaba la calle larga. Los demás muchachos no habían venido. Yo solo había ido avanzando por el borde de la zanja que orilleaba° la calle. Hasta que llegué a la Blanquera.

En la esquina me detuve. El sol la levantaba° más maciza. No se oía el ruido de la excavación.

No sé cuanto rato tendría allí, cuando de pronto apareció aquella figura en la puerta. Era una mujer delgada y alta, vestida de negro. Vio hacia donde yo estaba y me hizo seña de acercarme.

Yo quedé como petrificado de angustia.

—¿A mí? ¿A mí? —repetía maquinalmente, tocándome el pecho con la mano sin acertar a responder.

—Ven acá, muchacho.

Me fui acercando frío y anhelante.° No podía hacer otra cosa. Conforme° me aproximaba la iba viendo mejor. El traje negro le llegaba al suelo. No se le veían los pies. Y en la falda y en las mangas tenía manchas de tierra. De tierra seca polvorienta y de tierra húmeda, profunda. La cara era huesosa° y descarnada.° Unas mechas de pelo blanco o rubio le asomaban por debajo de la toca° negra.

Llevaba en el brazo una cesta que me tendió.

—Toma y acompáñame.

	fond of carousing
	se... *reverted to scrub*
	Wrapped
	eaves / thick
	broth
	zanja... *ditch that bordered*
	hacía parecer
	anxious
	A medida de que
	bony / emaciated
	kerchief, cloth

---
* «Mano Juan» es probablemente una abreviatura coloquial del apodo «Hermano Juan», una forma común entre los habitantes de un pueblo pequeño de referirse a las personas de la misma clase social.

Le faltaban muchos dientes y los que le quedaban eran amarillos y grandes. Como de caballo.

Yo tomé la cesta y la fui siguiendo por la calle. El sol recortaba aquella sombra negra y yo no tenía ojos para más nada. Nadie estaba en la calle. Nadie podía verme ni ayudarme. La angustia me apretaba la garganta y me nublaba° los ojos. *clouded*

A ratos me venían impulsos de hablarle. Si tuviera fuerza para sacar la voz le diría. ¿Qué le diría? Anima bendita. No. Era una mujer. Misia. ¿No le ha salido el espanto? ¿No le da miedo vivir en esa casa? ¿Encontraron el entierro?

Pero cómo me hubiera atrevido, si casi no respiraba. Ni una vez se volvió a mirarme durante todo el camino.

Cuando me di cuenta estábamos en la pulpería. El pulpero la vio con tanta extrañeza como a mí. No había nadie más.

Fue pidiendo algunas cosas de comer. Fue entonces cuando me di cuenta que su voz sonaba distinta a todas las del pueblo. Sonaba como si tuviera una dificultad. Eran pocas palabras y arrastradas.

Lo que compraba me lo iba poniendo en la cesta.

Para pagar sacó una moneda de plata. Debía tener algo raro porque el pulpero la tomó en la mano y le dio vueltas con curiosidad.

—Esta moneda no es de aquí. No la puedo recibir.

Ella sonrió. Volvió a asomar aquellos pocos dientes amarillos y largos. Recobró la moneda que yo no pude ver y estuvo un rato hurgando° *rummaging around*

142

en un gran bolsillo que llevaba dentro de la falda. Sacaba centavos, rea-
litos, monedas menudas y diversas, hasta completar el pago.

Regresamos. Ahora sentía yo el miedo de irnos acercando a la Blanquera. Temía que me hiciera entrar y al mismo tiempo deseaba poder
asomarme para ver lo que pasaba adentro.

Cuando llegamos se oía el golpe de los piquetazos. Lentos, espacia-
dos.

No me dejó pasar del dintel.° El corazón me palpitaba con violencia. *doorway*
Tomó la cesta. Me puso en la mano un puñado° de caramelos amarillos *handful*
y empujó las tablas cerrándome la vista que no me atrevía a dirigir al
patio.

Me alejé sofocado° a contarle aquello a alguien. A descargarme.° A *choking / unload*
salvarme. Por el camino tiré los caramelos a un tejado.° Alejándome *tiled roof*
volvía la cabeza y los veía brillar entre las tejas oscuras.

Se habían ido. Todos en el pueblo lo dijeron. Mientras estuvieron
pareció muy largo. Pero al marcharse pareció que lo habían hecho muy
pronto.

Nadie los vio marcharse. Debieron haber salido de noche o en la alta
madrugada. Nadie los había tropezado en el camino. No se sabía
siquiera qué camino habían tomado.

Pero ya no se oía a ratos en el día el golpe de los piquetazos. Ya la
Blanquera había vuelto a estar sola y silenciosa.

Los grandes hablaban del tesoro. Y los muchachos oíamos y
repetíamos. Unos decían que eran unos extranjeros que habían venido
con papeles e informaciones seguras y habían podido sacar rápidamente los entierros. Otros negaban. Decían que habían fracasado.° Que *failed*
habían excavado inútilmente por días y noches y que no habían podido
resistir por más tiempo la espantosa aparición del ánima de la Blanquera.

Algunos otros, y Petronila estaba entre ellos, decían que no se habían
ido, sino que habían desaparecido. Que el ánima ofendida se los había
llevado para el otro mundo.

Ahora la Blanquera parecía más sola, más imponente y más miste-
riosa. Ahora hablábamos de ella con más frecuencia y todo el pueblo
parecía sobrecogido° ante su presencia. *miedoso*

Hasta que nos decidimos a entrar. Eramos Zacarías el bobo y seis
muchachos más. Los mismos que corríamos siempre juntos en la plaza y
en la calle larga.

Varias veces nos prometimos hacerlo pero en llegando a la puerta nos
deteníamos y nos desbandábamos.

Hasta que aquella tarde Zacarías siguió deslizándose° hacia adentro, *slipping and sliding*
y aunque vacilando los otros lo seguimos.

La Blanquera   **143**

Habíamos desembocado° al primer patio. La luz era mucho menos clara que en la calle. Arboles y matas° muy tupidos° llenaban el espacio abierto. Todo el suelo, el del patio y el de los corredores, estaba cubierto de hojas secas. Los pasos crujían.° Todo parecía grande y hueco.°

325

Detrás de los corredores se abrían las puertas de las alcobas. Algunas ya no tenían techos y estaban llenas de arbustos y hierbas.

Nos sentíamos en peligro. Algo horrible podía sucedernos. Avanzábamos poco. Nos manteníamos juntos mirando con recelo° a todos lados. Paseando los ojos por todo aquello oscuro y sucio y frío.

330

Estuvimos detenidos largo rato sin hablar, sin movernos, sin separarnos. Tan sólo Zacarías seguía adelantando.

Olía a hojas podridas° y el aire parecía de cueva.

Se oyó la risita de Zacarías. Nos volvimos a verlo. Estaba en el borde del patio y señalaba con la mano hacia el suelo.

335

Nos fuimos acercando muy lentamente. Era un montón de tierra recién removida junto a una zanja honda. Parecía una fosa del camposanto.°

Nos mirábamos las caras anhelantes.° Sentíamos palpitar la sangre apresurada en las sienes,° en los ojos, en los dedos. Nadie daba un paso. Nadie hablaba. Todo estaba quieto y como muerto. Yo no sé cuánto tiempo duró aquella angustia.

340

De pronto sonó un ruido ancho y sordo en toda la casa. Cambió el aire, todo pareció moverse. Un golpe de brisa bajaba por los árboles moviéndolos y arrastrando el rumor de las hojas secas por los patios, por los corredores, por las alcobas.

345

Sin más corrimos huyendo. Atropelladamente.° Hacia la calle. Había que salir. Había que salvarse. Había que escapar de la Blanquera.

Margin glosses:
entrado
bushes / dense
crunched / hollow
con... *suspiciously*
decomposed
cementerio
temples
Willy-nilly.

Reflexiones sobre la lectura

◆ ◆ ◆ ◆ ◆ ◆ ◆ ◆ ◆ ◆ ◆ ◆ ◆ ◆

Comprensión

A Ponga las siguientes citas en el orden en que ocurrieron en el cuento, y luego indique quién dijo cada una.

1. _____ Había que escapar de la Blanquera.

2. _____ Nadie los vio marcharse.

3. _____ ...el amo no salió sino mucho después. ...Se quedó en la casa sólo con un esclavo.

4. _____ ...entraban y salían por la puerta de campo esos arreos de mulas cargados de cacao, de panes de azúcar, de quesos y de plátanos.

5. _____ ...el espanto empezó a salir.

6. _____ Después salió la misia con los niños.

7. _____ ...vino la guerra.

8. _____ —Están sacando el entierro —empezó a decirse.

9. _____ ...nos decidimos a entrar.

10. _____ De pronto sonó un ruido ancho y sordo en toda la casa.

B La Guerra Civil de los Estados Unidos (1861–1865) tuvo un efecto enorme en la vida de las plantaciones en el sur del país. Muchas de las bellas casonas fueron abandonadas por sus dueños —las familias adineradas— y otras fueron destruidas. ¿Cómo era la Blanquera cuando vivían allí los blancos? ¿Qué cambios ocurrieron con el reclutamiento y la guerra?

C Haga una lista de los dichos populares, expresados por varios habitantes del pueblo, que tienen que ver con la Blanquera. ¿Qué tienen en común?

D Describa los siguientes elementos del cuento, apoyando sus descripciones con citas específicas.

1. El pueblo: ¿Cómo es? ¿Es un lugar lleno de vida o es somnoliento? ¿Es próspero o pobre? ¿Tienen buena educación los niños? ¿Son de familias adineradas?

2. El fantasma: ¿Quién es? ¿Por qué vaga por la casa? ¿Por qué quiere hablar con alguien?

3. La leyenda del tesoro enterrado: ¿En qué se supone que consiste el tesoro? ¿Quién lo escondió? ¿Por qué nadie lo descubrió en tantos años?

4. La vieja: ¿Tiene las características de una bruja? ¿Cuáles son? ¿Es blanca? ¿Por qué le pide al narrador que la acompañe a la tienda? ¿Cómo se despide de él? Después de esta experiencia, ¿cómo cambia la actitud del narrador con respecto a la Blanquera?

Consideraciones

A ¿De dónde vienen las leyendas, en general? ¿Cómo es que leyendas como la de la Blanquera pueden captar la imaginación de la gente de un pueblo pequeño y no la de los habitantes de una gran ciudad como Caracas? ¿Cuáles son algunas de las generalizaciones que se puede hacer con respecto al hecho de creer o no creer en las leyendas y en su transmisión a través de las generaciones? Trabaje con algunos compañeros para hacer una lista de razones que apoyen sus opiniones.

B En el cuento hay muchas referencias a la luz, a la falta de luz y a la sombra. Busque ejemplos de cada uno de estos elementos y explique sus posibles efectos en los lectores del cuento.

C ¿Por qué dejaron de cavar los forasteros? ¿Cree Ud. que hubieran encontrado el tesoro? ¿Por qué sí o por qué no?

D Cuando Zacarías y los niños entran en la casa, ésta está oscura y muy quieta, y huele a hojas podridas.

- Parece que la casa está desierta. ¿Cuál será la causa del ruido?
- El narrador dice que él y sus amigos se sienten en peligro. ¿En qué consistirá el peligro de esa casa abandonada? ¿Cree Ud. que sea un peligro verdadero o imaginario? Explique.

Técnicas literarias • El marco escénico

De la misma manera que un(a) cuentista escoge las acciones importantes para la trama, también tiene que determinar en qué tiempo y lugar va a localizarlo. El marco escénico tiene una función específica: la de preparar a los lectores para el desarrollo del cuento. Tiene efecto en la creación de los personajes y en la acción en que ellos participan. El marco escénico debe presentar un mundo vívido, que sea creíble.

A En «La Blanquera», Uslar Pietri pinta un cuadro detallado de una mujer, un grupo de muchachos y un pueblo con todos sus habitantes.

- Llene la telaraña con las palabras que se usan para describir los siguientes elementos del cuento.

los chicos   Petronila   los sonidos

«La Blanquera»

la casa   los olores   el pueblo

- ¿Cree Ud. que la descripción que hace Uslar Pietri sea realista? ¿idealista? Explique.

En «La Blanquera» hay un cuento dentro del cuento: la historia de la casa misma.

- Llene la tabla de la siguiente página con palabras descriptivas apropiadas.

146

	ANTES DE LA GUERRA	DESPUES DE LA GUERRA
las habitaciones de la casa		
los dueños de la casa		
los otros habitantes de la casa		

- Los escritores siempre utilizan a propósito ciertas palabras para crear un ambiente que tendrá un efecto determinado sobre los personajes y la acción del cuento. Repase la información anterior, y luego indique cuáles de las siguientes palabras reflejan el ambiente de este cuento.
  - ☐ aterrorizante
  - ☐ creíble
  - ☐ deprimente
  - ☐ lleno de esperanza
  - ☐ místico
  - ☐ misterioso
  - ☐ neutral
  - ☐ optimista
  - ☐ siniestro
  - ☐ triste
- Finalmente, piense en el tema de este cuento. ¿Por qué es importante este ambiente en particular para este tema?

◆B◆ El marco escénico debe relacionarse bien con los demás elementos literarios. Trabajando en grupos pequeños, decidan si «La Blanquera» tendría igual impacto si se hicieran las siguientes modificaciones en el cuento. Expliquen sus respuestas.

1. La Blanquera es una casa abandonada pero una casa mediana, sin trazas de ninguna opulencia previa.
2. La Blanquera es una mansión elegante de los años ochenta de este siglo.
3. Los habitantes de la Blanquera son una pareja de ancianos que viven con su perro.
4. El grupo que escucha a Petronila está formado por niñas solamente.
5. Los chicos pertenecen a familias adineradas y asisten a un colegio particular.
6. La Blanquera se encuentra en el sur de los Estados Unidos.

Un paso más

Representaciones

A Imagínese que alguien ha encontrado una bolsa con algunas monedas cerca de la puerta de entrada de la Blanquera. Hagan todos el papel de parroquianos de la pulpería del pueblo que hablan de tal suceso.

B Trabajando en parejas, representen una conversación entre un vendedor / una vendedora de bienes raíces (*real estate*) y un hombre / una mujer de negocios. El vendedor / La vendedora trata de convencer a la otra persona de que debe comprar la Blanquera para convertirla en parador (*inn*).

C En parejas, escriban y representen un diálogo entre el antiguo dueño de la Blanquera y su esposa, en la víspera de la guerra. Saben que tienen que abandonar la casa. Hablen de sus sentimientos, del lugar que van a escoger para vivir y todas las cosas que tienen que hacer antes de irse.

D Imagínese que Ud. es periodista. Ha oído hablar de la leyenda de la Blanquera y quiere investigar más para escribir un artículo en un periódico de Caracas. Trabaje con un compañero / una compañera para representar una entrevista acerca del tema, primero con Petronila y luego con el narrador.

Conversación

A ¿Creen Uds. en fantasmas, ángeles u otros espíritus? ¿Cómo afectan su vida estas creencias? ¿Siempre las han tenido? ¿Son resultado de alguna experiencia suya en particular?

B Imagínense que Uds. son padres de niños entre seis y ocho años de edad. Hablen de la película recién estrenada *La Blanquera*. ¿Creen que será apropiada para sus hijos? ¿Tendrá demasiada violencia? ¿Será demasiado espantosa? Justifiquen sus opiniones.

C Hable con cuatro o cinco compañeros para averiguar quiénes escuchaban o contaban cuentos de fantasmas cuando eran niños y quiénes no. ¿Por qué creen que existe esta diferencia? ¿Tiene que ver con el lugar donde Uds. se criaron (en la ciudad o el campo), las tradiciones de familia u otras causas? Para los que sólo los escuchaban, ¿dónde y cuándo los escuchaban? ¿Quién(es) se los contaba(n)? Para los que sólo los contaban, ¿dónde, cómo y a quiénes se los contaban? ¿Cuáles eran las tramas más comunes? ¿más exageradas? ¿más fáciles de crear?

Composición

A Considerando la información al principio del cuento, escriba instrucciones para encontrar el tesoro enterrado. Ilustre sus instrucciones si quiere, y ¡no se olvide de marcar con una X el lugar donde está el tesoro!

B Escriba un anuncio para la venta de la Blanquera. Describa la propiedad, la casa misma, la vecindad, la historia de la casa y las posibilidades que ofrece. ¿Cuánto vale la casa?

C Trabajando en grupos de cuatro o cinco personas, escriban un cuento de fantasmas que tenga como escenario un edificio de esta ciudad o pueblo.

D Escriba un desenlace distinto para el cuento desde la perspectiva del narrador cuando éste tenga unos sesenta años. ¿Serán diferentes sus recuerdos, ahora que es mucho mayor? ¿De qué manera?

E Escriba una composición de aproximadamente dos páginas dando su propia opinión sobre este cuento. Hable de los siguientes aspectos: su reacción al leer el cuento, los personajes, el marco escénico, la voz narrativa y el desarrollo de la trama. ¿Qué le gustó más? Si Ud. pudiera hablar con el autor del cuento, ¿qué le aconsejaría que cambiara o agregara?

En resumen

Escriba una descripción de cada elemento con referencia a este cuento.

El tema	El punto de vista
El tono	El marco escénico
Los personajes	La trama
El narrador / La narradora	El clímax

Ahora, escriba una breve comparación de este cuento con los otros que ha leído en este libro, enfocando en los rasgos que hacen que «La Blanquera» sea diferente y único.

Finalmente, conteste las siguientes preguntas.

1. ¿Cuál de estos cuentos es su favorito? ¿Por qué?
2. ¿Cambiaría Ud. algo en su cuento favorito? ¿Qué cambiaría y cómo lo haría?
3. En su opinión, ¿cuáles son las características más importantes de un gran cuento? Explique.

Lecturas adicionales

◆ ● ◆ ● ◆ ● ◆ ● ◆ ● ◆ ● ◆ ● ◆ ● ◆ ●

Después de la soledad
◆ ● ◆ ● ◆ ● ◆
Humberto J. Peña
(Cuba, 1928–)

Había llovido mucho por varios días, días en los que no había podido
salir de mi cabaña. La lluvia había arreciado° el frío que normalmente
nos castigaba en esta época del año. Con mis escasos ahorros° había
adquirido esta cabaña con la idea de vivir en ella mis últimos años; en
5　realidad la había comprado con la idea de apartarme de todo y de todos,
idea ésta que se afianzaba° más en mí cada vez que sin quererlo° me
miraba en el espejo. Ya estaba viejo, muy viejo, mi barba era blanca y
descuidada. El cabello° se confundía con la barba. De mis ojos sólo quedaba un rastro imperceptible de aquella mirada de antaño.° La parte del
10　rostro que se podía ver estaba lleno de arrugas.° No, no podía permitir
que otros me vieran, era una derrota° que no podía asimilar.° Aquí me
pasaba los días escribiendo y así se me pasaba el tiempo. De vez en
cuando recibía algún cheque por derecho de autor° que evitaba que mis
pequeños ahorros desaparecieran totalmente. Llevaba una vida acep-
15　table y recomendable para un hombre que ya siente la derrota total
próxima.°

　　Debido a la lluvia constante de los últimos tres días no había podido
dar mis largos paseos por el bosque que rodeaba la cabaña hasta llegar
al río, allí me sentaba debajo de un árbol y me cubría con una manta°
20　que llevaba. Así escribía hasta el mediodía en que mis pobres y gasta-
dos° huesos ya no podían soportar más el frío y entonces regresaba a la
cabaña tomando el mismo camino. Hoy tenía que salir a caminar, no importaba lo mojada° que estuviera la tierra o la yerba, no importaba el
peligro de un resbalón° y la posibilidad de la fractura de una pierna, lo
25　que, desde luego° significaría una muerte segura, lenta y dolorosa, pero
segura; probablemente podría llegar a sentir el olor de la descomposición de la pierna gangrenada. Con estos pensamientos emprendía° mi

aggravated
savings

se... *grew stronger* / sin...
　unintentionally

pelo
long ago
wrinkles
defeat / *handle*

derecho... *royalties*

cercana

blanket

worn-out

lo... *how wet*
slip
desde... sin duda

I set out on

caminata por el bosque. Vi los sauces llorones,° los pinos altísimos, los

sauces... *weeping willows*

fuertes robles,° los castaños,° las flores extrañas y sin nombre, sentí los

oak trees / chestnut trees

30   mismos olores ya sentidos, olores que eran diferentes según los tramos°

parts

del bosque y que se superponían hasta quedar uno solo, pero por sobre
todos siempre se olía a humedad. Vi las grandes sombras de los bosques
y sus fantasmas. Me imaginé de niño corriendo entre los grandes árboles descubriendo animales que nadie conocía y huyendo de insectos
35   raros; pero cuando yo era niño no había ningún bosque cercano a mi
casa a no ser° el de asfalto y no había ningún otro árbol que los au-

a... unless you counted

tomóviles que pasaban y que no nos dejaban gozar nuestro bosque.
Lamentándome de mi niñez de ciudad, llegué a mi árbol, me senté sobre
unos periódicos, único contacto mío con el mundo exterior, me puse la
40   manta alrededor mío y empecé a escribir. Había decidido que ésta que
escribía sería mi última novela; después y mientras llegaba lo inevitable,
sólo escribiría cuentos. Estaba escribiendo un diálogo sostenido° entre

lengthy

Virginia y un visitante cuando oí la voz de mujer. Paré de escribir de inmediato, no podía ser que estuviera tan ensimismado° en lo que estaba

absorbed

45   escribiendo que oyera a Virginia hablar. Por otro lado, hacía meses que
no oía a humanos hablar. Vivía totalmente aislado, el pueblo más cercano quedaba a 18 kilómetros° y a él tenía que ir a recoger la correspon-

quedaba... was 18 kilometers away

dencia y hacía meses que no iba. Traté de escuchar con más cuidado
pero sólo oía la voz en la lejanía.° Luego noté que se acercaba y me irritó

distancia

50   que alguien importunara° mi soledad. Al acercarse la voz, noté que no

would intrude upon

hablaba, sino gritaba. Repentinamente surgió una voz de hombre que la
tapó,° ya podía entender las palabras, se acercaban cada vez más y yo

la... drowned it out

trataba de verlos, pero no podía determinar la dirección por donde
venían, entonces vi acercarse a lo lejos un bote con una mujer y un hom-
55   bre jóvenes de pasajeros, discutían y ya frente a mí el bote, el hombre
abofeteó° a la mujer. Yo me paré sorprendido, después empezó a ahor-

pegó

carla.° En el idioma que se habla aquí, le grité a la mujer que nadara

strangle her

hasta mí. El hombre se sorprendió de que hubiera algún ser humano en
estas desoladas regiones y no podía salir de su estupor. Esta situación
60   fue aprovechada por la muchacha para tirarse a las heladas° aguas del

icy

río. Con esfuerzo extraordinario nadó hasta donde yo estaba. El hombre
remó° rápidamente para perderse de mi vista. Ayudé a la muchacha a

rowed

salir del río. Estaba helada, la cubrí con mi frazada y le di a tomar del
cogñac que llevaba en mi cantimplora.° Caminamos hasta mi cabaña.

flask

65   Mientras se bañaba le preparé una taza de té caliente. Al poco rato salió
del baño secándose el pelo. Se sentó a la mesa y empezó a contarme el
por qué de la escena. La interrumpí diciéndole que ella no estaba obligada a contármelo y que por favor no lo hiciera. Se sonrió. Le dije que al
día siguiente la llevaría al pueblo en donde podría coger un ómnibus o

70 taxi para trasladarse adonde quisiera. Después se empeñó en ser ella la que cocinara. En realidad hacía tiempo que no comía tan sabroso. Cuando terminamos de comer se puso a registrar mis libros y se sorprendió al ver mi fotografía en la contraportada° de varios. Le dije que se llevara uno a la habitación y que lo leyera antes de dormirse.

75 Al día siguiente, mientras preparaba las cosas para la gran caminata que nos esperaba, ella salió de la habitación y se abrazó a mí diciéndome: «Si no te opones, yo quiero quedarme aquí contigo; me trataste anoche con una ternura° y un amor tal que ya nunca lo podré olvidar.»

Miré por la ventana, el sol estaba saliendo calentando el frío otoño en 80 que vivía.

back cover

tenderness

El desayuno

❖ ❖ ❖ ❖ ❖ ❖ ❖ ❖

Amparo Dávila
(México, 1928–)

CUANDO Carmen bajó a desayunar a las siete y media, según costumbre de la familia, todavía no estaba vestida, sino cubierta con su bata de paño azul marino° y con el pelo desordenado. Pero no fue sólo esto lo que llamó la atención de los padres y del hermano, sino su rostro
5 demacrado° y ojeroso° como el de quien ha pasado mala noche o sufre una enfermedad. Dio los buenos días de una manera automática y se sentó a la mesa dejándose casi caer sobre la silla.

paño... navy blue terry cloth

drawn / haggard

—¿Qué te pasa? —le preguntó el padre, observándola con atención.

—¿Qué tienes, hija, estás enferma? —preguntó a su vez la madre
10 pasándole un brazo por los hombros.

—Tiene cara de no haber dormido —comentó el hermano.

Ella se quedó sin responder como si no los hubiera escuchado. Los padres se miraron de reojo,° muy extrañados° por la actitud y el aspecto de Carmen. Sin atreverse a hacerle más preguntas comenzaron a de-
15 sayunar, esperando que en cualquier momento se recobrara. «A lo mejor anoche bebió más de la cuenta° y lo que tiene la pobre es una tremenda cruda°», pensó el muchacho. «Esas constantes dietas para guardar la línea° ya deben de haberla afectado», se dijo la madre al ir hacia la cocina por el café y los huevos revueltos.

de... out of the corners of their eyes / perplexed

de... than she should have

hangover (Mex.)

guardar... maintain her figure

20 —Hoy sí iré a la peluquería antes de comer —dijo el padre.

—Hace varios días que intentas lo mismo —comentó la mujer.

—Si vieras cuánta pereza me da el solo pensarlo.°

—Por esa misma razón yo nunca voy —aseguró el muchacho.

—Y ya tienes una imponente melena° de existencialista. Yo no me
25 atrevería a salir así a la calle —dijo el padre.

cuánta... how tired I feel just thinking about it

imponente... wild mane

—¡Si vieras qué éxito!° —dijo el muchacho.

¡Si... You should see what a hit it is!

—Lo que deberían hacer es ir juntos al peluquero —sugirió la madre mientras les servía el café y los huevos.

Carmen puso los codos sobre la mesa y apoyó la cara entre las
30 manos.

—Tuve un sueño espantoso —dijo con voz completamente apagada.°

subdued, listless

—¿Un sueño? —preguntó la madre.

—Un sueño no es para ponerse así, niña —dijo el padre—. Anda, desayúnate.

35 Pero ella parecía no tener la menor intención de hacerlo y se quedó inmóvil y pensativa.

—Amaneció en trágica,° ni modo° —explicó el hermano sonriendo—. ¡Estas actrices inéditas°! Pero mira, no te aflijas,° que en el teatro de la escuela pueden darte un papel...

40 —Déjala en paz —dijo la madre disgustada—. Lo único que consigues es ponerla más nerviosa.

El muchacho no insistió en sus bromas y se puso a platicar° de la manifestación que habían hecho los estudiantes, la noche anterior, y que un grupo de granaderos° dispersó lanzando gases lacrimógenos.°

45 —Precisamente por eso me inquieto tanto por ti —dijo la mujer—; yo no sé lo que daría porque° no anduvieras en esos mítines tan peligrosos. Nunca se sabe cómo van a terminar ni quiénes salen heridos, o a quiénes se llevan a la cárcel.

—Si le toca a uno, ni modo —dijo el muchacho—. Pero tú comprenderás que no es posible quedarse muy tranquilo, en su casa, cuando
50 otros están luchando a brazo partido.°

—Yo no estoy de acuerdo con esas tácticas que emplea el gobierno —dijo el padre mientras untaba° una tostada con mantequilla y se servía otra taza de café— no obstante que° no simpatizo con los mítines estudiantiles porque yo pienso que los estudiantes deben dedicarse sencilla-
55 mente a estudiar.

—Sería difícil que una gente «tan conservadora» como tú entendiera un movimiento de este tipo —dijo el muchacho con ironía.

—Soy, y siempre he sido, partidario de la libertad y de la justicia
60 —agregó el padre—, pero en lo que no estoy de acuerdo...

—Soñé que habían matado a Luciano...

—En lo que no estoy de acuerdo —repitió el padre—, ¿que habían matado a quién? —preguntó de pronto.

—A Luciano.

65 —Pero mira hija que ponerse así por un sueño tan absurdo; es como si yo soñara cometer un desfalco° en el banco y por eso me enfermara —dijo el padre limpiándose los bigotes con la servilleta—. También he soñado, muchas veces, que me saco la lotería, y ya ves...

—Todos soñamos a veces cosas desagradables, otras veces cosas her-
70 mosas —dijo la madre—, pero ni unas ni otras se realizan. Si quieres tomar los sueños según la gente los interpreta, muerte o ataúd significan larga vida o augurio° de matrimonio, y dentro de dos meses...

—¡Y qué tal aquella vez —dijo el hermano dirigiéndose a Carmen— que soñé que me iba con Claudia Cardinale de vacaciones a la montaña!
75 Ya habíamos llegado a la cabaña y las cosas empezaban a ponerse buenas cuando tú me despertaste, ¿te acuerdas de lo furioso que me puse?

—No recuerdo muy bien cómo empezó... Después estábamos en el departamento° de Luciano. Había claveles° rojos en un florero, tomé

Amaneció... *She's just looking for sympathy* / ni... *there's nothing you can do about it*
inéditas° *undiscovered* / te... *get upset*

charlar

soldados / gases... *tear gas*

para que

a... *hand to hand*

he smeared
no... *nevertheless*

embezzlement

anuncio

apartamento / *carnations*

uno, el más lindo y fui hacia el espejo (comenzó a contar Carmen con
una voz pausada y lisa,° sin inflexiones). Me puse a jugar con el clavel.   *even*
Tenía un olor demasiado fuerte, lo aspiré varias veces. Había música y
tuve deseos de bailar. Me sentí de pronto tan contenta como cuando era
niña y bailaba con papá. Comencé a bailar con el clavel en la mano como
si hubiera sido una dama del siglo pasado. No me acuerdo cómo estaba
vestida... La música era linda y yo me abandonaba por completo. Nunca
había bailado así. Me quité los zapatos y los tiré por la ventana. La
música no terminaba nunca y yo comencé a sentirme muy fatigada y
quise detenerme a descansar. No pude dejar de moverme. El clavel me
obligaba a seguir bailando...

—No me parece que éste sea un sueño desagradable —comentó la
mujer.

—Olvídate ya de tu sueño y desayúnate —le rogó° nuevamente el   *pleaded*
padre.

—No te va a alcanzar el tiempo para vestirte y llegar a la oficina
—agregó la madre.

Como Carmen no dio la menor muestra° de atender° lo que le decían,   *indicación / escuchar*
el padre hizo un gesto de desaliento.°   *futility*

—El sábado será por fin la cena para don Julián; habrá que mandar el
traje oxford a la tintorería,° creo que necesita una buena planchada —le   *dry cleaner's*
dijo a su mujer.

—Lo mandaré hoy mismo para tener la seguridad de que esté listo el
sábado, a veces son tan informales.°   *unreliable*

—¿En dónde va a ser la cena? —preguntó el muchacho.

—Todavía no nos hemos puesto de acuerdo, pero lo más seguro es
que sea en la terraza del Hotel Alameda.

—¡Qué elegantes! —comentó el muchacho—. Te va a gustar mucho
—le aseguró a la madre—, tiene una vista magnífica.

—Yo no sé ni qué voy a ponerme —se lamentó la mujer.

—Te queda muy bien el vestido negro —le dijo el hombre.

—Pero siempre llevo el mismo, van a pensar que es el único que
tengo.

—Si quieres ponte otro, pero realmente te va muy bien ese vestido.

—Luciano estaba contento, mirándome bailar. De una caja de cuero°   *caja... leather pouch*
sacó una pipa de marfil.° De pronto terminó la música, y yo no podía de-   *ivory*
jar de bailar. Lo intenté muchas veces. Desesperada quise arrojar° el   *to throw down*
clavel que me obligaba a seguir bailando. Mi mano no se abrió. Entonces
hubo otra vez música. De las paredes, del techo, del piso, salían flautas,
trompetas, clarinetes, saxofones. Era un ritmo vertiginoso.° Un largo   *dizzying*
grito desgarrado° o una risa jubilosa. Yo me sentía arrastrada por aquel   *horrifying*
ritmo, cada vez más acelerado y frenético. No podía dejar de bailar. El

clavel me había poseído. Por más que lo intentaba no podía dejar de bailar, el clavel me había poseído...

Los tres se quedaron unos minutos esperando que Carmen continuara el relato; después se miraron comunicándose su extrañeza y siguieron desayunando.

—Dame un poco más de huevo —pidió el muchacho a la madre y miró de reojo a Carmen que se había quedado ensimismada, mientras pensaba: «cualquiera diría que fumó mariguana.»

La mujer le sirvió al muchacho y tomó un vaso con jugo que estaba frente a Carmen.

—Bebe este jugo de tomate, hija, te sentará bien —le rogó.

Al mirar el vaso que le ofrecía su madre, el rostro de Carmen se desfiguró totalmente.

—¡No, por Dios, no, no, así era su sangre, roja, roja, pesada,° pega-josa,° no, no, qué crueldad, qué crueldad! —decía golpeando las palabras y escupiéndolas.° Después escondió la cara entre las manos y comenzó a sollozar.°

La madre, afligida, le acarició la cabeza.

—Estás enferma, hija.

—¡Claro! —dijo el padre exasperado—. Trabaja mucho, se desvela° todas las noches, si no es el teatro, es el cine, cenas, reuniones, en fin ¡aquí está el resultado! Quieren agotarlo todo de una sola vez. Les enseña uno moderación y «tú no sabes de estas cosas, en tu tiempo todo era diferente», es cierto, uno no sabe de muchas cosas, pero por lo menos no acaba en...

—¿Qué estás insinuando tú? —la voz de la mujer era abiertamente agresiva.

—Por favor —intervino el hijo—, esto ya se está poniendo insoportable.°

—Luciano estaba recostado en el diván° verde. Fumaba y reía. El humo le velaba° la cara. Yo sólo oía su risa. Hacía pequeños anillos con cada bocanada° de humo. Subían, subían, luego estallaban,° se rompían en mil pedazos.° Eran minúsculos seres de cristal: caballitos, palomas, venados,° conejos, búhos,° gatos... El cuarto se iba llenando de animalitos de cristal. Se acomodaban° en todos lados como espectadores mudos. Otros permanecían suspendidos en el aire, como si hubiera cuerdas° invisibles. Luciano reía mucho al ver los miles de animalitos que echaba en cada bocanada de humo. Yo seguía bailando sin poder parar. Apenas si tenía sitio donde moverme, los animalitos lo invadían todo. El clavel me obligaba a bailar y los animalitos salían más y más, cada vez más; hasta en mi cabeza había animalitos de cristal; mis cabellos eran las ramas de un enorme árbol en el que anidaban.° Luciano se reía a carca-

heavy

sticky

spitting them out

sob

se... she stays up late

intolerable

sofá

was hiding

mouthful / they burst

pieces

deer / owls

Se... They settled down

strings

they made their nests

jadas° como yo nunca lo había visto. Los instrumentos también comenzaron a reírse, las flautas y las trompetas, los clarinetes, los saxofones,
165   todos se reían al ver que yo ya no tenía espacio donde bailar, y cada vez
salían más animalitos, más, más... Llegó un momento en que casi no me
movía. Apenas me balanceaba. Después ya ni eso pude hacer. Me habían
cercado° por completo. Desolada miré el clavel que me exigía bailar. ¡Ya
no había clavel, ya no había clavel, era el corazón de Luciano, rojo,
170   caliente, vibrante todavía entre mis manos!

   Los padres y el hermano se miraron llenos de confusión sin entender
ya nada. Sobre ellos había caído, como un intruso que rompiera el ritmo
de su vida y lo desorganizara todo, el trastorno° de Carmen. Se habían
quedado de pronto mudos y vacíos, temerosos de dar cabida a° lo que
175   no querían ni siquiera pensar.

   —Lo mejor será que se acueste un rato y tome algo para los nervios,
o de lo contrario todos terminaremos mal —dijo por fin el hermano.

   —Sí, en eso estaba pensando —dijo el padre—; dale una de esas
pastillas que tomas —ordenó a la mujer.

180   —Anda, hija, sube a recostarte° un rato —decía agobiada° la madre,
tratando de ayudarla a levantarse, sin tener ella misma fuerzas para
nada—. Llévate estas uvas.

   Carmen levantó la cara y su rostro era un campo totalmente devas-
tado. En un murmullo que apenas se entendía dijo:

185   —Así estaban los ojos de Luciano. Estáticos y verdes como cristal
opaco. La luna entraba por la ventana. La luz fría iluminaba su rostro.
Tenía los ojos verdes muy abiertos, muy abiertos. Ya todos se habían ido,
los instrumentos y los animalitos de cristal. Todos se habían marchado.
Ya no había música. Sólo silencio y vacío. Los ojos de Luciano me mira-
190   ban fijamente, fijamente, como si quisieran traspasarme.° Y yo ahí a mitad del cuarto con su corazón latiendo° entre mis manos, latiendo todavía... latiendo...

   —Llévatela a acostar —dijo el hombre a su mujer—. Voy a llamar a la
oficina diciendo que está indispuesta, y creo que también al doctor —y
195   con la mirada buscó aprobación.

   La madre y el hijo movieron la cabeza afirmativamente mientras sus
ojos tenían una mirada de agradecimiento° hacia el viejo que cumplía su
deseo más inmediato.

   —Anda hija, vamos para arriba —le dijo la madre.

200   Pero Carmen no se movió ni pareció escuchar.

   —Déjala, yo la llevaré —dijo el hermano—, prepárale un té caliente,
le hará bien.

   La mujer se dirigió hacia la cocina caminando pesadamente, como si
sobre ella hubiera caído de golpe° el peso de muchos años. El hermano

a... uncontrollably

fenced in

(mental) distress
dar... admitting

lie down / exhausted

to cut right through me
beating

gratitude

de... all at once

205 intentó mover a Carmen y al no responder ella, no quiso violentarla y decidió esperar a ver si reaccionaba. Encendió un cigarrillo y se sentó a su lado. El padre terminó de hablar por teléfono y se derrumbó° en un viejo sillón de descanso desde el que observaba a Carmen. «Ya nadie fue a trabajar este día, ojalá y no sea nada serio.» La mujer hacía ruido en la
210 cocina, como si al moverse tropezara con todo. El sol entraba por la ventana del jardín pero no lograba alegrar ni calentar aquella habitación donde todo se había detenido. Los pensamientos, las sospechas, estaban agazapados° o velados por el temor. La ansiedad y la angustia se escuchaban en desolada mudez.°

se... collapsed

hidden

prolonged silence

215   El muchacho miró su reloj.

—Son casi las nueve —dijo por decir algo.

—El doctor viene para acá; por suerte estaba todavía en su casa —dijo el padre.

The last time I saw Paris, comenzó a tocar, al dar las nueve, el reloj
220 musical que le habían regalado a la madre en su último cumpleaños. La mujer salió de la cocina con una taza de té humeante y los ojos enrojecidos.°

reddened

—Ve subiendo° —le dijo el hombre—, ahora la llevaremos.

—Vamos para arriba, Carmen.

Ve... You go ahead up

225   Entre los dos la hicieron incorporarse.° Ella se dejó conducir sin oponer ninguna resistencia y comenzó a subir lentamente la escalera. Estaba muy lejos de sí misma y del momento. Sus ojos casi fijos miraban hacia otra parte, hacia otro instante. Parecía una figura fantasmal que se desplazaba° entre las rocas. No alcanzaron a llegar al final de la escalera.
230 Unos fuertes golpes en la puerta de la calle los detuvieron. El hermano bajó corriendo pensando que sería el médico. Al abrir la puerta, entró bruscamente la policía.

la... they got her to her feet

se... flitted

A través de las ondas

◆ ◆ ◆ ◆ ◆ ◆ ◆ ◆

Soledad Puértolas
(España, 1947–)

La mujer de cabello negro y andar ligero,° aunque no excesivamente ar-
mónico, se detuvo frente al escaparate de Las Magnolias y per-
maneció absorta en la contemplación de su abarrotado° interior.
Llovía muy ligeramente, aunque el calor era tan intenso que la lluvia no
5 podía constituir una molestia. La gente andaba apresuradamente, entrando y saliendo de las tiendas, algunos, los menos, abrían los
paraguas, ya que la lluvia se había presentado de improviso.° Pero nadie
se detenía frente a los escaparates. Las gotas de agua caían sobre el cabello negro de la mujer y oscurecían la parte superior de su chaqueta.
10 Era de un color apagado e indefinido, a diferencia de la falda, de colores
muy vivos. Aunque el más vivo de todos se encontraba algo más abajo,
sobre el pavimento. En él descansaba el par de zapatos más inapropiado
que cabe imaginar para un día de lluvia.

Pero la mujer parecía indiferente a cuanto pudiera caer del cielo. Sus
15 ojos se habían posado° en el escaparate y parecían atrapados en el
mismo cristal. Al fin, decidió seguir andando, pero su ritmo, antes
ligero, se hizo más lento. Al llegar al extremo de la calle volvió a detenerse. Miró a derecha e izquierda antes de escoger el lado por el que
proseguiría° su paseo. Finalmente se decidió por la derecha. Apenas da-
20 dos unos pasos, volvió su mirada para contemplar la calle que, leve-
mente° inclinada, terminaba en el puerto. En su mirada había un matiz°
de nostalgia. Algo, no del todo material, quedaba atrás. Andaba como si
cada paso le supusiera un terrible esfuerzo. Las manos, que colgaban a
ambos lados de su cuerpo, trazaban° en el aire pequeños e indescifrables
25 gestos. La mujer hablaba sola, sin duda.

Había llegado a una pequeña plaza en la que varios bancos° dis-
puestos° en forma circular ofrecían asiento. Estaban todos libres, debido
a la lluvia. La mujer se dirigió a uno de ellos, se sentó, colocó° el bolso
sobre su falda y elevó los ojos hacia el cielo. De vez en cuando movía los
30 labios y dejaba escapar un murmullo ininteligible. La lluvia cesó,° en algunos puntos del cielo la densidad de las nubes se debilitó° y una luz
blanca fue empalideciendo° su color gris plomo.° Sobre las hojas de las
palmeras resbalaban lentamente las gotas de agua. La mujer tomó repentinamente conciencia de aquellos cambios y salió de su inmovilidad.
35 Tras un largo suspiro se desprendió de° su chaqueta mojada, sacó del
bolso un pequeño espejo de mano y trató de arreglar el desorden de sus

andar... *nimble gait*

overladen

se... *had shown up unexpectedly*

detenido

continuaría

un poco
hint

traced

benches
arreglados
puso

paró
se... *broke up*
lightening / gris... *leaden gray*

se... *se quitó*

cabellos. No devolvió a su imagen un gesto de satisfacción. Sus pen-
samientos no podían ser rescatados° de su profunda sima.° Tomó un ci-   *rescued / abyss*
garrillo y una caja de cerillas.° Le llevó algún tiempo encenderlo pues las   *matches (Sp.)*
40 cerillas, tal vez a causa de la humedad, no conseguían prenderse. Finalmente, se levantó y echó a andar.

Había llegado a los límites de la ciudad. Los barrios residenciales empezaban allí. Las calles, bordeados de palmeras, presentaban un aspecto
solitario. La mujer contempló la calle que se extendía ante sus ojos. A un
45 lado, un edificio público de una sola planta: se extendía en medio de una
abundante vegetación. Más allá, comenzaba una ordenada sucesión de
viviendas. Una mujer ya mayor salió del edificio sospechosamente es-   *fleeting*
condido entre los arbustos y envió una fugaz° mirada a la joven. La   *butt / empezó de nuevo*
muchacha tiró al suelo la colilla° del cigarrillo, la pisó y reanudó° su
50 camino con paso firme. Su mano derecha se cerraba sobre el bolso con
una presión excesiva. Cruzó la calle perpendicular y se adentró en el
barrio residencial.

En los jardines que se divisaban detrás de los setos° imperaba el or-   *fences*
den y la limpieza. Los estilos de las casas variaban, pero todas estaban
55 provistas de° un amplio porche bajo el que unas sillas y una mesa su-   *estaban... tenían*
gerían la posibilidad de comidas al aire libre. Desde las terrazas del se-
gundo piso debía contemplarse una hermosa vista de la bahía. La chica
se había detenido frente a la casa que hacía esquina y la examinaba con
interés. Su mirada inquisitiva se deslizó por el terreno que la rodeaba.
60 Los perros habían ladrado a lo largo de la calle acusando° la presen-   *advirtiendo*
cia de un extraño, pero en aquel jardín reinaba el más absoluto silencio.
La mujer avanzó hacia la puerta de hierro, dudó un instante y rodeó con
su mano el picaporte° que cedió° suavemente a su presión, facilitándole   *doorknob / yielded*
la entrada al jardín. Unas baldosas de piedra° marcaban el sendero° que   *baldosas... flagstones / path*
65 conducía a la puerta de la casa. Tenían un trazado° arbitrario que la chica   *route*
siguió. Un casi imperceptible temblor poseía su cuerpo. Elevó su mano
para presionar el timbre, pero no lo hizo. Probó de nuevo suerte e hizo
girar° el picaporte, y la segunda puerta también se abrió. Produjo el sufi-   *hizo... she turned*
ciente ruido como para atraer la atención del interior de la casa de
70 donde una voz de hombre llegó en tono interrogante.
La mujer había alcanzado el centro de la habitación y se quedó plan-
tada allí, enmudeciendo. Al fin encontró su voz.

—Soy yo —dijo únicamente.

—Pasa —gritó el hombre.

75 La mujer recorrió el pasillo y llegó a una amplia sala.

—Hola —dijo desde la puerta.

Había un hombre allí. Estaba sentado frente a la ventana. Carecía de°   *Carecía... He lacked*
todo vigor. Era uno de esos hombres en quienes la pasión por dar ór-

denes y ser obedecidos crea una ilusión de fortaleza. Pero no pudo

80 hablar. Cuando vio a la mujer su tensión se acentuó. La voz de ella se
elevó, dominante:

—Tenemos una cuenta pendiente.° _outstanding_

Sacó una pistola de su bolso y apuntó al estómago del hombre, que se
agitó en su sillón.

85 —No te muevas —ordenó—. Un solo movimiento y disparo.° Sabes _I'll shoot_
que soy capaz.

El hombre obedeció.

—Siempre te he admirado —dijo al fin—. No tiene sentido que
hables así.

90 —No he venido para hablar.

El teléfono sonó y ambos se miraron fijamente.

Después, ella acentuó el desafío° de su mirada, dejó escapar un in- _challenge_
sulto, adelantó la pistola y se dispuso a disparar. El hombre empalide-
ció. El teléfono continuaba sonando. La sala quedó repentinamente os-

95 curecida por el preludio de la tormenta.° Las manos de la mujer _storm_
empezaron a descender y las facciones del hombre se relajaron. Sonaron
dos disparos. El hombre se deslizó de la butaca con una mancha° de san- _stain_
gre en la sien izquierda.

La mujer se tambaleó.° Su mano no se había movido. Acercó la pis- _se... staggered_

100 tola a sus ojos y la examinó. El gatillo° no había sido apretado. Miró al _trigger_
hombre que yacía° en el suelo y esperó que algo sucediera, pero nada _was lying_
sucedió. El teléfono había dejado de sonar. El cielo era sacudido° con el _rocked_
estrépito° de los truenos.° La mujer guardó la pistola y abandonó la sala. _crashing / thunderclaps_
Su mirada recorrió el jardín desierto. Llovía abundantemente. Salió a la

105 calle y echó a correr. Las pocas personas que transitaban por la avenida
corrían. La mujer la atravesó, torció° a la derecha y se internó° con paso _dobló / se... se entró_
apresurado en el laberinto de calles cercano al muelle.° Desapareció en el _wharf_
zaguán° de un edificio de apartamentos. _vestibule_

2

La calle perdía sus contornos° tras el constante movimiento de mi _shape_

110 limpiaparabrisas. No era probable que la mujer abandonase su refugio.
A causa de la tormenta, se suspenderían los vuelos nocturnos, y para
tomar un tren que la alejase suficientemente de allí debería esperar un
par de horas. Yo tenía que asegurarme de que el hombre había muerto.
Mis fallos° eran cada vez más frecuentes, debido al temblor que había _failures_

115 quedado en mi mano después del accidente.

Desde que aquella mujer se había cruzado en mi vida había estado
esperando esa oportunidad. Había sabido siempre lo que podía hacer

por ella. Cuando adiviné lo que se proponía sólo me había preguntado si tendría el suficiente valor como para llevarlo a cabo. Ella también se lo había preguntado. Había avanzado lentamente hacia su meta, había titubeado° y había temblado y, finalmente, no había sido capaz.

wavered
muy mojadas

Hice avanzar mi coche por las calles encharcadas° dejando a los lados los edificios envueltos en la lluvia. El calor empezaba a ser soportable. Mi mente estaba perfectamente clara; sabía cómo controlar aquel área de la ciudad. Cuando llegué al barrio residencial que la muchacha había abandonado corriendo, empezaba a anochecer. La puerta de hierro del jardín continuaba abierta. Atravesé el césped y empujé la puerta de la casa, pero ésta ya había sido cerrada desde dentro. Presioné el timbre y me preparé para mi segunda actuación. Alguien se aproximaba hacía mí tras la puerta cerrada.

—Policía —informé con voz de mando—. Abra.

peephole

Coloqué la tarjeta de identificación ante la mirilla.° El hombre abrió, tal vez dispuesto a confiarme su reciente desastre. Se había curado la herida de la sien y no había duda de que lo había hecho él mismo. Estaba más pálido, a pesar de que debía haber ingerido° una fuerte dósis de alcohol. Me contempló con timidez, antes de decidirse a hablar. Mi estatura siempre me ha ayudado mucho.

bebido

—Hemos recibido una llamada —aventuré.

—¿Una llamada? —preguntó—. No he sido yo.

Le observé desde el centro del vestíbulo, tratando de valorar su sinceridad. No tenía por qué mentir. Saqué la pistola y le apunté. Estaba muy cerca de él.

—Usted no es... —empezó.

—Soy el hombre que la quiere —dije.

Eran las palabras que había acariciado° mi mente durante largo tiempo. Cuando las hube° pronunciado toda relación con él quedó rota.

cherished
había

—Despídase de la vida —dije, y disparé.

Era imposible fallar. Me sentí algo incómodo por la pérdida de facultades que me obligaba a actuar así. Produje el suficiente desorden en las habitaciones, rompí algún objeto de dudoso valor y cogí el dinero que encontré. Después de borrar todas las huellas, abandoné la casa.

En la calle no transitaba nadie. La gastada carrocería° de mi coche brillaba bajo la lluvia. Me senté en su interior y respiré profundamente. Todo había salido bien. Hice girar la llave de contacto° y me alejé de aquel barrio.

chassis

llave... ignition key

Sólo pensaba en ella. Me dirigí lentamente hacia el puerto mientras meditaba sobre la forma más adecuada de hacer mi aparición. A la derecha, las brillantes luces de las tiendas más lujosas de la ciudad atrajeron mi mirada. Se aproximaba la hora de cerrar y, debido a la tor-

framed / en... de oro

160 menta, la calle iluminada tenía un aspecto solitario y vano. Dejé mi coche frente a una pequeña tienda enmarcada° en dorado.° Era el único cliente y las dependientas entablaron° una breve y silenciosa lucha para atenderme. No me costó mucho encontrar lo que quería.

empezaron

Nuevamente en el coche, y con un envoltorio° de papel de seda junto
165 a mi asiento, alcancé mi meta. El edificio de apartamentos se alzaba° frente a mí con algunas de sus luces encendidas. Me adentré en él con paso decidido. El conserje hablaba con unos inquilinos.° Todos se queja- ban del tiempo. Encendí un cigarrillo en el ascensor, desobedeciendo las órdenes impresas.°

paquete

se... arose

tenants

printed

170 Anduve un largo trecho° del angosto pasillo y me detuve frente a la puerta de su cuarto. No se filtraba luz por debajo, ni se percibía ningún ruido. La golpeé suavemente y, al no obtener respuesta, aumenté la fuerza de mis golpes. Pero ella ya no estaba allí. La cerradura era simple y se abrió sin demasiadas dificultades para darme paso a la habitación
175 vacía y levemente desordenada donde aún flotaba el olor de su perfume. Excepto ese olor, no había dejado nada. Revolví° el cuarto con obstinación y deshice la cama en busca de un objeto olvidado, conven- cido de que la gente siempre olvida algo en los hoteles, sobre todo si sale de ellos huyendo. Bajé al vestíbulo de mal humor porque el tiempo corría
180 a más velocidad que yo. Los inquilinos que minutos antes se quejaban de la tormenta con el conserje habían desaparecido. Se habían refugiado en sus pequeñas habitaciones o habían decidido andar bajo la lluvia. Me dirigí al conserje con la cartera en la mano. Mientras la abría le pregunté:

stretch

I searched

—La chica del cuarto piso, de cabello oscuro y corto, buena figura...
185 ¿Cuándo salió?

El hombre miró el billete que sobresalía de la cartera.

—Me gustaría ayudarle —dijo—. Siempre me gusta ayudar en estos casos. Pero no la vi. No vi a ninguna chica esta tarde.

—Al menos, debió verla entrar —indiqué—. Yo estaba afuera cuando
190 ella entró aquí. Haga un esfuerzo. Debió de salir hace poco, con una maleta.

—Pagó la cuenta esta mañana —dijo el hombre, encogiéndose de hombros—. Le dije que podía quedarse un día más. Me gusta ayudar, ya se lo he dicho. Pero no la he visto esta tarde.

195 Me alejaba, desesperado por su colaboración, cuando me hizo un gesto.

—Pudo salir por la puerta de atrás —susurró—. No es lo normal, pero...

Dejó su frase sin acabar mientras yo alcanzaba la puerta. Desde una
200 cabina telefónica me cercioré° de que se habían suspendido los vuelos nocturnos.

me... verifiqué

—Jamás habíamos tenido una tormenta como ésta —me comunicó, feliz, el encargado.° *agent*

Parecía ser una suerte para él, pero indudablemente lo era para mí. Conduje mi coche a toda velocidad hasta la estación. Cuando llegué, hacía media hora que había salido un tren de vía estrecha° que recorría la costa y faltaba algo menos de una hora para la salida del tren que conducía a la primera ciudad importante del interior. En la sala de espera había un par de familias numerosas y una pareja de ancianos que, rodeados de toda clase de bultos, dormitaban con sus cabezas recostadas contra la pared. La noche no parecía muy adecuada para una mudanza.° Pregunté por la chica, pero nadie la había visto. Obtuve la misma respuesta de los mozos de estación, del hombre que despachaba° los billetes y de los empleados de la cafetería. Pedí un whisky doble y traté de ordenar mis pensamientos. Parecía un hecho que ella se movía sin ser vista y, si no hubiera sido porque yo mismo había sido testigo de su entrada en el edificio de apartamentos, hubiese llegado a la conclusión de que estaba siguiendo una pista equivocada. Era difícil aceptar que después de haber matado a un hombre por ella la había perdido sólo porque no había sido lo suficientemente rápido.

de... commuter

move

vendía

Cuando empezaba a desesperarme de mis errores tuve una ráfaga° de inspiración. Se había perdido, pero mis presupuestos° todavía eran válidos. Nadie iba a asociarme con aquel asesinato, lo que me daba libertad de movimientos, mientras que ella actuaría como quien sabe que se ha convertido en una persona sospechosa. A lo mejor era cierto que no había pisado aquella estación. Si había determinado huir, lo más probable era que, después de haber evitado la mirada del conserje, se hubiera cambiado de ropa y hubiese descendido por la escalera de servicio del edificio. Una vez en la calle, debía de haber telefoneado, como yo, para saber si había vuelos nocturnos, y por el mismo procedimiento se podía haber enterado del horario de los trenes. Su llamada podía haber coincidido con la inmediata salida del tren de vía estrecha, y yo decidí que ella había subido a él, no en aquella estación, sino en la siguiente. Debía de haberlo alcanzado en un taxi.

flash

assumptions

Yo jugaba con una ventaja: ella no sabía que era yo quien la estaba siguiendo. Huía de lo desconocido y yo era el último ser de quien ella podría sospechar. Tenía la certeza de que ella había tomado ese tren e iba a detenerse en uno de los pueblecitos costeros,° como una veraneante° más. Era lo más inteligente. Es uno de los principios de la huida: acudir° a un lugar en el que uno se pueda confundir entre la gente, no quedarse nunca aislado. Escogí el punto más animado de la costa, un lugar que había estado de moda unos años atrás y donde en la actualidad se ofrecían vacaciones relativamente baratas. Conocía bien aquel lugar y

de la costa / residente de verano

ir

245 conocía ese tren: se detenía en seis estaciones y se arrastraba con lentitud. Llegaría antes que él al destino fijado, aunque ahora la lluvia se
había vuelto contra mí y era peligroso conducir por la estrecha carretera
que bordeaba la costa. Su firme° no se encontraba en el mejor estado.

roadbed

250 Afortunadamente, no había mucha circulación° aquella noche. Adelanté a° algunos coches que parecían ir, como yo, en obstinada persecución de algo. Había conseguido que en la cafetería de la estación me
vendieran una botella de whisky y me sentía invadido de una extraña
euforia porque estaba convencido de que la iba a encontrar y todo lo que
había hecho por ella cobraría sentido.° Dejé de pensar en los sucesos de
255 la tarde y me recreé en° el cálido y brillante futuro que me aguardaba. De
momento, quería hacer un viaje, recorrer ciudades hermosas, residir en
lujosos hoteles, contemplar exuberantes espectáculos. Era un viaje que
había soñado hacer desde hacía mucho tiempo y al fin había conseguido
el dinero necesario. Luego nos instalaríamos en un pueblecito del inte-
260 rior, de esos que siempre necesitan una tienda que le provea de° un
artículo que habitualmente se compra en la ciudad. Un amigo había ins-
talado una tienda así y se había enriquecido en un par de años. Podía,
incluso, empezar a trabajar con él. Imaginé una casa bajo cuyas ventanas
crecían geranios y cuyo interior se preservaba de° las miradas de la curiosidad pública por medio de inmaculadas cortinas blancas. Estaba
265 harto de° apartamentos, de cuartos grises y estrechos pasillos, de come-
dores compartidos y sórdidos cuartos de baño. Mi visión parecía terri-
blemente real mientras mi coche avanzaba por la carretera, golpeado
por la lluvia persistente y envuelto en la oscuridad.

tráfico (Sp.)
Adelanté... I passed

cobraría... would have meaning
me... I amused myself (thinking about)

le... supplies it with

se... was shielded from

harto... fed up with

Iba dejando a mi izquierda los pequeños pueblecitos de la costa. Las
270 luces de neón de los bares próximos a la carretera salpicaban° por unos
instantes la noche, después se desvanecían.° De repente, las luces de colores empezaron a proliferar. Los carteles de los bares, restaurantes,
salas de baile, se sucedían y competían entre sí tratando de llamar la
atención de un público en ese momento ausente. Me desvié hacia el cen-
275 tro urbano, lo atravesé y doblé por la dirección de la estación.

sprinkled
se... se desaparecían

Parecía olvidada del mundo, con su pequeña luz amarilla sobre la
puerta. En mi reloj faltaban todavía unos minutos para la llegada del
tren y así me lo confirmaron en la oficina de información. Me dirigí a la
cafetería y pedí un café muy cargado.°

fuerte

280 Aquel escenario se había mantenido extrañamente al margen de los
adelantos del mundo moderno y yo, tal vez influido negativamente por
él, sentí que mi anterior entusiasmo se extinguía. En su lugar, surgió la
impresión de haberme equivocado y se hizo súbitamente° poderosa. Ella
no llegaría en aquel tren. Resultaba más verosímil° que se hubiese en-
285 caminado° hacia el interior, donde tenía conocidos de quienes recibir

de repente
realista
dirigido

ayuda y consejo. La imagen del hombre muerto invadió mi mente. No era la primera vez que mataba a un hombre, pero nunca lo había hecho de aquel modo. Su figura desmadejada,° a mis pies, me golpeaba casi literalmente los ojos.

lifeless

290   Dos hombres más compartían mi espera. Uno de ellos, sentado a una mesa del fondo, ojeaba una guía de hoteles. El otro, más joven, consumía bebidas no alcohólicas en la barra y mantenía una conversación que quería ser ingeniosa sobre las posibilidades de diversón en una noche de lluvia. Fue él quien afirmó que el tren estaba a punto de llegar y salió al

295 andén,° que empezó a recorrer de arriba a abajo. El silbido° del tren *platform / whistle*
irrumpió en el aire, pero no experimenté emoción alguna, convencido de mi error. Lentamente, y precedida de una nube de humo, apareció la máquina y, tras° ella, se sucedieron los vagones, hasta que uno se in-*detrás de*
movilizó frente a mí e, involuntariamente, me puse en pie para abarcar° *take in*

300 con mi mirada la longitud del tren. El ruido de la máquina se atenuó° *se... disminuyó*
y algunos mozos se dispusieron a prestar ayuda a los viajeros. Las puertas de los vagones se abrieron. Dos vagones más allá, un grupo de jóvenes con mochilas a la espalda saltó alegremente bajo la lluvia hasta quedar bajo la protección del porche. El hombre de la guía de hoteles

305 había salido también al andén y se acercaba a un vagón para recibir a una pareja de cierta edad que lo saludó con una expresión maravillada que me hizo recordar a los ancianos que aparecerían a la mañana siguiente en algún punto del interior con todas sus pertenencias.° *belongings*
     De la puerta abierta del vagón que había quedado frente a mí no des-

310 cendió nadie. Yo comprendía que aquello era lo normal, lo que había que esperar, pero continué de pie, examinando el andén. Entonces la puerta se iluminó y una figura de mujer envuelta en una gabardina de color claro pisó el primer peldaño° de las escaleras. *step*
     No podía ser ella. Era imposible que hubiera decidido seguir el plan

315 que yo había pretendido adivinar y que descendiera por la puerta que casualmente había quedado frente a mí. Pero era ella. A pesar del pañuelo° anudado° bajo la barbilla, la gabardina clara y los zapatos os- *kerchief / knotted*
curos. En ese momento recordé que había comprado unos zapatos para sustituir los que debían haberse estropeado° por la lluvia. Los había olvi- *arruinado*

320 dado en alguna parte, tal vez en la habitación donde sólo flotaba el olor de su perfume. Su mirada recorrió el andén ya vacío, lo atravesó y entró en la cafetería. Yo me senté, dándole la espalda. Un mozo trató de coger su maleta, pero ella se negó. Se sentó a la barra y pidió un café. Su voz llegó nítida° hasta mi mesa. El camarero se mostró muy solícito y trató *claramente*

325 de entablar un diálogo con ella:
     —No tendrá ningún problema de alojamiento, estamos a final de la temporada.

Ella no contestó, consumió su café, pagó y se inclinó para recoger la
maleta del suelo, pero yo me adelanté. Ella me miró y tardó algunos segundos en reconocerme, durante los cuales el miedo brilló en el fondo
de sus ojos.

—Una casualidad —dije alegremente.

El camarero no debió dudar ni por un momento de mi mentira, pero
ella dudó. Le cogí del brazo suavemente y salimos a la calle, donde estaba aparcado mi coche. Abrí la puerta y la ayudé a subir.

—Te he estado siguiendo —dije mientras nos dirigíamos hacia el centro urbano—. Pero voy a ayudarte —añadí en un tono que pretendía ser
tranquilizador.

Ella tuvo una intuición, pero quiso rechazarla.

—Te preguntarás por qué lo hice —dije, deseando acortar esa parte
de nuestra conversación.

—¿Hiciste qué?

—Por qué le maté.

Trató de abrir la puerta del coche, pero yo se lo impedí. Cuando com-
prendió que yo era mucho más fuerte que ella, dejó de luchar.

—Sé por qué lo has hecho —dijo.

—Es mejor que aceptes mi ayuda —repuse—. Puede que ya te estén
buscando. Estuviste allí, y tal y como ibas vestida, alguien te recordará.
Y tenías un buen móvil para matarlo. Pero yo seré tu coartada.° *alibi*

Yo sabía que había muchos puntos débiles en aquella versión de los
hechos, pero a ella tenía que parecerle factible.° Probablemente, nadie *feasible*
llegaría a describirla bien y si alguien lo hacía, era dudoso que se lan-
zaran en su persecución. Se cometían muchos robos los sábados por la
tarde. Dada la ineficacia de la policía, cada barrio acabaría por tener su
propio servicio de vigilancia.

—Está bien —suspiró.

Un hombre feliz, acompañado de una muchacha envuelta en una
gabardina clara, subió las escaleras del Hotel El Pasajero, cruzó su um-
bral° y se dirigió hacia la recepción. Había atravesado algunas de las *threshold*
fronteras de la edad, e iba vestido austeramente, con ciertos detalles que
revelaban un gusto propio. Sus gestos eran joviales, su voz sonaba
cansada. Había vivido durante mucho tiempo de una forma gris, pero
aquella noche la luz brillaba para él.

Septiembre 1980.

Pantera ocular[*]

◆ ◆ ◆ ◆ ◆ ◆ ◆ ◆

Luisa Valenzuela
(Argentina, 1938–)

Van avanzando por el pasillo a oscuras. De golpe ella se da vuelta y él pega un grito. ¿Qué? pregunta ella. Y él contesta: Sus ojos, sus ojos tienen fosforescencia como los ojos de las fieras.°   *wild beasts*

Vamos, no puede ser, dice ella, fíjese bien. Y nada, claro. Ella vuelta
5 hacia él y pura oscuridad tranquilizante. Entonces él extiende la mano hasta dar con el interruptor° y enciende la luz. Ella tiene los ojos cerra-   *switch*
dos. Los cerró al recibir el golpe de luz, piensa él pero no logra calmarse.

Total, que el diálogo entre los dos se vuelve otro a partir de° esa   *a... beginning with*
visión de la fosforescencia en los ojos de ella. Ojos verdes con luz propia
10 y ahora tan marrones, pardos, como dicen los documentos de identidad; marrones o pardos, es decir convencionales allí bajo la luz trivial de la oficina. El querría proponerle un trabajo, una fosforescencia verde se in-
terpone entre ellos (fuego fatuo[†]). Afuera esa cosa tan poco edificante° y   *edifying, instructive*
tan edificada° que es la calle Corrientes. Adentro en la oficina, ruidos de   *built up*
15 selva provocados por un par de ojos con brillo. Bueno, bueno, si em-
pezamos así nunca sabremos dónde habrá de culminar° nuestra na-   *terminar*
rración objetiva de los acontecimientos. La ventana está abierta. Quere-
mos señalar el hecho de la ventana abierta para explicar de alguna manera los ruidos de la selva, aunque si bien el ruido se explica por el
20 ruido, la luz ocular en el pasillo no tiene explicación racional por culpa de una puerta cerrada entre la ventana abierta y la oscuridad reinante.°   *dominante*

Ella se volvió hacia él en el pasillo, eso ni se discute. Y después ¿esos ojos de la luz con qué fin lo miraron, qué acechaban° en él o qué exigían?   *qué... what were they looking for*
Si él no hubiese gritado... En el piso 14, en la oficina, él se hace pregun-
25 tas mientras habla con ella —habla con un par de ojos— y no sabe muy bien qué estará diciendo en ese instante, qué se espera de él y dónde está
—estaba— la trampa° por la que se ha deslizado lentamente. Unos ojos   *trap*
de fiera. Se pregunta mientras habla con ella con la ventana abierta a sus espaldas. Si hubiera podido reprimir el grito o indagar° algo más...   *investigar*

---

[*]Pantera... ''Cat's Eye''
[†]**Fuego fatuo** (*will-o'-the-wisp*) se refiere a una luz ligera y fugitiva, producida por la combustión espontánea de los gases que se desprenden de sustancias orgánicas en descomposición. Por lo tanto se suele ver por las noches en lugares, como los cementerios, donde se encuentran tales sustancias. Puesto que esta luz se parece al fuego, pero no lo es, el término se usa en sentido figurado para referirse a algo que engaña al observador. En el contexto de esta historia el término es especialmente apropiado, ya que se refiere a la luz fosforescente que emana de los ojos de la mujer.

II Parte

30 A las tres de la madrugada la despierta un ruido sospechoso y usted se queda muy quieta en la cama y oye —siente— que alguien se está moviendo en su habitación. Un tipo. El tipo, que ha violado° la puerta, seguramente ahora querrá violarla° a usted. Oye sus pasos afelpados° sobre la alfombra y siente una ligera vibración del aire. El tipo se está
35 acercando. Usted no atina° a moverse. De golpe algo en usted puede más° que el terror —¿o es el terror mismo?— y usted se da vuelta en la oscuridad para enfrentar al tipo. Al ver lo que se supone es el brillo de sus ojos, el tipo pega un alarido° y salta por la ventana que, por ser ésta una noche calurosa, está abierta de par en par.°

forced
rape you / muffled

manage / puede... es más poderoso

grito

de... totalmente

40   Entre otras, caben ahora dos preguntas:

a) ¿Es usted la misma mujer de la historia anterior?
b) ¿Cómo explicará a la policía la presencia del tipo en su casa cuando empiecen las indagaciones?

Respuesta a a)

45 Sí, usted es la misma mujer de la historia anterior. Por eso mismo, y teniendo en cuenta los antecedentes, espera usted que se hagan las 9 a.m. para ir corriendo a consultar a un oculista.° El oculista, que es un profesional consciente, le hace a usted todo tipo de exámenes y no le encuentra nada anormal en la vista. No se trata de la vista, atina a aclarar usted
50 sin darle demasiadas explicaciones. El oculista le hace entonces un fondo de ojo y descubre una pantera negra en el fondo de sus ojos. No sabe cómo explicarle el fenómeno, tan sólo puntualiza° el hecho y deja el análisis a sus colegas más imaginativos o sagaces.° Usted vuelve a su casa anonadada° y para calmarse se empieza a arrancar con una pinza°
55 algunos pelitos del bigote. Adentro de usted la pantera ruge° pero usted no la oye.

ophthalmologist

apunta
shrewd
overwhelmed / tweezers
growls

La respuesta a b) se ignora.°

se... no se sabe

Ojos verdes de pantera negra, fosforescentes en la oscuridad, no se reflejan en los espejos como hubiera sido dable° imaginar desde un principio de
60 haber habido un principio. El hombre de la primera parte de esta historia es ahora su jefe y por supuesto no se anima siquiera a darle órdenes por temor a que ella apague de golpe la luz y lo deje otra vez ante esos ojos. Por suerte para él la pantera no asoma por otros conductos de ella° y los días transcurren en esa cierta placidez que da la costumbre al

posible

no... doesn't show itself through other channels

miedo.° El hombre toma sus precauciones: cada mañana al salir para la oficina se asegura de que Segba* no ha planeado ningún corte de luz° en la zona, tiene una poderosa linterna al alcance de la mano en el cajón° superior del escritorio, deja la ventana siempre abierta para que entre hasta la última claridad del día y no se permite con ella ni el más mínimo sentimiento oscuro como se permitía con sus anteriores secretarias. Y eso que le gustaría. Le gustaría llevarla una noche a bailar y después a la cama. El terror de enfrentarse una vez más con esos ojos ni siquiera le deja gozar de este tipo de proyectos. Lo único que se permite es preguntarse si realmente los habrá visto o si serán fruto de su imaginación (una ilusión óptica de la óptica ajena°). Opta por la primera alternativa porque no cree que su imaginación dé para tanto.° La trata a ella con música como para amansarla,° ella no parece al acecho° mientras le toma las cartas al dictado.

Buenos Aires no puede permitirse —permitirle— el lujo de una alucinación consciente. Nosotros que lo venimos tratando desde hace un rato podemos asegurar que su miedo nada tiene de imaginativo. Nosotros no lo queremos mucho pero vamos a ver si con el tiempo le damos oportunidad de redimirse. Ella tampoco es gran cosa, qué quiere que le diga, la salva la pantera negra, pero una pantera así, que non parla ma se fica,° pocas oportunidades puede tener dentro de una persona tan dada a la apatía. Ella empieza a sentir oscurofobia o como eso se llame y sólo frecuenta locales muy iluminados para que nadie se entere de su inútil secreto. La pantera duerme con los ojos abiertos mientras ella está despierta, quizá se despierte durante el sueño de ella pero eso no logra averiguarlo. La pantera no requiere ningún tipo de alimento, ninguna manifestación de cariño. La pantera ahora se llama Pepita pero eso es todo. El jefe empieza a mirarla con buenos ojos, pero eso sí, nunca a los ojos. El jefe y ella acaban por juntarse a la luz del día sobre la alfombra de la oficina. La relación dura un buen tiempo.

El desenlace° es optativo:°

—Una vez por año a Pepita la despierta el celo.° El jefe hace lo que puede pero ella queda tuerta.°

—Ella acaba por empujarlo al jefe por la ventana por eso de que los ojos son las ventanas del alma y viceversa.

—Pepita se traslada de los ojos al hígado y ella muere de cirrosis.

—El jefe y ella deciden casarse y las cuentas de luz que le llegan son fabulosas porque nunca se animan a quedarse a oscuras.

---

*Segba es el nombre de la estación eléctrica de la zona.

(marginal glosses)

da... *makes fear complacent*

corte... *power outage*

drawer

la... *someone else's eyes*

dé... *is up to that task*

tame her / al... *on the lookout*

non... no habla pero se fija

resolución del cuento / *optional*

a... *Pepita goes into heat*

unable to focus her eyes (from too much sex)

—Pepita empieza a hacerle jugarretas° y ella se ve obligada a dejar a su amado para irse con un domador° de fieras que la maltrata.

105 —Idem° pero con un oftalmólogo que promete operarla.

—Idem pero con un veterinario porque Pepita está enferma y ella teme perder la vista si muere la pantera.

—Todos los días se lava los ojos con baño ocular Flor de Loto° y está tranquila porque Pepita se ha convertido al budismo y practica la no

110 violencia.

—Ella lee que en los EE.UU. han descubierto un nuevo sistema para combatir a las panteras negras y viaja llena de ilusión para encontrarse, una vez allí, con que se trata de otra cosa.

—Lo abandona al jefe por su malsana° costumbre de acoplarse° a

115 plena luz y se conchaba° como acomodadora° en un cine sofisticado donde todos la aprecian porque no requiere el uso de linterna.

dirty tricks

tamer

Lo mismo

baño... *Lotus Flower eyewash*

unhealthy / *copulate*

se... *gets a job* / *usher*

Vocabulario español-inglés

The **Vocabulario español-inglés** contains all the words that appear in the text, with the following exceptions: (1) articles, numerals, possessive and demonstrative adjectives, subject and object pronouns, and other words that an average student of intermediate Spanish would be expected to know; (2) very close or exact cognates, except those that appear in the **Vocabulario útil** for each chapter; (3) conjugated verb forms; (4) diminutives ending in **-ito/a** and superlatives ending in **-ísimo/a;** (5) adverbs ending in **-mente,** if the root word is already listed or is a cognate; (6) regular forms of participles, if the root word is already listed or is a cognate. Only meanings that are used in the text are given.

The gender of nouns is indicated, except for masculine nouns ending in **-l, -o, -n, -e, -r,** and **-s,** and feminine nouns ending in **-a, -d, -ión,** and **-z.** Stem changes and spelling changes for verbs are indicated in parentheses when the verb is the main entry: **criar (crío), forzar (ue) (c), herir (ie, i).** Since the Real Academia of Spain no longer considers **ch** or **ll** to be single letters, words containing **ch** are alphabetized following the letter combination **ce,** and those containing **ll** follow the letters **li.** Numbers in parentheses following an entry designate the chapter in which the entry appears in the **Vocabulario útil.**

The following abbreviations are used:

adv.	adverb		*m.*	masculine
Arg.	Argentina		*Mex.*	Mexico
coll.	colloquial		*n.*	noun
conj.	conjunction		*pl.*	plural
f.	feminine		*p.p.*	past participle
fig.	figurative		*prep.*	preposition
ger.	gerund		*pron.*	pronoun
Guat.	Guatemala		*S. Amer.*	South America
inf.	infinitive		*s.*	singular
inv.	invariable		*subj.*	subjunctive
irreg.	irregular		*Ven.*	Venezuela

A

abajo: de arriba a abajo   from top to bottom; **más abajo**   lower; below
abandonar   to abandon; to leave; **abandonarse**   to let oneself go
abandono   abandonment
abarcar (qu)   to include, take in
abarrotado/a   overladen; crowded
abatido/a   dejected, disheartened
abierto/a   open
abofetear   to slap in the face
abogado/a   lawyer
abordar   to board
aborrecer (zc)   to abhor
abrazar (c)   to embrace, hug; **abrazarse (a)**   to clasp, cling (to)
abreviatura   abbreviation
abrigo: dar (*irreg.*) abrigo   to shelter, protect
abrir (*p.p.* **abierto/a**)   to open
absoluto/a   absolute; **en absoluto**   not at all, absolutely not
absorto/a   entranced, engrossed
abuelo/a   grandfather, grandmother
abyecto/a   wretched, miserable; vile, base
acá   here; **por acá**   around here
acabalar   to complete, finish
acabar   to end, finish; **acabar con**   to put an end to; to finish with; **acabar de** + *inf.*   to have just (*done something*); **acabar en**   to end (up) in; **acabar por** + *inf.*   to end up (*doing something*)
acariciar   to caress; to cherish
acaso   perhaps
acechar   to look for; to spy on, watch; **al acecho**   spying, on the lookout
aceite   oil
acelerado/a   hurried, rushed
acentuar (**acentúo**)   to emphasize, accentuate
aceptación   acceptance
aceptar   to accept
acera   sidewalk
acerca de *prep.*   about
acercar (qu)   to bring near or nearer; **acercarse (a)**   to approach
acertar (ie)   to guess right; **acertar a** + *inf.*   to happen to (*do something*)
aclarar   to clarify
acomodador(a)   usher
acomodar   to arrange, put in order; **acomodarse**   to find oneself a seat; to settle into a comfortable position

acomodo   employment
acompañado/a de   accompanied by
aconsejar   to advise
acontecimiento   event
acoplarse   to mate
acordar (ue)   to decide; to agree; **acordarse (de)**   to remember
acortar   to shorten, cut short
acostar (ue)   to put to bed; **acostarse**   to go to bed
acotar   to fix, specify
acta *f.* (*but* **el acta**)   minutes (*of a meeting*), record; document
actitud   attitude
acto de vandalismo   act of vandalism (2)
actor, actriz   actor, actress
actuación   action; operation
actualidad: en la actualidad   at the present time
acudir   to go
acuerdo   agreement; **estar** (*irreg.*) **de acuerdo (con)**   to agree, be in agreement (with); **ponerse** (*irreg.*) **de acuerdo**   to come to an agreement
acunar   to cradle, rock
acusar   to announce; to accuse
adecuado/a   fitting, suitable
adelantado/a: ir adelantado/a   to be advanced
adelantar   to advance; **adelantarse (a)**   to move ahead (of)
adelanto   advance payment; advance, progress
además   moreover; **además de**   besides, in addition to
adentrarse en   to go in, into
adentro de *adv.*   inside, within
adentrote   all the way in (*coll.*)
adherirse (ie, i) a   to stick to, adhere to
adinerado/a   wealthy
adivinar   to guess
adormecer (zc)   to put to sleep
adulado/a   flattered
adquirir (ie)   to acquire
advertir (ie, i)   to warn
afán   eagerness, zeal
afeite   adornment
afelpado/a   muffled
afligido/a   saddened, afflicted
afligirse (j)   to be sad; to grieve
afonía   loss of voice
afortunado/a   fortunate (*person*)
afuera *adv.*   outside
afueras *f. pl.*   outskirts, suburbs

agachar   to lower, bend
agarrar   to grab, seize; **agarrar de**   to seize by, take by
agazapado/a   hidden (*coll.*)
agenciar   to get, obtain
agitar   to shake; to stir; to agitate; **agitarse**   to become agitated or excited
agobiado/a   exhausted, drained
agotado/a   drained, exhausted (8)
agotar   to use up; **agotarse**   to be used up
agradable   pleasant
agradar   to please
agradecer (zc)   to thank, thank for
agradecido/a   grateful
agradecimiento   thanks, thankfulness
agregar (gu)   to add
agua *f.* (*but* **el agua**)   water
aguantar   to tolerate, put up with; to hold up
aguante   fortitude; endurance
aguardar   to await, wait for
aguja   needle
ahí   there; **ahí nomás**   right over there; **por ahí lejos**   far away
ahijado/a   godson, goddaughter
ahíto/a   stuffed
ahogarse (gu)   to drown; to choke
ahogado/a   drowned or suffocated person
ahogo   choking; shortness of breath
ahorcar (qu)   to strangle, choke
ahorros *pl.*   savings
aimará *m.*   language of the Aymara (*South American indigenous population*)
aire: al aire libre   outside, in the open air
aislamiento   isolation
aislar (**aíslo**)   to isolate
ajeno/a a   foreign or alien to; another's
ajetreo   bustle
ajustar   to tighten; **ajustarse**   to adapt oneself
alambre   wire
alameda   *public walk lined with trees*
alarde   display, ostentation
alarido   shout, yell, holler
alborotado/a   impetuous, headstrong
alcance   coincidence; **al alcance de la mano**   within reach, arm's length
alcanzar (c)   to reach; to be sufficient; **alcanzar a** + *inf.*   to manage to, be able to (*do something*)
alcoba   bedroom

alegata argument

alegrar to brighten, enliven; **alegrarse de que** to be glad that

alegre happy

alegría happiness

alejar to put farther away; **alejarse** to withdraw, leave

alelado/a stupefied

aleros pl. eaves

alfombra carpet, rug

algo pron. something; adv. somewhat

alguien pron. someone

algún, alguno/a some, any; **alguna parte** somewhere; **alguna vez** once, sometime

alimentar to feed

alimento(s) food

alivio relief

allá there; **más allá** farther away, farther on; **más allá de** beyond

allí there

alma f. (but **el alma**) soul; spirit

almohada pillow

almohadón cushion, pillow

almud m. ancient land and grain measure

almuerzo lunch

alojamiento lodging

alpargata espadrille, hemp sandal

alquilar to rent

alrededor: a su alrededor around onself, surrounding one; **alrededor de** prep. around

alta: dar (irreg.) **de alta** to discharge (a patient) from a hospital

alto/a high; tall; late, advanced; **de alto** in height

alternar con to mix with, be friendly with

altura height

alumbrar to illuminate, light

alumno/a student

alzarse (c) to rise

amable kind

amado/a lover, beloved

amansar to tame (an animal)

amar to love

amargar (gu) to make bitter

amarrado/a tied up

ámbar amber

ambiente atmosphere

ambos/as both

amenaza threat

amistoso/a friendly

amo/a master, mistress (of the house); owner

amontonarse to pile up

amor love

amoroso/a loving, affectionate

amplio/a roomy; ample

ancho/a wide; full, ample

anciano/a elderly person

andar n. gait

andar irreg. to walk; **anda no más** come on, just go ahead (coll.); **andar de gira** to circle around, walk in circles around; **andarse con** to be full of

andén railway platform

angosto/a narrow

angustia anguish

angustioso/a distressing, anguishing

anhelante adj. yearning, longing

anidar to make a nest

anillo ring

ánima f. (but **el ánima**) soul, spirit; soul in pain or purgatory

animar (a) to be encouraged (to); to dare (to)

ánimo: estado de ánimo state of mind

anochecer (zc) to grow dark

anonadado/a overwhelmed; humiliated

anormal abnormal

ansiedad anxiety

antaño adv. long ago

ante prep. before, in front of

antejardín front yard

anteojos pl. (eye)glasses

antepasados pl. ancestors

anterior previous

antes adv. previously, formerly; **antes de** prep. before; **antes de que** conj. before; **antes que nada** first of all; **lo antes posible** as soon as possible

antiguo/a old, ancient; former

antropología anthropology (8)

antropólogo/a anthropologist (8)

anudado/a knotted, tied

anuncio advertisement

añadir to add

año year; **tener** (irreg.)**... años** to be . . . years old

apagado/a listless; dull; weak

apagar (gu) to turn off (lights)

aparato appliance

aparcado/a parked

apareado/a paired up

aparecer (zc) to appear

aparentar to feign, pretend; to look, appear

aparición apparition, appearance

apartar to separate; to sort through; to remove; **apartarse de** to go away from, move away from

aparte separate; **aparte de que** apart from the fact that

apatía apathy

apenas barely, scarcely

apeñuzcarse (qu) to crowd together

apertura opening

aplacarse (qu) to be appeased, placated

aplastar to crush, flatten

aplicar (qu) to apply

apodo nickname

aporte contribution

apostado/a posted, stationed

apoyar to support (4); **apoyarse** to be based, founded

apoyo support

aprender to learn

aprendizaje learning

aprestarse a + inf. to prepare oneself, get ready to (do something)

apresurarse to hurry, make haste

apretar (ie) to hold tight, squeeze; to tighten, tense

apretujarse to crowd together, jam together

aprobación approval

aprobar (ue) to approve

aprobado/a ratified

apropiado/a appropriate

aprovecharse de to take advantage of

aproximarse to come near, come nearer

apuntar to point out; to point at, aim at; to write down

apurar to drink up, drain

apuro hurry, haste

araña spider

árbol tree

arbusto shrub, bush

archivado/a filed away

arena sand

arma f. (but **el arma**) firearm (2); weapon (2)

armar el borlote to make a scene, raise a fuss (coll.)

armazón f. framework, frame

arrancar (qu) to uproot; to pull out, tear out; to get, obtain

arrastrar to pull, drag (out); to carry away; **arrastrarse** to crawl, creep

arreciar to make worse; to make more severe or violent

arreglar to arrange, put in order; to settle, solve; **arreglarse** to fix oneself up (3)

arreglo tidying up, straightening up

arrendar (ie) to rent, lease

arreo ornament; *pl.* harness

arrepentido/a *n.* penitent

arrepentirse (ie, i) to regret (5); to repent (5)

arriba *adv.* above; **cuesta arriba** uphill; **de arriba a abajo** from top to bottom; **más arriba** farther up

arriendo rent, lease

arriero/a mule driver

arrimarse to join together

arrojar to throw down

arroz *m.* (*pl.* **arroces**) rice

arruga wrinkle

arrullo cooing (*of doves*)

artificial: respiración artificial CPR

ascensor elevator

asegurar to insure, guarantee; **asegurarse** to make sure

asentir (ie, i) to assent, agree

asesinato assassination; murder

asestar to deal, deliver (*blows*)

así *adv.* so, thus, in this manner, like this; *adj.* such (a); **así es** that's it; **así que** so, then

asido/a a seizing, grabbing hold of

asiento seat; seating; **asiento posterior** back seat

asignar to assign, allot

asilo home (*for the aged, orphans, etc.*)

asimilar to assimilate, take in

asimismo likewise, also

asistencia attendance

asistir to attend

asociarse (con) to be associated (with)

asomar to begin to appear or be seen; **asomarse a/por** to look out, lean out

asombro amazement, astonishment

asombroso/a surprising, frightening (9); awe-inspiring (9)

aspirar to inhale

asunto topic; matter, affair

asustar to frighten (2)

atardecer (zc) to draw towards evening, grow late

ataúd *m.* coffin

atención: prestar atención (a) to pay attention (to)

atender (ie) to look after; to wait on; to pay attention (to)

atenuarse (atenúo) to attenuate; to become weakened or reduced

aterrar to terrify (4)

atinar a + *inf.* to manage to (*do something*); to succeed in (*doing something*)

atosigar (gu) to poison; to harrass

atraer (*like* **traer**) to attract, draw

atrás *adv.* back, backward; **hacia atrás** backwards; **la parte de atrás** the back part

atravesar (ie) to cross, go over

atreverse (a) to dare (to)

atropelladamente hastily, tumultuously

atropello attack, assault

augurio augury, omen

aumentar to increase

aumentativo *n.* augmentative

aun even, yet, although, still; **aun cuando** even though, even if

aún yet, still; **aún más** furthermore, moreover

aunque although, even though

auscultar to listen to (*with a stethoscope*)

ausente absent, missing

autor: derecho de autor (author) royalty

auxilio aid, assistance, relief; **primeros auxilios** first aid

avaricia greed (5)

avecinarse to approach, draw near

aventurar to hazard (*a guess*)

avergonzarse (avergüenzo) (c) to be ashamed

averiguar (gü) to verify

avisar to inform; to warn

aviso information; warning; **dar** (*irreg.*) **aviso** to warn

aya *f.* (*but* **el aya**) nanny, nursemaid

ayuda help

ayudar to help

ayuna: quedarse en ayunas to be uninformed; to miss the point

azafate *flat wicker basket or tray*

azar: al azar at random

azúcar sugar

azul marino navy blue

azulejo glazed tile

B

bahía bay

bailar to dance

baile dance; **sala de baile** dance hall; ballroom

bajar to go down, get down; to lower

bajo *prep.* underneath

bajo/a *adj.* low; short; **planta baja** ground floor

balancearse to rock, swing; to hesitate, waver

balazo shot; bullet wound

baldosa paving tile

bamboleado/a swayed; swung

banco bank; bench

banquero/a banker

banqueta sidewalk (*Mex., Guat.*)

bañar to bathe; **bañarse** to take a bath

baño bathroom; **baño ocular** eyewash; **cuarto de baño** bathroom

barato/a cheap, inexpensive

barba beard

barbaridades *f. pl.* nonsense (*coll.*); **hacer** (*irreg.*) **barbaridades** to fool around

barbilla chin

barca small boat; **dar** (*irreg.*) **un paseo en barca** to go for a boat ride

barcaza barge

barco boat

barra counter (*of a bar*)

barrido sweeping, sweepings

barrio neighborhood

barrote thick bar or railing

bastante *adv.* fairly, quite; *adj.* enough, sufficient

bastar to be sufficient

bastardillas *f. pl.* italics

bata robe

batalla battle

batido beating

batir to beat, strike; to defeat

baúl trunk, chest

bautizado/a baptized

bautizo baptism

beber to drink

bebida beverage, drink

belleza beauty

bello/a beautiful

bendición blessing

bendito/a blessed

beneficiarse to benefit

berrear to shriek, scream

besar to kiss

beso kiss

bestia beast

Biblia Bible

biblioteca library

bicoca trifle (*coll.*)

bienes (*pl.*) **raíces**   real estate
bigote   moustache; *pl.* whiskers
billete   bill (*money*); ticket
bisabuelo/a   great-grandfather, great-grandmother
blandamente   softly
blandir   to brandish, flourish
blanquear   to turn white
bobo/a   idiot (**9**)
boca   mouth
bocanada   puff (*of smoke*)
boceto   sketch, outline
bocina: hacer (*irreg.*) **bocina con las manos**   to cup one's hands around one's mouth
bolero   bolero music (*Spain*)
boleta   ticket
bolívar   *monetary unit of Venezuela*
bolsa   purse
bolsillo   pocket
bolsito   small bag
bolso   handbag
bombilla   light bulb
bonito/a   pretty
borde   edge, side
bordear   to approach, come near to; to border on
borlote: armar el borlote   to make a scene, raise a fuss (*coll.*)
borrar   to erase
bosque(s)   woods
bostezar (c)   to yawn
bostezo   yawn
bote   small boat, rowboat
botella   bottle
brazo   arm; **a brazo partido**   hand to hand (*combat*)
breve   brief
brillar   to shine
brillo   brilliance, luster
brío   spirit, vigor
brisa   breeze
brizna   piece, wad (*of tobacco*)
broma   joke; **sin broma**   no kidding, no joke
brotar   to break out, erupt
bruja   witch
brusco   brusque; sudden, abrupt
budismo   Buddhism
bueno: con buenos ojos   favorably
bufanda   scarf
búho   owl
bulla   noise, racket (*coll.*)
bulto   bundle, package
burguesía   middle class (**6, 7**)

burla   scoff, ridicule; **hacer** (*irreg.*) **burla de**   to make fun of
busca: en busca de   in search of
buscar (qu)   to look (for)
butaca   armchair; orchestra seat
butaque   small seat
buzo   jogging outfit

C

cabalgata   procession of riders
caballeriza   stable
caballitos *pl.*   merry-go-round (**1**)
caballo   horse; **montar a caballo**   to ride horseback
cabaña   cabin
caber *irreg.*   to fit
cabellera   hair, head of hair
cabello(s)   hair
cabeza   head
cabida: dar (*irreg.*) **cabida a**   to admit, give voice to
cabina telefónica   telephone booth
cabo: llevar a cabo   to carry out; to celebrate (*Mass*)
cacao   cocoa
cacería   hunting
cada *inv.*   each, every; **a cada momento**   continuously; **cada cual**   each one, everyone; **cada tanto tiempo**   every so often; **cada vez más** (+ *adj.*)   more and more (+ *adj.*); **cada vez que**   whenever, every time that
caer *irreg.*   to fall; to be, be found or considered; **caerse de sueño**   to be very sleepy
cafetucho   small or ill-tended café
cagazo   fear (*coll.*)
caída   fall
caja   pouch, case; box
cajón   drawer
cal *f.*   lime (*mineral*)
calabazota   large squash or pumpkin; large gourd
calcular   to calculate
caldo   broth, bouillon
calentar (ie)   to warm up
cálido/a   warm, hot
caliente   hot
callado/a   quiet, silent
callar   to be quiet
calle *f.*   street; **a media calle**   in the middle of the street
calor   heat
caluroso/a   warm, hot
calvo/a   bald

cama   bed
camarero/a   waiter, waitress; bartender
cambiar   to change
cambio   change; **en cambio**   on the other hand; in return, in exchange
caminar   to walk
caminata   hike, long walk
camino   road, path, way; **a medio camino**   half way; **de camino**   on the way
camisa   shirt
campamento: hoguera (de campamento)   campfire (**9**)
campesino/a   peasant
campo   field; country, countryside
camposanto   cemetery
canas *f. pl.*   gray hair, white hair
canasta   basket
cancha   court (*sport*)
canción   song
candela   candle; fire (*coll.*)
cansado/a   tired person, weary person
cansancio   fatigue, weariness
cansar   to tire; **cansarse**   to get tired
cantar   to sing
cantidad   quantity, number
cantilena   simple ballad; same old song or subject (*coll.*)
cantimplora   flask
canto   song
cañuela   reed
capa   layer
capaz (*pl.* **capaces**)   capable
capilla   chapel
captar   to capture; to attract
capucha   hood (*of a garment*)
cara   face; **poner** (*irreg.*) **cara de**   to take on the appearance of; **tener** (*irreg.*) **cara de**   to look as if
carácter (*pl.* **caracteres**)   character, disposition
¡caramba!   *expression of surprise, dismay, anger, etc.*
caramelo   caramel; candy
carcajada: reírse (í, i) a carcajadas   to laugh uproariously
cárcel *f.*   jail (**7**)
carecer (carezco) de   to lack, be in need of
carga   burden
cargado/a   strong (*coffee, drink*); **cargado/a de**   loaded with
cargo   task, duty; **hacerse** (*irreg.*) **cargo (de)**   to take charge (of), make oneself responsible (for)

caridad charity
cariño affection (**4**)
cariñoso/a affectionate
caritativo/a charitable
carnero/a butcher
carnicería butcher's shop
caro/a expensive
carrera race; career, profession
carretera freeway
carrocería chassis
carta letter (*correspondence*)
cartel poster, sign
cartera wallet
cartón cardboard
casa house
casado/a married person
casamiento marriage
casarse (con) to get married (to)
casi almost
caso: en todo caso in any case, anyway; **hacer** (*irreg.*) **caso (a)** to pay attention (to)
castaño *n.* chestnut tree
castigar (gu) to punish
castigo punishment
casualidad chance, accident
casualmente accidentally; by chance
casucha hut, hovel
catarata waterfall
causa: a causa de because of
cavador(a) digger, excavator
cavar to dig, excavate
cavilar to ponder, meditate
cazar (c) to hunt, go hunting
ceder to give way; to yield
celaje streak of cloud; *pl.* varicolored clouds
celeste celestial, heavenly
celo heat, rut
celos jealousy (**3**); **tener** (*irreg.*) **celos** to be jealous (**3**)
celoso/a jealous
cena dinner
censo census
centro center; downtown
cerca de close to; about (*with time*)
cercano/a nearby
cerca fence, wall
cercar (qu) to surround, encircle
cerciorarse de to ascertain; to find out
cerilla match
cerradura lock
cerrar (ie) to close
cerro hill
cerrojo bolt, latch

certeza certainty
cerveza beer
cesar to cease, stop
césped *m.* lawn, yard
cesta basket
chaleco vest
chamarro shawl; blanket
chancho pig
chapa nameplate (*of a doctor, lawyer, etc.*)
charca pool, pond
charla talk, chat
charlar to talk, chat
chasquilla hair, bangs
chico/a boy, girl
chillar to scream, shriek
chillido scream, shriek
chillón, chillona screaming; harsh, shrill (*coll.*); flashy (*fig.*)
chispa spark
chisporroteo spluttering, spitting (*of fire*)
chorizo *type of sausage*
choza hut, hovel
ciego/a blind
cielo sky; heaven; **poner** (*irreg.*) **el grito en el cielo** to complain bitterly, cry out to heaven
cierre zipper
cierto/a certain; sure; true
cifra figure, number
cigarrillo cigarette
cine cinema; movies
cinturón belt
circulación traffic (*Spain*)
circular to circulate
cita quote; appointment, date
ciudad city
ciudadano/a citizen
¡claro (que)! of course!; **sacar (qu) en claro** to clear up, explain
claro/a clear; bright; light-colored
clase (*f.*) **social** social class (**6,8**)
claudicar (qu) to give in (*to sleep*)
clausura closing
clave *n., adj.* key
clavel carnation
claxon horn
coartada alibi
cobrar to charge (*for a service*); **cobrar sentido** to make sense
cobre copper; penny
coche car
cocina kitchen
cocinar to cook
codazo nudge or blow with the elbow

codicia greed (**5**)
codo elbow
coger (j) to seize; to take hold of; to catch (*a bus, train, etc.*)
cognado cognate
cogollo: sombrero de cogollo straw hat
colarse to slip in, sneak in
coleccionar to collect
coleccionista *m., f.* collector
colecta collection (*for charity*)
colegio primary or secondary school
colérico/a ill-tempered
coletazo breaking (*of waves*)
coleto body (*of a person*)
colgar (ue) (gu) to hang
colilla butt (*of a cigarette*)
collar necklace
colocar (qu) to place, put; **colocarse** to place or station oneself; to get a job
colón *monetary unit of Costa Rica and El Salvador*
colorado/a reddish, red
colorear to turn red
colorete rouge, blush (*makeup*)
comedor dining room
comején termite
comer to eat; **comerse las uñas** to bite one's nails
comenzar (ie) (c) to begin
comercio business; commerce
cometer to commit
comida food; meal
comienzo beginning
comisaría commisariat; police headquarters
comisario/a commissioner; chief of police
comisión *type of police officer* (*Mex.*)
cómodo/a comfortable
compadecerse (zc) de to feel sorry for, pity
compadrazgo *relationship between parents and godparents of a child*
compañero/a companion, partner
compartir to share
compás rhythm, tempo; **al compás de** to the rhythm of, in step with
competir (i, i) to compete
completo: por completo completely
complicado/a complicated
componedor(a) arbitrator, referee; composer
componer (*like* **poner**) (*p.p.* **compuesto/a**) to compose

comprar to buy
comprender to understand
comprensible understandable
comprensión comprehension, understanding
comprometerse a + *inf.* to pledge oneself; to promise to (*do something*)
compromiso pledge, commitment
comprobar (ue) to verify; to substantiate
comunicar(se) (qu) to communicate
comunidad community
concentrarse en to be concentrated in
conchabarse to find work; to work
concluir (y) to conclude
concordar (ue) to agree, be in agreement
concretar to make explicit, clear; **concretarse** to limit or confine oneself
condenado/a *n.* condemned person; *adj.* condemned
condenarse to condemn oneself
conducir (zc) *irreg.* to drive; to lead, guide
conejo rabbit
confianza confidence
confiar (confío) en to trust, have faith in
confín boundary, frontier, limit
conforme *conj.* as
confundir to confuse
conjetura conjecture
conjunto entirety; set
conmover (ue) to move (*emotionally*)
conocer (zc) to know, be familiar with; to meet (*for the first time*)
conocimiento knowledge
conquistar to conquer
conseguir (i, i) (g) to get, obtain; **conseguir** + *inf.* to succeed in (*doing something*); **conseguir que** + *subj.* to arrange, bring about (*something*)
consejo (*piece of*) advice
consentir (ie, i) to consent
conserje concierge
conservador(a) conservative
conservar to keep, maintain
constatar to verify, confirm
construir (y) to build, construct
consuelo consolation, comfort; joy, delight
consultorio doctor's or dentist's office
contacto: cristales (*pl.*) **de contacto** contact lenses; **llave** (*f.*) **de contacto**

ignition key; **ponerse** (*irreg.*) **en contacto con** to get in contact with
contar (ue) to count; to tell (*a story*); **para contarle por...** to hear . . . tell it, according to . . .
contemplar to contemplate
contener (*like* **tener**) to contain
contenido content(s)
contento/a happy
contestar to answer
continuación: a continuación following, that follow(s)
contorno contour, outline
contorsionado/a contorted
contra against
contrabandista *m., f.* smuggler, dealer in contraband
contraportada back cover
contrario: al contrario on the contrary; **lo contrario** the opposite
contrato contract
contribuir (y) to contribute
convencer (z) to convince
convenir (*like* **venir**) to be advisable; to be worthwhile
convertir (ie, i) to convert; **convertirse en** to turn into
convocado/a convened
coñac ("cogñac") *m.* cognac, brandy
copa (wine) glass
coquetería flirtatiousness (3)
coqueto/a vain (3); flirtatious (3)
corazón heart
corno horn
correo mail; post office
correr to run; **echar a correr** to break into a run
correspondencia mail; correspondence
cortar to cut; to slice; to cut off
corte shut-off; shut-down
corto/a short (*in length*)
cortejo retinue, entourage
cortina curtain
cosa thing
cosecha harvest
costa coast
costar (ue) to cost
costero/a coastal
costumbre *f.* custom, habit
crear to create
crecer (zc) to grow, grow up
crecimiento growth
crédulo/a gullible (3)
creencia belief
creer (y) to think, believe; **creo que no**

I don't think so; **creo que sí** I think so; **no creo** I don't think so
creíble believable
creyente *m., f.* believer
criada maid
criar (crío) to raise (*a child*) (4)
criatura creature; infant, baby
cristal crystal; pane of glass; **cristales** (*pl.*) **de contacto** contact lenses
cruda hangover (*Mex.*)
crueldad cruelty
crujido creak; rustle
crujir to creak; to rustle
cruz (*pl.* **cruces**) cross
cruzar (c) to cross; **cruzarse** to cross another's path
cuaderno notebook
cuadro painting, portrait
cual which; what; who; **cada cual** each one, everyone
cualidad quality
cualquier(a) *pron.* anyone; *adj.* any
cuanto: en cuanto a regarding, as regards
cuánto *adj.* how much
cuarto *n.* room; quarter; **cuarto de baño** bathroom
cuarto/a *adj.* fourth
cubierto/a *p.p.* covered
cubrir (*p.p.* **cubierto/a**) to cover
cucharita teaspoon
cucharón serving spoon, ladle
cuchillo knife
cucurucho paper cone
cuello neck
cuenta reckoning; report; check (*in a restaurant*), bill; **darse** (*irreg.*) **cuenta (de)** to realize; **hacer** (*irreg.*) **las cuentas** to tell stories; **tener** (*irreg.*) **en cuenta** to keep in mind; **tomar en cuenta** to take into account
cuentista *m., f.* storyteller
cuento story, short story
cuerda cord, string
cuero leather
cuerpo body
cuesta arriba uphill
cueva cave
cuidado care; **con cuidado** carefully; cautiously
cuidar to look after, take care of
culminante culminating; highest
culminar to finish
culpa guilt
culpable guilty

culpar to blame; to accuse
cultivo cultivation
cumpleaños *s.* birthday
cumplir to turn (*years old*); **cumplir con** to fulfill
cuna cradle
curar to cure; to heal
cuyo/a/os/as whose

D

dable possible, feasible
daño harm, injury; **hacer** (*irreg.*) **daño** to harm
dama lady
dar *irreg.* to give; **dar a** to face, open onto; **dar a luz** to give birth; **dar abrigo** to shelter, protect; **dar aviso** to warn; **dar cabida a** to admit, give voice to; **dar con** to encounter, run into; **dar de alta** to discharge (*a patient*) from a hospital; **dar ganas de** + *inf.* to feel like (*doing something*); **dar golpes** to strike, hit; **dar gusto a** to please; **dar la(s)** + *time* to strike . . . o'clock; **dar la espalda** to turn one's back, turn away; **dar las gracias** to thank; **dar miedo** to scare; **dar un paseo en barca** to go for a boat ride; **dar un paso** to take a step; **dar una vuelta** to take a walk or stroll; **dar vueltas** to turn around in circles; **darle a uno paso** to allow entry; to make way for; **darle a uno pereza** to make one feel tired, lazy; **darle a uno vergüenza** to make one ashamed; **darle lo mismo a uno** to be all the same to one, not matter to one; **darse cuenta (de)** to realize; **darse prisa** to hurry up; **darse vuelta** to turn around
datos *pl.* data
deambular to roam about; to stroll
debajo de under, underneath; **por debajo** from underneath
deber *v.* should, ought, must; to owe; *n.* duty
debido a due to
débil weak
debilitarse to weaken, become weak
decir *irreg.* (*p.p.* **dicho/a**) to say, tell; **es decir** that is to say; **querer** (*irreg.*) **decir** to mean
declaración statement
dedicar (**qu**) to dedicate; **dedicarse (a)** to devote oneself (to)

dedo finger; **yema del dedo** fingertip
defectuoso/a defective
deforme deformed
defunción death, decease
deidad deity
dejar to leave; to permit, allow; **dejar de** + *inf.* to stop (*doing something*); **dejar en paz** to leave alone, let alone; **dejarse** to allow oneself to (*do something*)
delante de in front of
delantera: tomar la delantera a to anticipate
delgado/a slender, slim
delito crime, offense
demacrado/a drawn, emaciated
demás: los/las demás the others, the rest
demasiado *adv.* too; too much
demasiado/a *adj.* too much; too many
demostrar (**ue**) to demonstrate
dentro inside; **dentro de** inside (of), within
departamento province, district; apartment (*Mex.*)
dependiente/a employee; clerk
deporte sport
deportivo/a *adj.* sports
deprimente depressing
derecha right (*side*)
derecho right (*legal*); **derecho de autor** (author) royalty; **tener** (*irreg.*) **derecho** to have the right (7)
derrocar (**qu**) to overthrow, bring down (*from power*)
derrota defeat
derrumbarse to collapse, crumble; to fall in(to)
desacomodado/a inconvenienced, bothered
desafío *n.* challenge, dare
desafortunado/a unfortunate person
desagradable unpleasant, disagreeable
desahogarse (con) to unburden oneself (with); to confide (in)
desaliento discouragement
desamparado/a homeless
desaparecer (**zc**) to disappear
desarrollar(se) to develop
desarrollo development
desatar to let loose
desayunar to eat breakfast
desayuno breakfast
desbandarse to scatter or flee in disorder

descalzo/a barefoot
descansar to rest
descanso rest, repose
descargarse (**gu**) to unburden oneself
descarnado/a lean, thin; bony
descender (**ie**) to lower; to descend
descenso descent
descerrajar to remove, break off, or force the lock of
descolorido/a faded; bleached
desconfiado/a distrustful, suspicious
desconocer (**zc**) to be ignorant of
desconocido/a *n.* stranger, newcomer; *adj.* unknown
descubierto/a discovered
descubrimiento discovery
descubrir (*p.p.* **descubierto/a**) to discover
descuidado/a careless; unkempt
descuido: en un descuido when least expected, suddenly
desde from; since; **desde hace** for (+ *period of time*); **desde luego** doubtless, of course; **desde que** since
desear to desire, wish
desembocar (**qu**) to empty, flow (*a river into the sea*); to lead, go (*one street into another*)
desembolso disbursement
desempeñar to fulfill, carry out; **desempeñar un papel** to carry out a role (4)
desenlace dénouement, conclusion
desenredar to untangle; to put in order, clear up (*fig.*)
desenterrado/a unearthed
deseo desire, wish
desesperado/a desperate
desesperarse to despair, lose hope
desfalco embezzlement; robbery
desfigurarse to become clouded, dark; to change countenance
desganadamente indifferently
desgarrado/a horrifying
desgaste wear and tear
desgracia misfortune; **por desgracia** unfortunately
deshacer (*like* **hacer**) (*p.p.* **deshecho/a**) to undo
deshilachado/a frayed
deshumanizar (**c**) to dehumanize (6)
desierto/a deserted
deslizarse (**c**) to slip, slide
desmadejado/a weak, weakened

desobedecer (zc) to disobey
desorden disorder
despachar to sell
despacio slowly
despectivo/a derogatory
despedida farewell
despedir (i, i) to give off, emit;
  despedirse (de) to say good-bye (to)
despeinarse to become uncombed,
  disarranged
despejo confidence, ease
desperezarse (c) to stretch oneself,
  stretch out
despertar (ie) (*p.p.* **despierto/a**) to
  wake, awaken
despierto/a awake
desplazarse (c) to move; to shift
desplegarse (gu) to unfold
despoblado/a deserted (9);
  uninhabited (9)
desprenderse (de) to loosen oneself
  (from), become clear (of)
desproporcionado/a disproportionate
después *adv.* after, afterwards;
  después de *prep.* after; **después de
  todo** after all, when all is said and
  done; **después que** *conj.* after
destapar to uncover
desteñir (i, i) to fade, discolor
destino destiny; destination
destrozar (c) to destroy
destruir (y) to destroy (2); to vandalize
  (2)
desvanecerse (zc) to disappear,
  vanish
desvelarse to stay up late, to go
  without sleep
desventaja disadvantage
desviación deviation
desviar(se) (desvío) to turn away
detalladamente in detail
detallar to relate in detail
detalle detail
detener (*like* **tener**) to stop, detain; to
  arrest (7)
detenidamente thoroughly, in detail
detrás de behind
devolver (ue) (*p.p.* **devuelto/a**) to
  return (*something*)
diablo devil
diario *n.* newspaper; diary; **recortes
  (*pl.*) de diario** newspaper clippings
diario/a *adj.* daily
dibujar to draw
dibujo drawing

dicho *n.* saying, proverb
dicho/a *p.p.* said, told
dichoso/a happy; fortunate
dictado *n.* dictation
dictadura dictatorship
diente tooth
diferencia: a diferencia de unlike
difícil difficult
difunto/a dead, deceased
dignidad dignity
digno/a deserving; honorable,
  dignified
diminuto/a diminutive, small
dinero money
dintel threshold
Dios God
diosa goddess
dirección address; direction
dirigir (j) to lead; **dirigirse a** to make
  one's way to; to address oneself to
discriminación discrimination (6)
discriminado/a discriminated against
discriminar to discriminate (6)
disculpar to excuse, pardon
disculpa: pedir (i, i) disculpas to
  apologize
discurso speech
discutir to discuss; to argue
disertar to discourse, expound
disgustado/a sad, sorrowful;
  displeased
disimular to mask, disguise
disminuir (y) to diminish
disparar to shoot
disparo (gun) shot
disperso/a spread out, scattered
disponerse (*like* **ponerse**) **a** to get
  ready to (*do something*)
dispuesto/a willing; arranged, placed
distinguir (g) to distinguish
distinto/a distinct, different
distribuir (y) to distribute
diván low sofa
divertir (ie, i) to amuse; **divertirse** to
  have fun
divisar to see, perceive
doblar to turn; **doblarse** to collapse,
  give way
doble double; **doble personalidad**
  split personality (1)
doler (ue) to ache, hurt
dolor ache, pain; **hacer** (*irreg.*) **dolor**
  to cause pain
doloroso/a painful
domador(a) tamer (*of animals*)

doméstico: tareas (*f. pl.*) **domésticas**
  household chores
dominar to dominate
dominical *adj.* (of or relating to)
  Sunday
don gift (4, 8)
don, doña *title of respect used before a
  person's first name*
dorado/a golden
dormido/a asleep
dormir (ue, u) to sleep; **dormir la
  siesta** to take a nap
dormitar to doze
dormitorio bedroom
dosis *f.* dose
ducharse to take a shower
duda doubt; **sin duda** undoubtedly
dudar to doubt; to hesitate
dudoso/a doubtful; unlikely
dueño/a owner
durante during
durar to last
dureza: con dureza harshly
duro *adv.* hard

E

echar to throw, cast; **echar a correr** to
  break into a run; **echar mano de** to
  grab, seize; **echar una mirada** to cast
  a glance
económico/a: nivel económico
  economic level (6)
edad age; **tener** (*irreg.*) **edad para +**
  inf. to be old enough to (*do
  something*)
edificado/a built up
edificante edifying
edificio building
educación education; upbringing
educarse (qu) to educate oneself
efectivamente really, actually
efectivo: en efectivo in cash
efectos: surtir sus efectos to have the
  desired effect
efectuar (efectúo) to effect, carry out
egresar to leave (*school or college*) at the
  termination of studies
ejecutivo/a *n.* executive
ejercer (z) to practice (*a profession*)
ejército army
elegir (i, i) (j) to elect, choose
elevar to lift, raise; **elevarse** to rise
eliminar to eliminate
ello *pron.* it
elogiar to praise

elogio   praise

embarazar (c)   to make pregnant

embarazo   pregnancy

embargo: sin embargo   however, nevertheless

embestir (i, i)   to attack, assault; to pester (coll.)

embochincharse   to become agitated, stirred up

embojotado/a   tied up, wrapped up (Ven.)

embrujado/a   haunted (9)

empalidecer (zc)   to grow pale, turn pale

empezar (ie) (c) a + inf.   to begin (to do something); empezar por + inf. to begin by (doing something)

empeñarse en + inf.   to be bent on (doing something)

empleado/a   employee

emplear   to employ, use

empleo   job, employment

emplumado/a   feathered, decorated with feathers; tarred and feathered

emprender   to begin, undertake

empujar   to push

empujón   push, shove

enamorarse de   to fall in love with

enano/a   dwarf

encaje   lace

encaminarse hacia/por   to make for, set out for

encantar   to charm, delight

encanto   charm, delight

encarcelado/a   jailed

encargado/a   representative, person in charge, agent

encargar (gu) a alguien que + subj.   to ask someone to (do something)

encariñarse con   to become fond of

encarnado/a: ponerse (irreg.) encarnado/a   to blush

encender (ie)   to light, kindle; to turn on (lights)

encerrar (ie)   to shut in, lock in

encharcado/a   soaked; flooded

encima (de)   on top (of); in addition (to)

encogerse (j) de hombros   to shrug one's shoulders

encogido/a   bent, pulled in (legs, arms)

encontrar (ue)   to find; to meet

encuentro   meeting, encounter

encuesta   survey

enderezarse (c)   to stand up; to become straight

endeudado/a   indebted

enfermarse   to become sick, ill

enfermedad   illness

enfermero/a   nurse

enfermo/a n.   sick person; adj.   sick, ill

enfrente de   in front of

enfrentar   to confront, face

engañar   to deceive

engolosinadamente   greedily

enhebrado/a   threaded (needle)

enmarcado/a   framed

enmontarse   to become covered with undergrowth

enmudecer (zc)   to be silent; to lose the power of speech

ennegrecido/a   blackened

enojado/a   angry, upset

enorme   enormous

enredado/a   tangled

enrejado/a   with railings or lattice (window)

enriquecerse (zc)   to become rich, get rich

enrojecido/a   red, reddened

enseñanza   teaching

enseñar   to show, to teach

ensimismado/a   lost in thought; self-absorbed

ensombrecerse (zc)   to become sad or melancholy

ensoñadoramente   dreamily

entablar   to start, strike up (a conversation)

entender (ie)   to understand

entendimiento   understanding

enterarse (de)   to find out (about)

entero/a   entire, whole

enterrar (ie)   to bury (9)

entierro   tomb, grave; buried treasure (coll.)

entonces   then; in that case; so

entrada   entrance; forzar (ue) (c) la entrada   to break in (2)

entrañas f. pl.   entrails; innermost recess

entre   between; among; entre sí among themselves

entrechocar n.   collision

entrecortado/a   intermittent; broken (voice)

entregar (gu)   to hand over, deliver

entretenerse (like tener)   to amuse oneself; to delay, dally

entrever (like ver)   to see vaguely, catch a glimpse of

entrevista   interview

entrevistar   to interview

entusiasmo   enthusiasm

envejecido/a   old, aged

envergadura   importance, prestige

enviar (envío)   to send

envidia   envy, jealousy (3)

envidiable   enviable

envilecer (zc)   to debase, degrade

envoltorio   package

envolver (ue) (p.p. envuelto/a)   to wrap, pack

época   epoch, time

equipo   team

equivaler (equivalgo) a   to be equivalent to

equivocarse (qu)   to be mistaken

erguido/a   raised, erect

escalera   staircase; stairs

escalón   step, stair (of a staircase)

escaparate   display window

escarbar   to scratch, scrape

escasez (pl. escaseces)   scarcity; poverty

escaso/a   scarce

escenario   setting, background

esclavo/a   slave

escoba   broom

escoger (j)   to pick, choose

escollo   reef

escoltado/a   escorted

esconder   to hide

escondite   hiding place (2)

escopeta   shotgun, rifle

escribir (p.p. escrito/a)   to write

escrito/a   written

escritor(a)   writer

escritorio   desk

escritura   writing

escuchar   to listen (to)

escudo   shield; coat-of-arms

escuela   school

escuincle m., f.   kid

escupir   to spit

escurrirse por   to trickle down

esfuerzo   effort

espaciado/a   spaced out, spread out

espacio   space

espalda   back; a sus espaldas   at his/her back; dar (irreg.) la espalda to turn one's back, turn away; reposar de espaldas   to rest lying down

espantar   to frighten, scare

espanto   ghost, apparition

espantoso/a   scary (9)

especialidad specialty

especie *f.* type, kind; **en especie** in kind (*i.e., not in cash*)

espectáculo show, performance

espectador(a) spectator

especular to speculate

espejo mirror

espera wait; **sala de espera** waiting room

esperanza hope; expectation

esperar to wait (for); to hope; to expect

espía *m., f.* spy (7)

espiar (espío) to spy

esposo/a spouse; husband, wife

esqueleto skeleton

esquema diagram; table

esquina corner; **hacer** (*irreg.*) **esquina** to be on a corner

esquivar to dodge, duck

estación season; station

estado condition, state; **estado de ánimo** state of mind

estallar to explode, burst; to crack

estampilla stamp

estancado/a paralyzed, brought to a standstill

estante bookshelf

estar *irreg.* to be; **estar de acuerdo (con)** to agree, be in agreement (with); **(no) estar de humor para** to (not) be in the mood for (*something*); **estar de moda** to be in fashion, be fashionable

estatalidad statehood

estatura stature, height

estiércol dung, manure

estrecho/a narrow; **tren de vía estrecha** commuter train

estrella star

estremecimiento shudder

estrenado/a presented for the first time

estrépito noise, crashing

estridente strident, shrill

estrofa stanza; verse

estropear to spoil, ruin

estropicio noisy disturbance, hallabaloo

estudiantil *adj.* (pertaining to a) student, college

etapa stage, step

eterno/a eternal

evaluar (evalúo) to evaluate

evitar to avoid

exagerar to exaggerate

excavar to excavate

exigente demanding

exigir (j) to demand

exiliados *pl.* exiles (7)

exilio exile (7)

éxito success

exitoso/a successful

expediente reason, motive

experimentar to experience, feel

explicación explanation

explicar (qu) to explain

explotar to exploit

extraer (*like* **traer**) to extract

extranjero/a stranger; foreigner

extrañar to surprise

extrañeza strangeness; surprise, wonder

extraño/a *n.* stranger; *adj.* strange

extremadamente extremely

extremo end

F

facciones *f. pl.* (*facial*) features

fachada façade

fácil easy

facilitar to facilitate

factible feasible

factoría agency; factory, plant

facultad power, ability

facultativo/a doctor, surgeon

falda skirt

fallar to fail; to miss

fallo failure

fallecer (zc) to die, expire

falta lack, scarcity

faltar to be missing, lacking

familiar *m., f.* family member; *adj.* family

fantasma *m.* ghost (9); **vagar (gu) por (como fantasma)** to haunt (9)

farol lamp, light; streetlight

fascinar to fascinate

fastidio annoyance; weariness; revulsion

fatuo: fuego fatuo will-o'-the-wisp

favor: a favor de in favor of

fe *f.* faith

feo/a ugly

fecha date (*time*)

feliz (*pl.* **felices**) happy

fibra grain, streak

fiebre *f.* fever

fiera wild animal

fierro iron (*metal*)

fijamente fixedly

fijarse (en) to pay attention (to), notice

fijo/a fixed, set

fin end, ending; purpose; **al fin** at last, finally, eventually; **en fin** in a word, in short; **por fin** finally

fino/a fine; thin; sheer (*fabric*)

final end

finca property

fingir (j) to pretend

firme *n.* roadbed

físico/a physical

flaco/a *n.* skinny person; *adj.* skinny

flamante brand new

flauta flute

floreado/a decorated with flowers

florero vase, flowerpot

fogón fire; bonfire

fondo bottom; back; background; **a fondo** thoroughly

forastero/a stranger, newcomer

fortaleza strength; fortitude

forzar (ue) (c) to force; **forzar la entrada** to break in (2)

fosa grave, pit

fracasar to fail

fracaso failure

frase *f.* phrase; sentence

frazada blanket

fregado difficulty, mess (*coll.*)

frenar to brake

freno bit (*of a harness*)

frente *f.* forehead; *m.* (*military*) front, front line; **frente a** facing; **pasar la mano por la frente** to run one's hand across one's forehead

frijol bean

frío *n.* cold; **hacer** (*irreg.*) **frío** to be cold (*weather*); **tener** (*irreg.*) **frío** to be cold

frío/a *adj.* cold

frontera border, frontier

frustrado/a frustrated

fuego fire; **fuego fatuo** will-o'-the-wisp

fuera *adv.* outside

fuerte strong

fuerza strength

fugaz (*pl.* **fugaces**) fleeting

fulminante: revólver de fulminante cap gun

fumar to smoke

fundado/a founded

fungir (j) to function, act

furia: hecho/a una furia furious

fútbol soccer

G

gabardina raincoat
gafas *f. pl.* (eye)glasses
ganar to earn, get; to win
ganas *f. pl.:* **dar** (*irreg.*) **ganas de** + *inf.* to feel like (*doing something*); **sin ganas** without wanting to
gangrenado/a gangrenous
garganta throat
garrafón demijohn (*large bottle with a short, narrow neck, usually encased in wickerwork*)
gas lacrimógeno tear gas
gastar to spend (*money*); to wear out
gatillo trigger
gaveta drawer (*of a desk, etc.*)
gemido moan (9)
gemir (i, i) to moan, groan
generar to generate
general: por lo general in general
genio temper; character, disposition
gente *f. s.* people
gesto look, expression; gesture
gimnasio gymnasium
gimotear to whine
gira: andar (*irreg.*) **de gira** to circle around, walk in circles around
girar to turn, rotate
gobernante *m., f.* ruler
gobierno government
golero/a goalie, goal-keeper
goloso/a sweet-toothed; greedy
golpe blow, hit; **dar** (*irreg.*) **golpes** to strike, hit; **de golpe** suddenly; all at once; **golpe militar** military coup (7)
golpear to hit, strike
gordo/a fat
gorjear *n.* gurgle (*baby*)
gota drop
gotera leak, drip
gozar (c) de to enjoy
gozne hinge
grabar to engrave; to record
gracia charm, gracefulness; **dar** (*irreg.*) **las gracias** to thank
grado grade
graduarse (me gradúo) to graduate
gran, grande grand, great; large; **en gran medida** in great measure
granadero grenadier (*soldier*)
gratis free, for nothing
grave serious; seriously ill
grillo cricket
gritar to shout

griterío din, uproar
grito shout, cry; **pegar (gu) un grito** to shout; **poner** (*irreg.*) **el grito en el cielo** to complain bitterly, cry out to heaven
grosería vulgarity; rudeness
grueso/a thick
¡guá! huh!, oh! (*expression of surprise*)
guante glove
guapo/a handsome
guardar to keep; to guard; to preserve, keep (*silence*); **guardar la línea** to watch one's figure
guerra war
guerrillero/a guerrilla
guía *m., f.* guide; *f.* guidebook
guiado/a guided
guindar to hang, suspend
guiñar to wink
gustar to please, be pleasing; to like
gusto pleasure; taste; **dar** (*irreg.*) **gusto a** to please; **por gusto** for the sake of it

H

haber *irreg.* to have (*auxiliary v.*)
habilidoso/a skillful
habitar to inhabit
habitación dwelling, house; room
habitante *m., f.* inhabitant
habitar to inhabit
hábito dress, garb
hablador(a) talkative
hacer *irreg.* (*p.p.* **hecho/a**) to do; to make; **desde hace** for (+ *period of time*); **hace** (+ *period of time*) (*period of time*) ago; **hace** (+ *period of time*) **que** it's been (*period of time*) since; **hacer barbaridades** to fool around; **hacer bocina con las manos** to cup one's hands around one's mouth; **hacer burla de** to make fun of; **hacer caso a** to pay attention to; **hacer daño** to harm; **hacer dolor** to cause pain; **hacer el papel** to play the role; **hacer esquina** to be on a corner; **hacer frío** to be cold (*weather*); **hacer jugarretas** to play dirty tricks; **hacer las cuentas** to tell stories; **hacer las maletas** to pack one's bags; **hacer preguntas** to ask questions; **hacer seña(s)** to signal; **hacer una pausa** to pause; **hacerse** to make oneself; to become; to turn (into); **hacerse cargo (de)** to

take charge (of), make oneself responsible (for); **hacerse ilusiones de que** to have hopes that; **hacerse mala sangre** to become vindictive
hacia toward; **hacia atrás** backwards
hallar to find
hambre *f.* (*but* **el hambre**) hunger; **tener** (*irreg.*) **hambre** to be hungry
harto/a tired of, fed up with
hasta *prep.* until; up to; *adv.* even; **hasta que** *conj.* until
hay there is, there are
hecho fact; **de hecho** in fact
hecho/a done; made; **hecho/a una furia** furious
helado *n.* ice cream
helado/a *adj.* frozen; icy
hembra female
heredar to inherit (5); to bequeath (5)
herencia inheritance (5)
herida injury, wound
herir (ie, i) to injure, hurt (2)
hermoso/a beautiful; handsome
hervir (ie, i) de to swarm, teem with
hierba grass; herb; **hierba mala** weed
hierro iron (*metal*)
hígado liver (*anatomy*)
hilo trickle, thin stream
hincho/a stuffed, gorged
historia history; story
historieta short story
hoguera (de campamento) campfire (9)
hoja leaf; sheet
hojear to leaf through
hombro shoulder; **encogerse (j) de hombros** to shrug one's shoulders
hondo/a deep
horario schedule
hoyo hole, pit
hueco hole, hollow; **sonar (ue) a hueco** to ring hollow, sound hollow
huele *see* **oler**
huella trace, mark
huerta garden; orchard
huerto garden; orchard
hueso bone
huesoso/a bony
huída flight; escape
huir (y) to flee
humeante streaming
humedad humidity, moisture
humedecer (zc) to dampen
húmedo/a humid
humo smoke

humor: de mal humor in a bad mood; **(no) estar** (*irreg.*) **de humor para** to (not) be in the mood for (*something*)

hurgar (gu) to poke, rummage

I

ídem (*Latin*) the same as previously mentioned

identificar (qu) to identify

idioma *m.* language

iglesia church

ignorancia ignorance (6)

ignorar to not know, be ignorant of

igual *m., f.* equal (*person*); *adj.* equal; same; **igual que** the same as; **sin igual** unparalleled, matchless

ilusión: hacerse (*irreg.*) **ilusiones de que** to have hopes that

ilustrar to illustrate

imagen *f.* image

impacientarse to become impatient

imperar to prevail, rule

impedir (i, i) to impede, prevent

implicar (qu) to imply

imponente imposing

importar to matter, be important

importunar to disturb, pester

impregnar to saturate, soak

impresionar to impress

impreso/a (*p.p. of* **imprimir**) printed

improperio insult

improviso: de improviso suddenly, unexpectedly

impuestos *pl.* taxes

inánime inanimate

inclinarse to lean

incluir (y) to include

incluso *adv.* even; *prep.* including

incómodo/a uncomfortable

inconfundible unmistakable

incorporarse to sit up (*from a reclining position*)

incurrir en to make, commit (*an error*)

indagación investigation

indagar (gu) to investigate

indeciso/a indecisive

indescifrable indecipherable

indeseable undesirable

indio/a *n., adj.* Indian

indicar (qu) to indicate

indicador(a) indicatory

indicio indication, sign; *pl.* evidence, clues

inédito/a new, unknown

ineficacia inefficiency

inesperado/a unexpected

infamia disgrace

infantil *adj.* child, children's

infeliz (*pl.* **infelices**) unhappy

inferior lower; inferior

infiltrarse to infiltrate

influir (y) en to influence

informal informal; unreliable

informe report

ingeniero/a engineer

ingenioso/a ingenious; witty

ingenuo/a naive

ingerir (ie, i) to ingest; to drink

ingrato/a ungrateful; disagreeable

ingresar to enter

ingresos *pl.* income

iniciar to initiate

inmediato: de inmediato immediately

inmóvil immobile, motionless

inmovilidad immobility

inmovilizarse (c) to stop, come to a halt

inmundicia filth, dirt; indecency

inquietarse por to be disturbed by, worried by

inquietud uneasiness; restlessness

inquilino/a renter, tenant

inscribir to inscribe, engrave; **inscribirse** to enroll, sign up

inservible useless

instalarse to settle (*in a place*)

integrante *m., f.* constituent, member

intemperie *f.* inclemency (*of weather*)

intensificarse (qu) to intensify

intentar + *inf.* to try to (*do something*)

intercambio exchange

internado boarding school

internarse to enter; to take refuge, hide

interponerse (*like* **ponerse**) to come between

interrogatorio interrogation

interrumpir to interrupt

interruptor (light) switch

intervenir (*like* **venir**) to intervene

íntimo/a intimate, close

intranquilo/a restless, uneasy; worried

introducir (zc) to bring in; to put (into), insert

intruso/a intruder (2)

inútil useless

invadir to invade (2)

invierno winter

invitado/a guest

involucrado/a involved, implicated

inyección: poner (*irreg.*) **una inyección** to give an injection

ir *irreg.* to go; **ir adelantado/a** to be advanced; **ir** + *ger.* to be beginning to (*do something*); **ir** + *p.p.* to be + *adj.*; **ir de** (**bluejeans**) to be dressed in, wearing (*bluejeans*); **irse** to leave, go away

irrumpir en to burst into; to shatter (*fig.*)

isla island

J

jactarse de to boast about, brag about

jamás never, not ever

jardín garden

jardinería gardening

jaula cage

jefe/a boss

jíbaro/a peasant (*coll.*)

jinete rider

jodido/a damnable, abominable (*vulgar*)

jopo *large hair pin* (*Arg.*)

jornada day's work

joven *m., f.* young man, young woman; *adj.* young

jubiloso/a jubilant

juego game

jugar (ue) (gu) to play

jugarreta: hacer (*irreg.*) **jugarretas** to play dirty tricks

jugo juice

juguete toy

juguetear to play

junta council; junta

juntar to gather, collect; to join, unite; **juntarse** to copulate

junto *adv.*: **junto a** near, next to; **junto con** along with, together with

juntos/as *adj.* together

jurar to swear

justamente exactly, precisely

justificar (qu) to justify

justo *adv.* right, exactly, precisely

justo/a *adj.* fair

juvenil youthful

juventud youth

juzgar (gu) to judge

K

kiosco ("kiosko") kiosk, newsstand; candy and refreshments stand

L

labial: lápiz (*m.*) **labial** lipstick

labio lip

lacrimógeno: gas lacrimógeno   tear gas
ladino/a   half-breed, mestizo
lado   side; **a todos lados**   on all sides; **al lado de**   next to; **de al lado**   next, adjoining; **por otro lado**   on the other hand
ladrar   to bark
ladrido   barking
ladrillo   brick
lágrima   tear; **llorar a lágrima viva**   to weep bitterly
lamentarse   to lament; to mourn
lana   wool
lancha   launch; long boat
lanzar (c)   to throw; **lanzarse**   to dash, rush
lápiz *m.* (*pl.* **lápices**)**: lápiz labial**   lipstick
largo/a   long; **a lo largo de**   throughout; **por largo rato**   for a long while
lástima   pity, compassion; shame; **tener** (*irreg.*) **lástima (de)**   to feel sorry (for)
latir   to beat, throb
lavandero/a   launderer, laundress
lavarse   to bathe
leche *f.*   milk
lector(a)   reader
lectura   reading
leer (y)   to read
lejanía   distance
lejos   far away; **a lo lejos**   in the distance; **lejos de**   far from
lengua   language; **media lengua**   gibberish
lenguaje   language
lentes *pl.*   (eye)glasses
lentitud   slowness
lento/a   slow
leña   firewood
letra   handwriting
levantar   to lift, raise; **levantarse**   to rise, get up
leve   light, slight
ley *f.*   law
leyenda   legend (9)
libertador(a)   liberator
librar   to rescue, deliver
libre   free; **al aire libre**   outside, in the open air
liceo   secondary school
ligero/a   light, not heavy
limosna *s.*   alms, charity
limpiaparabrisas *m. s.*   windshield wiper

limpiar   to clean
limpieza   cleanliness
limpio/a   clean
lindo/a   lovely, neat
línea   line; **guardar la línea**   to watch one's figure
linterna   lantern; flashlight
lirio   iris
lisiado/a   disabled
liso/a   smooth, even
listo/a   smart, clever; ready
living *m.*   living room
llamada   call
llamar   to call; **llamarse**   to be called, named
llanto   weeping, crying
llave *f.*   key; **llave de contacto**   ignition key
llegada   arrival
llegar (gu)   to arrive, reach; **llegar a ser**   to become
llenar   to fill, fill out; **llenarse**   to fill up
lleno/a   full
llevar   to bring; to carry; to wear; to have been (+ *period of time*); to lead, live (*a certain kind of life*); **llevar** + *p.p.* to have + *p.p.*; **llevar a** + *inf.*   to lead to (*doing something*); **llevar a cabo**   to carry out; to celebrate (*Mass*); **llevar puesto/a**   to be wearing, have on; **llevarse**   to carry away
llorar   to cry; **llorar a lágrima viva**   to weep bitterly
lloriquear   to whimper, whine
llorón: sauce llorón   weeping willow
llover (ue)   to rain
lluvia   rain
lo + *adj.*   the + *adj.* part, thing
localizar (c)   to locate
loco/a   crazy; **volverse (ue) loco/a**   to go crazy (1)
locura   madness, insanity
lograr   to achieve; to obtain, get; **lograr** + *inf.*   to manage to, succeed in (*doing something*)
lona   canvas
longitud   length
lucha   fight; struggle
luchar   to fight; to struggle
lucirse (zc)   to stand out, excel
luego   soon; then; **luego de**   after; **desde luego**   doubtless, of course
lugar *n.*   place
lugarteniente *m., f.*   lieutenant
lujo   luxury

lujoso/a   luxurious
luna   moon; moonlight
luz (*pl.* **luces**)   light; **dar** (*irreg.*) **a luz**   to give birth

M

macana   lie, joke
macetero   flowerpot stand, flowerpot
machetazo   cut or blow with a machete
macizo/a   solid, strong
madera   wood
madre (*f.*) **soltera**   single mother (4)
madrina   godmother
madrugada   dawn, daybreak
madurez   maturity
maíz *m.* (*pl.* **maíces**)   corn
mal *adv.*   badly, poorly; *n.* evil; **mal de ojo**   evil eye
mal, malo/a *adj.*   bad; **hacerse** (*irreg.*) **mala sangre**   to become vindictive; **hierba mala**   weed
maldecir (*like* **decir**) (*p.p.* **maldito/a**)   to curse
maleante *m., f.*   hoodlum, thug; ex-convict
maleta   suitcase; **hacer** (*irreg.*) **las maletas**   to pack one's bags
maleza   underbrush
malquerido/a   disliked, hated
malsano/a   unhealthy
maltratar   to mistreat
mancha   stain
mandado   errand
mandar   to send; to command, direct; **mandar a** + *inf.*   to have + *p.p.*
mandato   mandate, political rule
mando   command
manera: a manera de   like, in the manner of; **de todas maneras**   whatever happens
manga   sleeve
manifestación   manifestation; demonstration (*protest*)
maniobrar   to maneuver
mano *f.*   hand; **al alcance de la mano**   within reach, arm's length; **echar mano de**   to grab, seize; **pasar la mano por la frente**   to run one's hand across one's forehead
mano/a   friend, companion (*Mex.*)
mansedumbre *f.*   gentleness; meekness
manta   blanket
mantener (*like* **tener**)   to maintain
mantequilla   butter
manzano   apple tree

maña   skill; craftiness

mapuche   *Araucan language*

maquillaje   makeup

máquina   machine

maquinalmente   mechanically

mar   sea

maraña   tangle, mess (*fig.*)

maravillado/a   astonished, amazed

marca   mark; brand

marcha: poner (*irreg.*) en marcha   to put into motion

marcharse   to leave, go away

marco   setting (*fig.*)

marfil   ivory

marginado/a   separated from society (*fig.*)

marido   husband

marino: azul marino   navy blue

mariposa   butterfly

mármol   marble

más: cada vez más + *adj.*   more and more + *adj.*; más arriba   farther up; más que nada   more than anything; para más nada   for anything else; por más que de noche   except at night

masa   mass, lump; en masa   en masse

matanza   killing

matar   to kill

mata   bush, shrub

matazón *f.*   slaughter, massacre (*Cuba*)

maternidad   maternity (4)

matiz *m.* (*pl.* matices)   nuance, shade, trace

mayor *m., f.*   adult; *adj.*   older, oldest; greater

mayoría   majority

mecer(se) (zc)   to rock, move to and fro

mecha   lock (*of hair*)

mechón   lock, tuft (*of hair*)

mediano/a   medium, average

medianoche *f.*   midnight

medicamento   medication

médico/a   doctor; reconocimiento médico   medical exam (5)

medida: a medida que   as, at the same time as; en gran medida   in great measure

medio *n.*   middle; *pl.*   means; en medio de   in the middle of; por medio de   by means of

medio/a *adj.*   middle; half; a media calle   in the middle of the street; a medio camino   half way; media lengua   gibberish

mediodía *m.*   noon

medir (i, i)   to measure

mejilla   cheek

mejor   better, best; a lo mejor   perhaps

mejoramiento   betterment, improvement

mejorar   to improve

melena   mane

mendicidad   begging

menor   younger; lesser

menos   less, least; al menos   at least; no ser para menos   to be with good reason; to not be surprising; por lo menos   at least

mensaje   message

mensual   monthly

mente *f.*   mind

mentir (ie, i)   to lie (5)

mentira   lie (5)

menudo: a menudo   often

menudo: monedas (*f. pl.*) menudas   small change

mercado   market

mercancía   merchandise

merced a   thanks to

merecer (zc)   to deserve

merodear   to maraud, plunder

mesa   table

mesón   inn, tavern

mestizo/a   *Hispanic of European and indigenous ancestry*

metáfora   metaphor

meta   goal

meter   to put, place; meterse   to get into, enter; meterse a + *inf.*   to take it upon oneself to (*do something*); meterse en   to meddle, get tangled up in

mezcla   mixture

mezclar   to mix; mezclarse   to mix, mingle

micro(bús) *m.*   minivan

miedo   fear; dar (*irreg.*) miedo   to scare; tener (*irreg.*) miedo   to be afraid (2)

mientras (que)   while, when; mientras tanto   meanwhile

milagro   miracle

militar *m., f.*   soldier; golpe militar   military coup (7)

milpa   cornfield

mimado/a   spoiled (*person*)

minoría *n.*   minority

minoritario/a *adj.*   minority

minusválido/a   handicapped (2)

mío/a/os/as   mine, of mine

miope   nearsighted

mirada   look, glance; echar una mirada   to cast a glance

mirar   to look, look at

mirilla   peephole

mirón, mirona   spectator, onlooker

misa   Mass

misia   miss, young lady

mismo/a   same; very; darle (*irreg.*) lo mismo a uno   to be all the same to one, not matter to one; (ella) misma   (she) (her)self; lo mismo   the same thing

mitad   half

mochila   knapsack

mocho/a   blunt, without a point

moda: estar (*irreg.*) de moda   to be in fashion, be fashionable

modo   manner, way, fashion; de todos modos   anyway

mojado/a   wet; damp

mole *f.*   large mass, bulk

molestar   to annoy, bother

molestia   annoyance

molesto/a   annoyed, bothered

momento: a cada momento   continuously; de un momento a otro   momentarily, at any time; por momentos   at times

moneda   coin; currency; wealth, riches (*coll.*); monedas menudas   small change

monja   nun

mono   monkey

montaña   mountain

montar a caballo   to ride horseback

montón   heap, pile

morder (ue)   to bite

morir (ue, u) (*p.p.* muerto/a)   to die

mosca   fly

moscardón   blowfly; hornet

mostrador   counter

mostrar (ue)   to show, demonstrate; to exhibit

motivar   to motivate

motivo   motive, reason

móvil *n.*   motive

movimiento   movement

mozo/a   youth; young man, young woman; waiter; waitress; porter

muchacho/a   boy, girl

mudanza   move

mudarse   to move (*change residence*)

mudez   muteness; prolonged silence

muebles *pl.* furniture
muelle wharf
muerte *f.* death
muerto/a died; dead
muestra demonstration, proof; sign
mujer *f.* woman; wife
mundo world
muñeca doll; wrist
murciélago bat (*mammal*) (4)
murmullo murmur
musiúes *pl.* foreigners (*coll.*)

N

nacarado/a decorated with mother-of-pearl
nacer (zc) to be born
nacido/a: recién nacido/a newborn (4)
nada nothing, not anything; **antes que nada** first of all; **más que nada** more than anything; **no... para nada** not . . . at all; **para más nada** for anything else
nadador(a) swimmer
nadar to swim
nadie nobody, not anybody
nariz (*pl.* **narices**) nose
narrador(a) narrator
narrar to narrate
necesidad necessity
necesitado/a needy person
necesitar to need
necrología obituary
negar (ie) (gu) to deny (8); **negarse** to refuse
negocio(s) business
ni neither, nor; not even; **ni... ni** neither . . . nor; **ni siquiera** not even
nieto/a grandson, granddaughter
ningún, ninguno/a no, not any, none
niñez (*pl.* **niñeces**) childhood
niño/a child; boy, girl; **de niño/a** as a child
nítido/a clear; sharp
nivel level; **nivel de vida** standard of living (7); **nivel económico** economic level (6)
noche *f.* evening, night; **esta noche** tonight; **por más que de noche** except at night; **toda la noche** all night long
nocturno/a nocturnal, night
nomás only; **ahí nomás** right over there
nombrar to name

nombre name
norma norm, standard
norte north
noticia (*piece of*) news; *pl.* news
novedad: sin novedad as usual
novio/a boyfriend, girlfriend; sweetheart
nube *f.* cloud
nublar to cloud
nuca nape (*of neck*)
nudillo knuckle
nuevamente again, anew; recently
nuevo/a new; **de nuevo** again
nunca never, not ever; **más que nunca** more than ever

O

obedecer (zc) to obey
obra work; product; **obra de teatro** play
obrero/a worker
obscurecer (zc): al obscurecer as darkness approaches
observador(a) observer
obstante: no obstante in spite of
obstruir (y) el paso to block the way
obtener (*like* **tener**) to obtain
obvio/a obvious
ocasión occasion, time
ocular: baño ocular eyewash
oculista *m., f.* ophthalmologist
ocultar to hide
oculto/a hidden
ocupar to occupy, keep busy
ocurrido: lo ocurrido what (that which) happened
odiar to hate
odio hatred
odontólogo/a odontologist (*related to dentistry*)
ofrecer (zc) to offer
oído (*inner*) ear
oír *irreg.* to hear
¡ojalá... ! I wish that . . .
ojear to stare at
ojeroso/a with dark circles under the eyes; haggard
ojo eye; *interjection* careful!, watch out!; **con buenos ojos** favorably; **mal de ojo** evil eye; **quitarse de los ojos** to take one's eyes off of
ola wave
oler (huelo) (a) to smell (of)
olfato sense of smell
olor smell

olvidar to forget; to leave behind; **olvidarse de** + *inf.* to forget to (*do something*)
onda wave
ondulado *n.* wave
ondulado/a *adj.* wavy
onza ounce
opaco/a opaque
opinar to think, have an opinion
oponer (*like* **poner**) to offer, put up (resistance); **oponerse** to oppose, be opposed
oprimir to press, squeeze
optar por to decide in favor of, choose
optativo/a optional
opuesto/a opposite
oración sentence
orden *m.* order (*chronological*)
oreja (*outer*) ear
orgullo pride
orgulloso/a proud
oriental eastern
orilla bank (*of a river*)
orillado/a de bordered with trim or decoration of
orillar to border
oro gold
orquesta orchestra
oscurecer (zc) to darken, grow dark
oscuridad darkness
oscuro/a dark (9)
otoño autumn, fall
otro/a *n., adj.* other, another; **de un momento a otro** momentarily, at any time; **por otro lado** on the other hand

P

padrino godfather
pagar (gu) to pay, pay for
pago payment
país country
paisaje landscape, countryside
palabra word
palabrota swear word, obscenity
palidecer (zc) to turn pale, grow pale
pálido/a pale
palmera palm (*tree*)
paloma dove
palpitar *v.* to beat (*heart*); *n.* beating
palpar to feel, touch; to palpate
pan bread
pandilla gang, band
panllevar *n.* fertile land
pano robe

pañal diaper
paño cloth, rag (*for cleaning*)
pañolería handkerchief shop
pañuelo handkerchief
papel paper; role; **desempeñar un papel** to carry out a role (**4**); **hacer** (*irreg.*) **el papel** to play the role
papeleos *pl.* paperwork; red tape
papi *m.* daddy (*coll.*) (**1**)
paquete package
par *m.* pair; *f.* par; **a la par** on an equal footing; **de par en par** wide open; completely
para: para con towards; **no... para nada** not . . . at all; **no ser para tanto** to not be that bad; **para que** so that
parabrisas *m. s.* windshield
paradero stopping place
parado/a standing
parador inn
paraguas *m. s.* umbrella
paraje place, spot
parajillo little place, spot
paralítico/a paralyzed (**2**)
paralizar (**c**) to paralyze
parar(se) to stop; **parar de** + *inf.* to stop (*doing something*)
pardo/a brown
parecer (**zc**) to seem, appear (**5**); to look like; **¿no te parece?** don't you think so?; **parecerse a** to look like, resemble
parecido/a similar
pared wall
paredón large, thick wall
pareja couple, pair
parentesco kinship, (*family*) relationship
pariente/a relative
parpadear to blink; to wink
párrafo paragraph
parrandero/a carousing
parroquiano/a parishioner; customer
parte *f.* part, portion; **alguna parte** somewhere; **la parte de atrás** the back part; *m.* dispatch, communiqué
participar to participate
particular *n.* private person, individual; *adj.* private
partida departure
partidario/a partisan, supporter
partido *n.* (political) party; *adj.* **a brazo partido** hand to hand (*combat*)

partir to depart, leave; **a partir de** beginning with
parto birth
pasado past
pasaje passage
pasajero/a passenger
pasar to pass, transfer; to spend (*time*); to happen, occur; to undergo, suffer; **pasar la mano por la frente** to run one's hand across one's forehead; **pasar por** to stop by; **pasarse** to calm down, get over; **¿qué pasa?** what's happening?; what's wrong?
pasatiempo pastime
pasear(se) to take a stroll
paseo *n.* walk, stroll; **dar** (*irreg.*) **un paseo en barca** to go for a boat ride
pasillo hallway
paso step; passage, crossing; **dar** (*irreg.*) **un paso** to take a step; **darle a uno paso** to allow entry; to make way for; **de paso** in passing, incidentally; **obstruir** (**y**) **el paso** to block the way
pastilla pill
patrón, patrona employer, boss; owner
pausa: hacer (*irreg.*) **una pausa** to pause
payaso/a clown
paz (*pl.* **paces**) peace; **dejar en paz** to leave alone, let alone
peatón, peatona pedestrian
pecho chest; breast; **tomar a pecho** to take to heart, take seriously
pecoso/a freckle-faced person
peculio private money (*fig.*)
pedazo piece
pedigüeñear to beg persistently
pedir (**i, i**) to ask for, request; **pedir disculpas** to apologize
pedrusco rough, uncut stone (*coll.*)
pegajoso/a sticky, clammy
pegar (**gu**) to hit, beat; **pegar un grito** to shout; **pegar un tiro** to fire a shot
pegoteado/a sponged
peinado *n.* hairdo
peinado/a *p.p.* combed
pelambre hide, pelt
peldaño step (*of stairs*)
película movie
peligro danger
peligroso/a dangerous
pelo hair

peluquería hairdresser shop
peluquero/a hairdresser
pena sorrow, grief; pain, suffering; trouble, difficulty; (**no**) **valer** (**valgo**) **la pena** to (not) be worthwhile, worth the trouble
pendiente *f.* slope; *adj.* pending, outstanding
penetrar to penetrate
pensamiento thought
pensar (**ie**) to think; **pensar** + *inf.* to plan to (*do something*)
pensativo/a pensive
penúltimo/a next-to-last
penumbra semi-darkness
peón, peona laborer
peor worse, worst
pequeñez (*pl.* **pequeñeces**) smallness
pequeño/a small
percibir to perceive
perder (**ie**) to lose; **perderse** to get lost
pérdida loss
pereza: darle (*irreg.*) **a uno pereza** to make one feel tired, lazy
perezoso/a lazy
periódico newspaper
periodista *m., f.* journalist
periodístico/a journalistic
perla pearl
permanecer (**zc**) to remain, stay
permiso permission
permitir to allow, permit
perrazo/a large dog
perro/a dog
perseguir (**i, i**) (**g**) to pursue
personaje character (*in a book*)
personalidad: doble personalidad split personality (**1**)
personificado/a personified
pertenecer (**zc**) to belong
pertenencia property, belonging
peruano/a Peruvian
pesado/a heavy
pesar: a pesar de in spite of; **a pesar de que** in spite of the fact that
pescador(a) fisherman, fisherwoman; angler
peso weight
pestaña eyelash
petaca leather trunk; suitcase
petrificado/a petrified
picaporte latch
pico pickax

pie foot; **de pie** standing; **ponerse** (*irreg.*) **de pie** to stand up
piedra rock
piel *f.* skin
pierna foot
pieza piece; play; component (*of a whole*); plot (*of land*)
pila battery
pino pine, pine tree
pintar to paint
pintura painting
pinza *s.* tweezers
piojos *pl.* lice
piquetazo blow with a pickax
pisada footstep (**9**)
pisar to step on, set foot in
piscina swimming pool
piso floor (*of a building*)
pista clue
pivot *m.* peg (*usually of metal, set into the root canal of a natural tooth to give additional support to an artificial crown*)
placer *n.* pleasure
planchada ironing, pressing
planeado/a planned
plano plan, diagram; **de plano** clearly, plainly
planta floor, story (*of a building*); **planta baja** ground floor
plantear to raise (*a question*)
plata silver; money (*coll.*)
plataforma platform
plátano banana
platicar (**qu**) to chat, talk
playa beach
pleno/a full
plomo lead (*metal*)
población population
pobre *m., f.* poor person; *adj.* poor
pobreza poverty
poco *n.* small bit, little bit; *adv.* little, rarely; **poco a poco** little by little
poco/a *adj.* little; *pl.* few; **a los pocos segundos** in a few seconds; **al poco tiempo** in a short while
podar: tijera de podar pruning shears
poder *irreg.* to be able, can; *n.* power
poderoso/a powerful
podrido/a rotten, decaying
policía (*m.*) **de punto** surveillance officer
policial pertaining to the police; detective
pololo/a attractive young person; flirt
poltrona armchair

polvareda cloud of dust
polvo dust (**4**)
polvoriento/a dusty
ponderación thought, care
poner *irreg.* (*p.p.* **puesto/a**) to put, place; to make, cause (to be); **poner cara de** to take on the appearance of; **poner el grito en el cielo** to complain bitterly, cry out to heaven; **poner en marcha** to put into motion; **poner una inyección** to give an injection; **ponerse** to put on (*clothing*); **ponerse a** + *inf.* to begin, set out to (*do something*); **ponerse de acuerdo** to come to an agreement; **ponerse de pie** to stand up; **ponerse en contacto con** to get in contact with; **ponerse encarnado/a** to blush
poniente setting sun
por by; out of, because of; times (*multiplication*); per; **por acá** around here; **por ahí lejos** far away; **por completo** completely; **por debajo** from underneath; **por desgracia** unfortunately; **por eso** that's why; **por fin** finally; **por gusto** for the sake of it; **por lo general** in general; **por lo menos** at least; **por lo tanto** therefore; **por medio de** by means of; **por otro lado** on the other hand; **por suerte** fortunately, luckily; **por supuesto** of course; **por último** finally
pormenorizadamente in great detail
porquería dirt, filth; something useless, worthless
portar to carry
portador: cheque al portador cashier's check
portarse (bien) to behave (well)
portátil portable
porvenir *n.* future
posarse to alight; to rest on, settle
posible: lo antes posible as soon as possible
poste post, pole
posterior *adj.* back; **asiento posterior** back seat
postizo/a fake, false (**3**)
práctica practice; experience
practicar (**qu**) to practice
práctico/a practical
precio price
precioso/a beautiful (*coll.*)
precipitado/a hurried

precisar to state precisely
predecir (*like* **decir**) (*p.p.* **predicho/a**) to predict
predominar to predominate
prefijo prefix
pregunta question; **hacer** (*irreg.*) **preguntas** to ask questions
preguntar to ask; **preguntarse** to wonder
prejuicio prejudice (**6**)
premolar front molar tooth
prenda (article of) clothing
prender to arrest, apprehend; **prenderse de** to hold onto (*coll.*)
prensa press
preocupar to preoccupy, worry
preso/a imprisoned, arrested
presentarse to introduce oneself
prestar to lend; **prestar atención (a)** to pay attention (to)
presumido/a conceited
presumirse to presume, surmise
presupuesto assumption, reasoning
pretender to claim
prevenir (*like* **venir**) to warn, caution
primavera spring (*season*)
primer, primero/a first; **primeros auxilios** *pl.* first aid
principal principal, main
principio beginning
prisa: a prisa quickly; **con prisa** hurriedly; **darse** (*irreg.*) **prisa** to hurry up; **tener** (*irreg.*) **prisa** to be in a hurry
privado/a private
probar (**ue**) to try
procedimiento procedure, process
procurar to try, endeavor
producir *irreg.* to produce
profundo/a deep
prohibir (**prohíbo**) to ban, prohibit (**7**)
prometerse to promise oneself
pronombre pronoun
prontamente promptly
pronto soon; quickly; **de pronto** suddenly
propiedad property
proponer (*like* **poner**) (*p.p.* **propuesto/a**) to propose
propio/a one's own; characteristic; **sin voluntad propia** through no will of one's own
proporcionar to furnish, provide
propósito aim, object, purpose

proseguir (*like* **seguir**) to continue
próspero/a prosperous
proveer (**y**) (*p.p.* **provisto/a**) to provide
providencia: tomar providencias to take measures
próximo/a *adj.* near; next
prueba quiz
psicólogo/a psychologist
pucha bouquet
pueblo town; people
puerperal pertaining to childbirth
puerta door
puerto port
puesto/a put, placed; **llevar puesto/a** to be wearing, have on
puesto que since
pullover sweatshirt
pulmón lung
pulpería grocery store, general store
pulpero/a storekeeper
punta point; tip; **a punta de** by means of
punto point; period; **estar** (*irreg.*) **a punto de** + *inf.* to be ready to, about to (*do something*); **policía** (*m.*) **de punto** surveillance officer; **punto de vista** point of view
puntualizar (**c**) to give a detailed account of
puñado handful

Q

quebrar (**ie**) to break
quedar to remain, be left; to be, be located; to be, get; to fit, look (*clothing*); **quedar bien** to come out well; **quedarse en ayunas** to be uninformed; to miss the point
quehacer *n.* task, chore
queja complaint
quejarse (**de**) to complain (about)
quejido moan, lament
quemar to burn
querer *irreg.* to want; to love; **querer decir** to mean; **sin querer** unwillingly; unintentionally
querido/a *n.* honey, darling (*coll.*); *adj.* dear
queso cheese
quicio frame jamb (*of a door*)
quiebre break
quieto/a quiet, still
química chemistry
quinto/a fifth

quitar to take away; **quitarse** to take off (*clothing*); **quitarse de los ojos** to take one's eyes off of
quizá(s) perhaps

R

rabia rage
racismo racism (**6**)
ráfaga burst; flash
raíz (*pl.* **raíces**) root; **bienes** (*pl.*) **raíces** real estate
rama branch
rapidez: con rapidez rapidly
raro/a strange; **rara vez** rarely
rascarse (**qu**) to scratch
rasgar (**gu**) to tear, rip
rasgo feature, trait
rastro vestige, trace
rato while, short time; **a ratos** from time to time; **al rato** after a while; **por largo rato** for a long while
ratón mouse (**4**)
rayo ray, beam
raza race (*of humans*)
razón *f.* reason; **tener** (*irreg.*) **razón** to be right
reaccionar to react
real real (*old Spanish coin*); *adj.* royal
realizar (**c**) to fulfill; to accomplish
realmente really
reanudar to resume
rebelde rebellious
rebotar to rebound
rebullirse to stir, begin to move
recelo mistrust; suspicion
rechazar (**c**) to refuse (**8**); to reject
recibir to receive
recién recently, newly; **recién nacido/a** newborn (**4**)
reclamar to demand, clamor for
recluta recruitment; roundup
reclutamiento recruitment
recobrar to recover; to retrieve
recoger (**j**) to pick up; **recogerse** to retire (*to sleep*)
reconfortante comforting
reconocer (**zc**) to recognize
reconocimiento médico medical exam (**5**)
recordar (**ue**) to remember
recorrer to travel; to traverse; to run over
recortar to cut off
recortes (*pl.*) **de diario** newspaper clippings
recostado/a reclining

recostarse (**ue**) to recline; to lie down
recrear to re-create, reconstitute
recuerdo memory, recollection
recurrir to appeal (to); to return (to); **recurrirse a** to resort to
redactado/a written, drawn up
redimirse to redeem oneself
reducirse *irreg.* to be reduced
referirse (**ie, i**) **a** to refer to
reflejar to reflect
reflexionar to reflect or meditate on
reforzar (**ue**) (**c**) to reinforce; to encourage
refrán proverb, saying
refresco soft drink
refugiarse to take refuge
refugio refuge
regar (**ie**) (**gu**) to water, irrigate
regalar to give as a gift
regalo gift
regaño scolding (*coll.*)
regatear to bargain, haggle
regazo lap
regentear to direct, manage
regir (**i, i**) (**j**) to govern, rule
régimen (*pl.* **regímenes**) (political) regime (**7**)
registrar to examine, inspect; to search
regla rule
regresar to return
regreso: venir (*irreg.*) **de regreso** to come back
reinante reigning, ruling; dominant
reinar to reign, rule
reiniciar to reinitiate
reino reign
reír(se) (**í, i**) to laugh; **reírse a carcajadas** to laugh uproariously
rejas *f. pl.* bars (*of a prison*)
relación relationship (**1**)
relacionarse con to be related to
relajarse to relax
relatar to relate, narrate
relato story, narration
relleno/a filled
reloj *m.* watch; clock
relucir (**zc**) to shine
relumbrar to sparkle, glitter
remar to row
remedio solution, way out
remorderse (**ue**) to sting, disturb (*one's conscience*)
remordimiento remorse (**5**)
removido/a removed; upset, disturbed
rencor animosity, grudge

reojo: de reojo out of the corner of one's eye

repasar to review

repente: de repente suddenly

repentinamente suddenly

reponer (*like* **poner**) to reply, retort

reportaje article, report

reposar to rest, take a nap; **reposar de espaldas** to rest lying down

representante *m., f.* representative

reprimir to repress

repugnancia repugnance, disgust

resbalar to slip, slide

resbalón slip, misstep

rescatado/a rescued, retrieved

resentirse (ie, i) to feel resentment

resolver (ue) (*p.p.* **resuelto/a**) to solve, resolve

resonar (ue) to resound

resoplido heavy breath, blow (*of air*)

respecto: (con) respecto a with respect to, with regard to

respetuosamente respectfully

respiración artificial CPR

respirar to breathe

respuesta answer

restablecido/a recovered, recuperated

restregarse (gu) to rub hard

resultado result

resultar to result; to prove to be, turn out to be

resumen summary

resumir to sum up, summarize

retener (*like* **tener**) to retain

retirarse to withdraw

retorno return trip

retrato portrait

reunir (reúno) to collect, gather

revelar to reveal; **revelarse** to be shown

reventar (ie) to work to death, exhaust

revés back side

revisación revision; inspection

revisar to revise; to inspect, check

revista magazine

revolucionario/a *n.* revolutionary (7)

revolver (*like* **volver**) to turn upside down, search thoroughly

revólver de fulminante cap gun

revuelo commotion

revuelto/a disarranged, turned over

rezagarse (gu) to lag behind

rezar (c) to pray

rico/a rich; delicious

rienda rein

rincón corner

río river

risa laugh

riscoso/a craggy, rocky

ritmo rhythm

rito rite

robar to steal

roble oak tree

robo theft, robbery

roca rock

roce friction, rubbing

rodear to surround

rogar (ue) (gu) to beg

roído/a gnawed, eaten away

romper (*p.p.* **roto/a**) to break

ron rum

ronco/a hoarse

rondar to prowl (around)

ropa *s.* clothes

rostro face

roto/a broken

rubio/a *n.* blond-haired person; *adj.* blond(e)

ruborizarse (c) to blush

ruedas: silla de ruedas wheelchair (2)

ruego petition, plea

rugir (j) to growl; to roar

ruido noise

ruinoso/a dilapidated

rumbo a bound for

rumor rumor; buzz (*of voices*); rustle (*of trees*)

S

saber *irreg.* to know; to learn, find out; **saber** + *inf.* to know how (*to do something*)

sabroso/a delicious

sacar (qu) to take out; to remove; to pull out; to interpret, deduce; **sacar en claro** to clear up, explain

saco sack, bag

sacudir to shake; to nod

sagaz (*pl.* **sagaces**) wise; keen

sagrado sanctuary

sala room; **sala de baile** dance hall; ballroom; **sala de espera** waiting room

salida exit; departure

salir (salgo) to leave; to go out; to come out; to turn out, turn out to be

salpicar (qu) to sprinkle, splash

saltar to jump

salto jump, leap

salud health

saludar to greet

salvar to save

salvavidas *m. s.* life preserver

salvo except, barring

samán rain tree

san, santo/a *n.* saint

santo/a *adj.* holy, blessed

sanar to recover; to heal

sangre *f.* blood; **hacerse** (*irreg.*) **mala sangre** to become vindictive

satisfacer (satisfago) (*p.p.* **satisfecho/a**) to satisfy

sauce llorón weeping willow

secarse to dry (*oneself*)

seco/a dry

secuestro kidnapping

seda silk

sedoso/a silky

seguida: en seguida immediately

seguidos/as in a row

seguir (i, i) (ga) to follow; to continue

según according to

segundo/a *adj.* second

segundo *n.* second; **a los pocos segundos** in a few seconds

seguridad assurance

seguro/a safe; certain

sellado/a sealed

selva jungle

semana week

semejante similar

semejanza similarity

senado senate

sencillo/a simple

sendero path

seno bosom

sensible sensitive

sentarse (ie) to sit down

sentido meaning; sense (*of touch, etc.*); **cobrar/tener** (*irreg.*) **sentido** to make sense

sentimiento feeling

sentir (ie, i) to feel; to hear; **sentirse** to feel

seña: hacer (*irreg.*) **seña(s)** to signal

señal (traffic) signal

señalar to point out, point at

separarse to separate

sepultura burial

ser *irreg.* to be; *n.* being; **a no ser** except (for); **llegar (gu) a ser** to become; **no ser para menos** to be with good reason; to not be surprising; **no ser para tanto** to not be that bad; **o sea** that is

serie *f. s.* series

seriedad: con seriedad seriously

serio/a serious

servilleta napkin

servir (i, i) to serve; to be useful; **servirse de** to use

seto hedge, enclosure

sexto/a sixth

sí: entre sí among themselves

siembra sowing, seed-planting

sien *f.* temple (*anatomy*)

siesta: dormir (ue, u) la siesta to take a nap

siglo century

significado meaning

significar (qu) to mean, signify

siguiente following, next

silbido whistle

silencioso/a silent

silla chair; **silla de ruedas** wheelchair (**2**)

sillón armchair

sima abyss

simpatizar (c) to sympathize

simpático/a nice, pleasant

simular to pretend

simultáneamente simultaneously

sin *prep.* without; **sin broma** no kidding, no joke; **sin duda** undoubtedly; **sin embargo** however, nevertheless; **sin igual** unparalleled, matchless; **sin novedad** as usual; **sin que** *conj.* without; **sin querer** unwillingly; unintentionally

sino (que) but, but rather

síntoma *m.* symptom

siquiera: ni siquiera not even

sirviente/a servant (**6**)

sitio place

situar (sitúo) to situate

sobornal extra load, overload

sobre *n.* envelope; *prep.* about; above, over; on, on top of

sobrecogido/a caught unaware

sobresalir (*like* **salir**) to stick out

sobresaltarse to be startled, frightened

sobrino/a nephew, niece

social: clase (*f.*) **social** social class (**6, 8**)

sociedad society

socio/a member; partner

socorro help, aid

sofocado/a suffocated

sol sun; sol (*Peruvian coin*); **tomar el sol** to sunbathe

solar ancestral home or mansion

solazarse (c) to relax, entertain oneself

soldado soldier

soledad solitude

soler (ue) to be in the habit of, be accustomed to

solícito/a solicitous; concerned

sollozar (c) to sob

solo/a alone

sólo only

soltar (ue) to set free, turn loose

soltero/a single; **madre** (*f.*) **soltera** single mother (**4**)

solterón, solterona old bachelor; old maid, spinster

solventar to settle, pay (*a debt*)

sombra shadow

sombrero hat; **sombrero de cogollo** straw hat

somnoliento/a drowsy

sonaja child's rattle

sonar (ue) to sound; to ring; **sonar a hueco** to ring hollow, sound hollow

sonido sound

sonreír (í, i) to smile

sonrisa smile

soñador(a) dreamer

soñar (ue) to dream

sopa soup

soportar to tolerate

soportable tolerable

sorber to sip; to suck

sorbo sip

sordo/a muffled, dull

sorprendente surprising

sorprender to surprise

sorpresa surprise

sospecha suspicion

sospechar to suspect

sospechoso/a suspicious

sostén support

sostener (*like* **tener**) to sustain; to hold up

suavemente softly

subir to go up; to lift, raise; **subir a** to get on, into

súbitamente suddenly

subrayar to underline

suceder to happen; to succeed, follow

suceso event, happening

suciedad dirtiness, filthiness

sucio/a dirty

sudor sweat

sueldo salary

suelo ground

sueño sleepiness; dream; **caerse** (*irreg.*) **de sueño** to be very sleepy; **tener** (*irreg.*) **sueño** to be sleepy

suerte *f.* luck; **por suerte** fortunately, luckily

sufijo suffix

sugerir (ie, i) to suggest

sujeto/a a subjected to

suma sum, sum total

sumamente extremely, highly

suplicar (qu) to beg, entreat

suponer (*like* **poner**) to suppose; to entail

supuestamente supposedly

supuesto: por supuesto of course

sur south

surgir (j) to arise, come about

surtir sus efectos to have the desired effect

surto/a anchored

suspirar to sigh

suspiro sigh (**9**)

susto scare, fright

susurrar to murmur, whisper

suyo/a/os/as his, of his; theirs, of theirs

T

tabla table, chart

tableteo rattling

tacto (sense of) touch

tal such, such a; certain, person called; **¿qué tal... ?** how about . . . ?; **tal vez** perhaps

talco talcum powder

taller *n.* workshop

tamaño size

tambalearse to stagger, totter

también also

tampoco neither, not either

tan, tanto/a so, as; such; so much; **cada tanto tiempo** every so often; **por lo tanto** therefore; **tan sólo** only; **tanto... como** as much . . . as; **tanto como** as much as

tanto so much; **mientras tanto** meanwhile; **no ser para tanto** to not be that bad; **por lo tanto** therefore; **tanto... como** both . . . and; **un tanto** a little bit

tapa lid, top

tapar to cover; to cover up, conceal; **taparse** to plug, close up

tapiado/a walled up

tapiz *m.* (*pl.* **tapices**) tapestry
tararear to hum (*a tune*)
tarascón bite (*S. Amer.*)
tardar to take (*a certain amount of time*)
tarde *f.* afternoon; *adv.* late
tarea task; **tareas domésticas** household chores
tarjeta card
tate tranqui stay calm (*coll.*)
taza cup
teatro theater; **obra de teatro** play
techo roof
tejado roof
teja curved roof tile
telarañas *f. pl.* cobwebs (**9**)
telefónico/a: cabina telefónica telephone booth
televisor television set
tema *m.* theme
temblar (**ie**) to tremble
temblor shiver, tremor
tembloroso/a trembling
temer to fear
temor fear
temoroso/a fearful
temporada season
temprano early
tenazas *f. pl.* pliers
tender (**ie**) to stretch out; to hold out
tener (*irreg.*)**: tener... años** to be . . . years old; **tener cara de** to look as if; **tener celos** to be jealous (**3**); **tener derecho** to have the right (**7**); **tener edad para** + *inf.* to be old enough to (*do something*); **tener en cuenta** to keep in mind; **tener frío** to be cold; **tener hambre** to be hungry; **tener lástima** (**de**) to feel sorry (for); **tener miedo** to be afraid (**2**); **tener prisa** to be in a hurry; **tener que** + *inf.* to have to (*do something*); **tener razón** to be right; **tener sentido** to make sense; **tener sueño** to be sleepy; **tener vergüenza** to be ashamed
teniente *m., f.* lieutenant
tentarse (**ie**) to tempt, entice
tercer, tercero/a third
terminación ending
terminar to end
término term
ternura tenderness
terraza terrace
terreno land, ground
tesoro treasure (**9**)
testamento will (*document*) (**5**)

testarudo/a stubborn or hard-headed person
testigo *m., f.* witness
tiempo time, weather; **al poco tiempo** in a short while; **cada tanto tiempo** every so often
tienda store
tierno/a tender
tierra earth; land; ground
tijeras *f. pl.* scissors; **tijera de podar** pruning shears
timbre doorbell
timidez timidity
tímpano eardrum
tintorería dry cleaner's
tío/a uncle; aunt
tipo type, kind; fellow, guy (*coll.*)
tirar to throw, hurl; to pull; **tirarse** to throw oneself
tiro shot; **pegar** (**gu**) **un tiro** to fire a shot
titubeante hesitant
titubear to hesitate
titulado/a entitled
título (university) degree; title
tiznado/a soiled, stained
tocadiscos *m. s.* record player
tocar (**qu**) to touch; to be one's turn; to sound (*a horn*); **tocarse con** to come into contact with
todo/a all; **a todos lados** on all sides; **de todas maneras** whatever happens; **de todos modos** anyway; **después de todo** after all, when all is said and done; **en todo caso** in any case, anyway; **toda la noche** all night long
todavía still, yet
tolerancia tolerance (**6**)
toma taking, capture
tomar to take; to eat; to drink; **tomar a pecho** to take to heart, take seriously; **tomar el sol** to sunbathe; **tomar en cuenta** to take into account; **tomar la delantera a** to anticipate; **tomar providencias** to take measures
torcer (**ue**) (**z**) to twist; to turn
torcido/a twisted
tormenta storm
tornarse to become
tornillo screw
torno: en torno in connection with, regarding
toro bull

tostada (piece of) toasted bread
trabajar to work
trabajo work, job
traducción translation
traducido/a translated
traductor(a) translator
traer *irreg.* to bring
trago drink; **de un trago** in one draught, in one swig
traje suit
trama plot (*literary*)
tramo tract, lot
trampa trap, snare
tranqui: tate tranqui stay calm (*coll.*)
tranquilo/a calm, peaceful
transcurrir to pass, go by
transitar to walk; to travel
trapo rag
tras after; behind
trasformado/a transformed
trasladarse to move, transfer (*to another place*)
traspasar to pierce
trastorno upset, disturbance
tratar to treat; **tratar con** to deal with; **tratar de** + *inf.* to try to (*do something*); **tratarse de** to be a question of, be about
trato treatment
través: a través de through; across
travieso/a mischievous
traza trace
trazado route; layout
trazar to trace, sketch
trecho stretch (*of space*)
tren de vía estrecha commuter train
trepar to climb, clamber
triste sad
tristeza sadness
tropas *f. pl.* troops
tropezar (**ie**) (**c**) **con** to come upon; to encounter (**9**); to trip over, bump into
trueno thunderclap
tubos *pl.*: **a tubos** with (vacuum) tubes
tuerto/a unable to see
tumbar to knock down
tupido/a dense, thick

U

ubicar (**qu**) to locate
¡ufa! *expression of weariness or annoyance*
ultimado/a finished off (*coll.*)
último/a last; **por último** finally
umbral threshold

único/a only, sole; unique
unidad unity
unificador(a) unifying
unirse to unite, join
untar to smear
uñas *f. pl.* fingernails; **comerse las uñas** to bite one's nails
urbanización residential development (6)
urdir to scheme, plot (*fig.*)
usado/a worn out, old
útil useful
utilizar (c) to utilize, employ
uva grape

V

vacilar to hesitate; to waver
vacío *n.* void, emptiness
vacío/a *adj.* empty, unoccupied
vagar (gu) to wander, roam; **vagar por (como fantasma)** to haunt (9)
vagido cry of a newborn child
vagón railroad car
valer (valgo) to be worth; **(no) valer la pena** to (not) be worthwhile, worth the trouble
válido/a valid
valioso/a valuable
valle valley
valor value; courage
valorar to appraise, evaluate
¡vamos! well!, come on!, come now!
vandalismo: acto de vandalismo act of vandalism (2)
vanidad vanity (3)
vanidoso/a vain (3); conceited (3)
vano/a vain; **en vano** in vain
variado/a varied
variar (varío) to vary
variedad variety
varios/as various, several
vasco Basque (*language*)
vaso (drinking) glass
vecindad neighborhood
vecino/a neighbor
velar to veil; hide
velocidad speed
velocímetro speedometer
vena vein
venado deer
vencedor(a) winner
vendedor(a) seller
vender to sell
venenoso/a venemous
venezolano/a Venezuelan

venir *irreg.* to come; **venir de regreso** to come back
venta sale
ventaja advantage
ventana window
ver *irreg. (p.p.* **visto/a)** to see; **a ver** let's see
veraneante *m., f.* summer resident
verano summer
verdad truth; **de verdad** really, truly; **¿verdad?** right?, isn't that so?
verdadero/a true, real
vergüenza: darle (*irreg.*) a uno vergüenza to make one ashamed; **tener (*irreg.*) vergüenza** to be ashamed
verificar (qu) to verify
verja railing, fence
verosímil true to life; realistic
vertiginoso/a dizzying
vestir (i, i) to dress; **vestirse** to get dressed
vez (*pl.* **veces**) time; **a la vez** at the same time; **a su vez** in turn, for one's part; **a veces** at times, sometimes; **alguna vez** once, sometime; **cada vez máz** (+ *adj.*) more and more (+ *adj.*); **cada vez que** whenever, every time that; **de vez en cuando** from time to time; **dos veces** twice; **en vez de** instead of; **otra vez** again; **rara vez** rarely; **tal vez** perhaps
vía: tren de vía estrecha commuter train
viajar to travel
viaje trip
viajero/a traveler
vida life; **nivel de vida** standard of living (7)
vidrio window pane
viejo/a *n.* elderly person; old one; *adj.* old
viento wind
vigilar to watch; to keep an eye on
viña vineyard
violar to force (*a door*); to rape
violentar to force (*someone to do something*)
virar to turn
visitante *m., f.* visitor
víspera eve, day before
vista sight; view; landscape; **punto de vista** point of view
visto: por lo visto evidently, apparently

vistoso/a colorful; showy
viudo/a widower; widow
vivienda dwelling
vivir to live
vivo/a living, alive; vivid; **llorar a lágrima viva** to weep bitterly
volar (ue) to flutter, fly away
voltear to turn (1)
voluntad: sin voluntad propia through no will of one's own
voluntario/a *n.* volunteer; *adj.* voluntary
volver (ue) (*p.p.* **vuelto/a**) to turn; to return; **volver a** + *inf.* to (*do something*) again; **volverse** to turn around; **volverse loco/a** to go crazy (1)
vos you (*used in some parts of Latin America as a substitute for* **tú**)
voz (*pl.* **voces**) voice
vuelo flight
vuelta return; **dar (*irreg.*) una vuelta** to take a walk or stroll; **dar (*irreg.*) vueltas** to turn around in circles; **darse (*irreg.*) vuelta** to turn around
vuelto change (*money*)

Y

ya already; now, nowadays; at last; **ya no** no longer; **ya que** since
yacer (zc) to lie (*on the floor*)
yema del dedo fingertip
yerba (*see* **hierba**)

Z

zagaletón, zagaletona large-sized adolescent
zaguán vestibule, entry
zanja ditch, trench
zapatilla slipper
zapato shoe
zueco clog, wooden shoe
zumbido buzz, buzzing
zurder to hide

About the Authors

Glynis S. Cowell is Director of the Spanish Language Program at the University of North Carolina at Chapel Hill. She has taught numerous courses in Spanish language and team teaches a graduate seminar in foreign language teaching methodology. Professor Cowell received her M.A. in Spanish and her Ph.D. in Curriculum and Instruction, with a concentration in Foreign Language Education, from the University of North Carolina at Chapel Hill. Upon completion of her studies, from 1991–1994, she coordinated the Spanish language program and taught Spanish language courses at Duke University. She has directed teacher workshops on Spanish language and Latin American culture, and has presented papers and written articles concerning the use of computers in secondary-education classrooms and the teaching of literature. She is also co-author of the section on teaching strategies in the Instructor's Manual for the first-year Spanish textbook ¡Arriba! (Prentice Hall).

Joan F. Turner is Assistant Professor of Spanish at the University of Arkansas at Fayetteville, where she is additionally the Spanish Language Coordinator and Supervisor of Teaching Assistants. Professor Turner teaches undergraduate courses in Spanish language and a graduate seminar in foreign language teaching methodology for teaching assistants. She received her MAT in Spanish and Education from Brown University and her Ph.D. in Foreign Language Education at The Ohio State University. Her presentations and writing have focused primarily on T.A. supervision, the challenges faced by learning-disabled students in learning foreign languages, and the teaching of literature. With Professor Cowell, she is co-author of the pedagogical section of the ¡Arriba! Instructor's Manual.